第 3 版 改 訂 の 序 に 寄 せ て

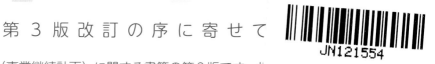

　本書は福祉施設BCP（事業継続計画）に関する書籍の第3版です。（平成23）年の東日本大震災の際、津波や原発事故で避難せざるをえなくなった福祉施設の窮状がきっかけでした。支援する側もされる側も被災し、散り散りになって他施設に間借りしたり、仮設施設等で、まさに命がけで福祉支援を継続していました。そこで、大災害に備えて福祉施設が事前にどのような準備をしておくべきかをBC（事業継続）の観点から、既存の消防防災マニュアルを見直してBCPを作成する方法について著しました。

　2014（平成26）年に改訂された第2版では、共著者の岡橋生幸さんが支援した福祉施設のBCP（事業継続計画）を活かしてレベルアップしました。また、新たに福祉避難所について、概要、訓練、そしてマニュアル例を示し、「防災スターターキット」や「指示書」により福祉避難所の開設ができる仕組みを解説しています。

　その後も、災害、社会意識、法制度が大きく変化し続けています。災害に関しては、熊本地震が発生し、関連死が直接死の4倍以上に上り、その多くが高齢者であったこと、また毎年のように豪雨災害が発生し、ときには福祉施設でも避難が遅れて利用者が亡くなることがありました。また、災害支援の国際基準である「スフィア基準」が広く知られるようになり、災害時であっても人の尊厳が守られなければならないことが社会共通の意識となってきました。法制度に関しては、内閣府等のガイドラインが整備、充実されるとともに、浸水想定区域や土砂災害警戒区域の福祉施設に「避難確保計画」の作成が義務付けられました。

　災害時の福祉施設、福祉関係者への期待、役割は非常に高まっています。第3版となる本書では、要配慮者を守り抜く使命をもつ福祉施設、福祉関係者を支援するため、総合的な「福祉防災計画」の作成を提案しています。その内容は、大きく4つに分かれます。初動を支援する従来の「消防防災計画」、確実に安全な避難をするための「避難確保計画」、中長期的に福祉サービスを継続するための「BCP」、そして地域と連携して地域の要配慮者を支援する「福祉避難所計画」です。計画の前提として、人命や尊厳を守る知識、なかでもスフィア基準について詳しく記しています。内容を充実するため、スフィア基準に詳しく、ファーストエイドの専門家である岡野谷純さん、元練馬区職員で福祉避難所の運営、訓練に精通している高橋洋さんに加わって頂きました。

　これらを、ひな型に沿って、自らの施設に合わせて記入し、職員アンケートや話し合いをすることで計画化できるようにしています。計画の作成法は、本書の第3章「③『BCP（事業継続計画）』作成手順と留意点」で解説していますので、ここから見て頂いた方が分かりやすいかもしれません。計画は見直しや訓練を重ねて、施設職員に浸透させ、レベルアップすることで、本番で役立つ計画になります。

　本書を執筆している最中に、世界中で新型コロナウイルス感染症が猛威を奮い、WHOがパンデミックを宣言する事態となりました。このような時期に災害が発生すれば、対応が特に厳しい複合災害となります。しかし、私たちは怯んではなりません。これまで以上に、正確な知識を増やし、きちんと備え、計画と訓練により落ち着いて行動できるようにしましょう。そのために、本書が役に立てることを確信しています。

　2020（令和2）年5月　新型コロナウイルス感染症流行のただなかにて
　著者を代表して

　　　　　　　　　　　　　　　　　　　　　鍵 屋 一

目次

第 1 章

消防・防災計画から
BCP（事業継続計画）への展開

1 東日本大震災における 災害時要配慮者と福祉施設

1 災害時要配慮者の状況

　「東日本大震災」の被災地では、福祉施設の利用者と職員の命を守るための必死の活動が行われました。津波被害のあった地域では、とにかく避難が最優先でした。その判断が遅れた場所では災害時要配慮者（以下、「要配慮者」という）や職員が被害にあっています。また、要配慮者を救助しようとして被害にあった人もいます。

　生き延びた要配慮者も、その後、厳しい状況に陥りました。当時の状況の一部を東京都社会福祉協議会の「東日本大震災　高齢者、障害者、子どもを支えた人たち」（2012（平成24）年3月28日発行）から紹介します。

高齢者

- 避難所では高齢者が冬のような寒さから体力が著しく低下した。
- 環境の激変で認知症状が悪化し、おむつをしているが、介護者がいない。
- 仮設住宅や集合住宅になじめずに壊れた家に戻って暮らした。
- 大丈夫と言っていたが、さまざまな手続きが困難だったり判断が難しい人もいた。
- 仮設住宅の窮屈な環境で家族とずっと一緒にいて、関係が悪くなった。
- 家から閉め出され、行き場がなくなった。

障害者

- 避難所にはベッドがないので何日も車椅子に乗ったまま寝ざるをえなかった。
- 自閉症の子が周囲になじめず車で寝泊りした。
- 精神障害のある人は薬が手に入らず幻覚や幻聴の厳しい状況に陥った。
- 親戚の家にいづらくなり、馬小屋で数日間過ごした人もいた。

子ども

- 夜、寝るときは子どもたちを食堂に集めて布団を敷き、身の回りのものを枕元に置かせていつでも園庭に避難させられるようにした。
- 福島第一原子力発電所の事故で、外で遊ばせることができず、ストレスの発散の場がなくなって、わがままになった。
- 9月になって落ち着いてから「余震があって眠れなかった」という声が出てきた。
- 外遊びができないせいか、体重の増加率が例年の半分にとどまった。

2 被災地における社会福祉施設等の被害

　東日本大震災では多くの施設が流されたり、浸水やがれきなどにより使えなくなってしまいました。そのなかには被害想定では安全とされていた施設もありました。

図表1－1　被災地の社会福祉施設等の被害　　　　　　（2011（平成23）年5月13日時点まとめ）

	被災施設数	児童福祉施設		老人福祉施設		障害福祉施設		その他福祉施設	
		全　壊	一部損壊	全　壊	一部損壊	全　壊	一部損壊	全　壊	一部損壊
岩　手　県	208	12	29	9	92	9	56	0	1
宮　城　県	333	13	131	2	54	11	122	0	0
福　島　県	334	2	92	1	168	0	70	0	1
上記3県小計	875	27	252	12	314	20	248	0	2
青　森　県	2	2		0		0		0	
茨　城　県	439	322		117		0		0	
栃　木　県	71	65		5		1		0	
千　葉　県	34	7		24		3		0	
新　潟　県	44	21		21		1		1	
長　野　県	8	3		3		2		0	
全　　　国	1,626	752		547		319		8	

施設数は、2009（平成21）年度の各種統計からの集計で、岩手県2,142、宮城県2,712、福島県2,352、3県合計7,206
出典：厚生労働省社会・援護局「被災地の社会福祉施設等の被害」2011

　被災した東北3県（岩手・宮城・福島）の福祉施設被害は875と全体の半分強を占めますが、それよりも県単位では茨城県の施設被害が最も多いことに驚かされます。東日本大震災では、東北の被災3県がクローズアップされますが、茨城県をはじめ多くの地域で大きな被害を受けていることを改めて思い知らされます。

3　不十分な広域福祉支援

　厚生労働省のまとめ（2011（平成23）年5月13日時点）によると、医療チーム等の派遣は、日本医師会や病院団体等の関係団体から272人、保健指導を行う保健師等が329人、心のケアを行う精神科医、看護師、精神保健福祉士等が329人活動中でした。一方で、介護施設・障害者施設等への派遣は都道府県を通じて100人でした。この数字からは、被災当初の広域医療支援に比べて、広域福祉支援は弱いという印象を持たざるをえません。

　災害時の広域医療支援についてはDMAT（災害派遣医療チーム）*という公的制度が整備され、日本災害医療学会、日本災害看護学会など関係者による研究も盛んに行われています。福祉支援については近年、災害福祉支援チーム（DWAT）が都道府県単位で設立されるようになりましたが、支援活動も研究も不十分な状態にとどまっているのが現状です。

＊　DMAT：Disaster Medical Assistance Team（災害派遣医療チーム）
　　詳しい内容は厚生労働省DMAT事務局ホームページ（http://www.dmat.jp/dmat/dmat.html）をご覧下さい。

第1章

第2章

第3章

第4章

第5章

福祉施設には、大地震を含めてさまざまな災害リスクがあります。広くいえば、このようなリスクに対するマネジメント、つまり危機管理が求められます。

1 大地震

2012（平成24）年8月に発表された南海トラフの巨大地震による被害想定では最大建物全壊棟数は約239万棟、最大死者数は約32万3000人となっています。その発生確率は30年間で70%～80%にも上ります。

図表1−2　南海トラフ地震の被害想定

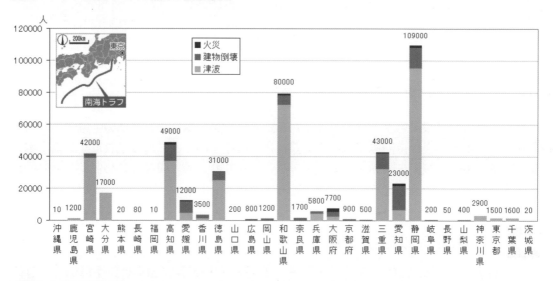

南海トラフ巨大地震
最悪の場合では死者323,000人、倒壊・焼失建物が2,386,000棟
出典：社会実情データ図録「南海トラフ大地震による都道府県別死者数（最大想定）」（内閣府公表資料による）

首都直下地震の被害想定は62万棟の焼失・倒壊、死者2万3000人（内閣府 2013（平成25）年12月公表）です。その発生確率は30年間で70%とされています。

大阪の上町断層帯地震（最大建物全壊棟数約97万棟、最大死者数4万2000人）など、大きな被害をもたらす可能性のある地震が他にもあります。

大地震は、甚大な人的被害、長期間のライフラインの停止、莫大な経済被害をもたらします。

図表１－３　首都直下地震の被害想定

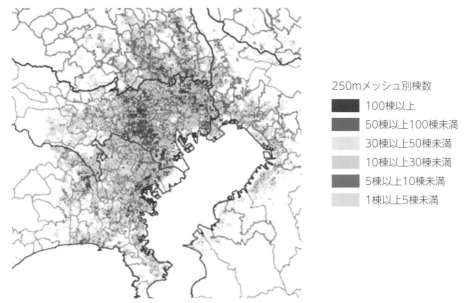

250mメッシュ別棟数

- 100棟以上
- 50棟以上100棟未満
- 30棟以上50棟未満
- 10棟以上30棟未満
- 5棟以上10棟未満
- 1棟以上5棟未満

首都圏は火災が被害を拡大する
62万棟の焼失・倒壊、死者23,000人　都心南部直下地震（M7.3）、2013（平成25）年12月
出典：中央防災会議防災対策推進検討会議　首都直下地震対策検討ワーキンググループ
　　　「首都直下地震の被害想定と対策について（最終報告）」内閣府政策統括官（防災担当）2013

2　大雨、洪水、土砂災害

　日本は、台風、梅雨前線豪雨などの大雨で洪水が発生しやすいアジアモンスーン地帯にあります。河川の氾濫の可能性がある区域は国土の10％にすぎませんが、そこに総人口の約50％、資産の約75％が集中しています。

　大洪水により堤防が壊れると、多くの人命、財産が失われるだけでなく、社会的、経済的に大きな混乱が発生します。

　近年は、日本近海の海水温の上昇、台風の巨大化などにより大河川でさえ堤防が決壊し、2018（平成30）年の「西日本豪雨災害」では121の自治体が、2019（令和元）年の東日本を中心とする豪雨災害「令和元年東日本台風」では404の自治体が災害救助法の対象となるなど、広域で風水害が発生しています。

　また、狭い地域に短時間で多量の雨（時間雨量50ミリ以上）が降る集中豪雨、いわゆる「ゲリラ豪雨」の発生回数が多くなってきました。一般的に市街地における排水能力は時間雨量50ミリ前後であり、これを超える場合には内水氾濫（大きな河川の堤防の内側にある排水路などが溢れること）が起こりやすくなります。また、主に平地の外緑部から山間地にかけての地域において急傾斜地の崩壊、土石流や地滑りなどの土砂災害が頻発しています。

　そこで、ハード面の整備に頼るのではなく、住民の防災意識を高めることで被害を少なくする対策が重視されるようになりました。多くの市区町村が洪水や土砂災害のハザード

図表1－4　江東5区*の水害リスク

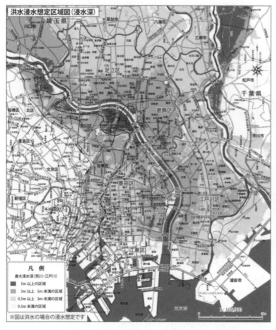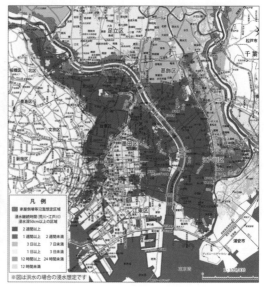

3日間総雨量：荒川632ミリ、江戸川491ミリ
⇒九州北部豪雨（朝倉市）545ミリ（48時間）
⇒関東・東北豪雨（日光市）550ミリ（24時間）
＊ 江東5区：東京都墨田区、江東区、足立区、葛飾区、江戸川区の5つの区を指す。
出典：第3回江東5区広域避難推進協議会「江東5区大規模水害ハザードマップ」2018

マップを作成し、地域ごとにどの程度の浸水深・土砂災害が予測されるのかを示し、避難場所、避難方法、連絡先、持ち物など各種情報を分かりやすく図面などに表示し、公表しています。

　台風や前線が近付くと気象庁や国土交通省から科学的根拠に基づいた情報が提供され、マスコミや自治体のホームページでも警戒情報が提供されます。

　今後も、地球温暖化の影響を受けて、風水害の激甚化が危惧されています。ほぼ、毎年、確実に発生する災害ですので、福祉施設では避難確保計画やBCP（事業継続計画）を作成して、利用者と職員の命、尊厳を守ることが重要です。

3　新型ウイルス感染症

　2020（令和2）年、世界を震撼させているのが新型コロナウイルス感染症の大流行です。2020年3月11日、WHO（世界保健機関）がパンデミックを宣言し、さらに勢いが増しています。世界中で外出や集会の自粛、学校や施設の閉鎖、さらには一部の都市も封鎖されています。政府は対策の重要事項として(1)情報提供・共有　(2)サーベイランス・情報収集　(3)まん延防止　(4)医療　(5)経済・雇用対策を進めるという項目を挙げています。

　コロナウイルスとは違いますが、過去にも大流行を繰り返しているのが新型インフルエ

ンザです。1918（大正7）年の「スペイン風邪」も鳥インフルエンザから変異した新型インフルエンザで、世界で4000万人以上が死亡、日本国内でも45万人が亡くなっています。また、2009（平成21）年に流行したのも記憶に新しいところです。

　新型ウイルスの感染が拡大すれば、経済的にも社会機能も深刻なダメージを受けます。交通機関や流通、製造業など多くの業種が、社員の感染によって通常業務を維持できなくなるかもしれません。社会的機能を担う企業、自治体などはBCP（事業継続計画）を作成し、感染拡大の際には、社員等の在宅勤務や部門ごとの時差出勤などを実施し、職場内に人を密集させない対策をとる必要があります。

　一方、福祉施設職員は医療施設等と同様に人を直接支援しますので、より一層BCPを充実させ、マスクや消毒液、手袋等の備蓄をしておかなければなりません。電気などライフラインが停止する可能性もあるため、震災に準じた準備が必要になります。水、食料等の備蓄は1か月分程度が望ましいとされます。

4　その他の危機

　災害とまでいえなくとも、福祉施設の危機には利用者・保護者等とのトラブル、職員の不祥事、資金ショート、重要情報の喪失、資産の滅却など、その継続性・安定性を脅かす緊急事態が存在します。

5　施設における被害想定の方法

　福祉施設が防災計画やBCP（事業継続計画）を作成する場合、最初に被害想定を検討します。一般には、大規模地震を想定し、ライフラインが3日間程度断絶することを想定した計画を作成します。さらに細かく検討したい場合は、自治体の地域防災計画に定める被害想定をベースに作成します。特に風水害については地域差が大きいので、施設が被災する可能性を十分に検討しましょう。

　ただし、被害想定をあまり厳密に考える必要はありません。特に自然災害は、東日本大震災のように想定を超える規模のものが発生する可能性もあります。一般的な想定をしたうえで、実際の災害時は、その規模、状況に応じて臨機応変に対応をしなければなりません。

　そのためには、福祉施設職員が訓練や計画の見直しを繰り返し、応用力をつけていくことが重要です。

第1章

第2章

第3章

第4章

第5章

3 社会全体で被害を最小限にする防災対策

　防災対策の対象リスクとしては、大規模地震を想定するのが一般的です。地震は、わが国において最も大きな自然災害リスクであり、人的資源や物的資源、ライフライン等、社会全体の維持に必要なあらゆる資源が十分に確保できないおそれがあるため、防災対策を検討するうえで基本となるからです。

　大地震に対して住民の被害を最小限に抑えるために、私は自助、近助、共助、公助の4つの観点から防災対策を実行するのが望ましいと考えています。

1 自助

　自助とは、言うまでもなく住民が自ら家庭、学校や職場で備えることです。東日本大震災は多くの人が職場や学校にいる時間に発生しましたが、最も多くの時間を過ごすのは職場や学校ではありません。夜間、早朝、休日、夏季・冬季休業も含めると実に多くの時間を自宅で過ごします。したがって、自宅で大地震を迎える確率が一番高いのです。そこで、自宅で被災したときの対策が最重要です。

　まず、最初の揺れから身を守るために、自宅の耐震化、家具の転倒防止、ガラスの飛散防止など事前の減災対策を行います。耐震化がすぐに難しければ、2階に寝る、1階にいるときは緊急地震速報で外に飛び出すなどの対策をとります。そして、とっさに自分の安全を確保できる行動力を身に付けましょう。

　次に、自宅が使えなくなったとき、津波や火災から逃げなければならないときの避難所、避難ルート、避難方法を考えて、実際に避難訓練をします。

　さらに、その後の生活を維持するため備蓄は欠かせません。第5章「資料編」に一般的な備蓄物資例（195〜197頁参照）を示します。他に、家族の特別なニーズ（常備薬、アレルギー対応食品、バッテリー、お気に入りの玩具等）を考えて備えておきます。

　自分や家族の写真や重要情報を整理し、知人や学校、役所、医療・福祉など関係者への連絡先を記録して共有します。

　これらを上手に進めるには、「家族防災会議」を開くのがよいでしょう。第5章「2家族の備え」（199〜200頁参照）などを活用して1時間ほど話し合えば、重要な対策はできると思います。年に何回か家族防災会議をすることで、さらに強固な対策がとれると同時に、家族の絆も強くなることでしょう。

　それぞれの家庭で自助力を高めることが防災の基本です。十分な自助力があれば、災害時には支援される側から支援する側に回ることができます。これにより、社会全体の災害対応力が高まるのです。

2 近所、地域社会の「近助」

　東日本大震災の被災地で、障害者の安否確認と支援に駆け回った福島県点字図書館館長の中村雅彦氏は「在宅の障害児者を高齢者が世話をしている家庭も多かった。残念なこと

に、高齢者の判断が遅れ、ともに逃げ遅れた事例がいくつもあった」と述べる一方で、「自閉症の子どもがいることを近所の方が前から知っていたので、支援に駆け付け、一緒に避難して助かった」という事例も紹介しています。多くの被災地を回った経験から、残念なことに「障害者にとって地域の助け合いは重要だが、必ずしもうまく行われていないと思う」と結論付けています。

　避難所や仮設住宅で、近隣住民にいろいろと面倒を見てもらえて生活できた障害者もいますが、支援者がいないため壊れかけた自宅や車で避難生活を送る人も多かったのです。

　アメリカの政治学者R. パットナムは、アメリカで人や地域のつながり＝社会関係資本が強いところでは、人々は賢く、健康で、安全で、豊かになり、公正で安定した民主主義が可能になっていることを論証しました。そして近年、アメリカ全体で、社会関係資本が弱くなったため、公共的課題の解決が困難になったと指摘しています。

　災害時に最初に救助などの支援ができるのは、福祉施設でもなければ、行政でもありません。ご近所だけなのです。向こう三軒両隣の近所付き合いが、災害時の大きな力になることを忘れてはなりません。

3　障害者関係団体、PTA、ボランティア・NPO、企業の「共助」

　同じ障害を持っていたり、境遇や志が同じ人の場合、距離は離れていても心が強くつながりやすいものです。障害者関係団体は、さまざまなネットワークを通じて、災害時の支援を行ってきました。これまでも同じ障害を持つ者、その保護者等が地域や行政との関係を強めてきましたが、その活動をさらに強化することが、災害時の安全、安心につながっていきます。

　PTA役員たちは、自校の児童生徒だけでなく学校や地域の児童生徒の安否確認に走りました。被災地外のPTAもさまざまな支援活動を行っています。

　ボランティア・NPOは、もはや被災地になくてはならない存在です。一般に、行政は公平でなくてはならないため、目の前の人に特別な対応をすることはできません。このため対応が遅くなり、冷たいと受け取られがちです。しかし、ボランティアはすぐに、特別な対応をすることが可能です。だから早いし温かいと感じられるのです。

　物資の支援では、経済力があり機動性の高い企業が大活躍をしました。また、ボランティア・NPOの活動を企業が支援することで、長期・継続的な支援が行われています。復旧・復興が長期になればなるほど、外部からの支援が重要になります。

4　行政の要配慮者支援

　政府は、これまで2006（平成18）年3月の「災害時要援護者の避難支援ガイドライン」に始まり2013（平成25）年8月の「避難行動要支援者の避難行動支援に関する取組指針」まで、各種の要配慮者支援計画のモデルを示しながら、高齢者、障害者等の安否確認、避難支援、福祉避難所の開設、福祉サービスの継続などを進めようとしてきました。

　しかし、多くの自治体では、個人情報保護条例との関係もあり、実効性のある計画はで

きていません。また、計画を作成したとしても実際の支援は、地域住民や福祉関係事業者による活動が中心であり、行政は要配慮者名簿の作成、備蓄の補助など事前対策の一部を行うに過ぎません。東日本大震災時に厚生労働省は、高齢者や障害者への支援、配慮について数えきれないほど多くの通知文書を自治体に発出しましたが、自治体そのものが大きく被災したために十分な支援活動はできませんでした。

　今後も、行政自身が被災するような大災害では、行政が個々の高齢者、障害者等を早期に支援することは、やはり難しいと言わざるをえません。したがって、災害時に実効性のある要配慮者支援計画を作成し、実際に支援が可能な関係者とともに訓練と見直しを重ねる他はありません。

5　福祉避難所の役割

　一般避難所では避難生活が困難な要配慮者を受け入れる特別の避難所を「福祉避難所」といいます。福祉避難所は、おおむね10人の要配慮者に１人の生活相談職員の配置、要配慮者も使いやすいポータブルトイレ、手すり、仮設スロープ、情報伝達機器等の物資・器材、日常生活上の支援を行うために必要な紙おむつ、ストーマ（人工肛門）用装具等の消耗機材の費用について国庫補助の対象となります。

　大災害時に、多数の住民が自宅外へ避難しなければならない場合、過去の事例では公的に位置付けられているか否かを問わず、福祉施設が受け入れています。数百人の避難者が押し寄せて混乱した施設もあります。したがって、福祉施設は災害前から、地域住民とともに訓練を行い、一般の避難所に行く人、福祉避難所で受け入れる要配慮者をあらかじめ決めておくことが望ましいといえます。そして、施設では要配慮者以外には一時的な避難場所を提供し、一般の避難所への移動を促します。

　しかし、福祉避難所の設置、運営は、ほとんどの市区町村や福祉施設は行ったことがありません。そこで、本書では基本的な福祉避難所開設・運営マニュアルを第４章で紹介します。本来であれば、専門家を交えて国レベルで作成し、その実施方法について市区町村職員や福祉施設職員に研修することが必要です。共通マニュアルがあれば、外部支援者が早期に活動しやすくなる効果もあります。もちろん、市区町村や福祉事業者がマニュアルの基本を押さえたうえで、地域や災害の特性、福祉事業者の理念、強みなどを活かしてレベルアップすることが望ましいのは言うまでもありません。

　そのうえで市区町村は、福祉避難所への避難が必要な人の大まかな状況を把握するとともに、平常時から施設管理者等との連携の構築や、施設利用方法の確認、福祉避難所の設置・運営・訓練等を進めることが大切です。そのために、事前に福祉事業者と福祉避難所に関する協定を結び、備蓄物資などの支援をすることが有効です。

　なお、福祉避難所としては、要配慮者の利用に適し、生活相談職員等の確保が比較的容易である老人福祉センター、特別支援学校等の既存施設を活用することも求められます。都道府県が管理する施設であっても指定対象から除外せず、市区町村は都道府県と適切に連携することが必要です。

　また、民間の旅館、ホテル等の借り上げや、学校の教室・保健室を含め、一般の避難所

に要配慮者のために区画された部屋を「福祉避難室」として対応することも効果的です。

　実効性を高めるためには、第4章で紹介するような福祉避難所開設・運営訓練を行って経験を重ねることが重要です。福祉事業者だけでなく要配慮者、町内会・自治会、民生委員、地元企業、ボランティア、自治体などが連携して定期的に訓練を行うことが、マニュアルの見直しや人材育成につながっていきます。

第1章

第2章

第3章

第4章

第5章

4 福祉防災計画の意義と概要

1 消防計画、防災計画見直しの必要性

　福祉施設が地震、津波や風水害などの災害時にも利用者や職員の命を守り、受忍限度内の生活ができる福祉サービスを継続するためには、防災対策としての施設や設備の耐震化、水や食料の備蓄などを強化するとともに、安全な避難確保、利用者のケアに関する重要業務の方針を検討し、被災後の福祉サービスの継続、早期の復旧、復興を目指さなければなりません。

　これまで高齢者、障害者等の通所施設や保育園の防災計画では、要配慮者を保護者に引き渡すことが最終目標であり、それまで要配慮者をいかに守るかに重点が置かれていました。

　しかし、震災時に早期に保護者に引き渡すことができるでしょうか。また、引き渡せたとして実際に要配慮者と保護者の安全は守られるでしょうか。福祉施設の責任を回避するためでなく、本当に要配慮者の安全を守るには、どうしたらよいかという観点から防災計画を見直す必要があります。

2 福祉施設の計画の現状

　阪神・淡路大震災や新潟県中越地震では、現場では福祉サービスの提供継続が難しかったのですが、東日本大震災でも同様の状況が生じていました。辛い教訓が十分に活かせたといえず、残念です。

　福祉施設の消防計画や防災計画はどの程度役立ち、どこが足りなかったのでしょうか。ここでは、社会福祉施設で作成する場合の事例を見てみます。

《大規模》（社会福祉施設関係等）
　●●●養護施設消防計画（地震防災規程）
震災対策
第1節　計画の目的、適用範囲
（略）
第2節　震災予防対策及び地震発生時の行動
（震災予防措置）
　第4条　各フロアーの火元責任者は、地震時の災害を軽減または防止するため、日頃から次のような措置を実施するものとする。
　　⑴　ロッカー、自動販売機等の転倒防止措置を行う。
　　⑵　窓ガラス、看板、広告塔等の落下、飛散防止措置を行う。
　　⑶　火気使用設備・器具からの出火防止措置を行う。
　　⑷　危険物等の流出、漏えい防止措置を行う。
　　⑸　高所に置かれた重量物にあっては、極力低所に移動または確実に固定する。
　　⑹　震災（災害）用の備蓄品を確保するとともに、定期的に点検する。

備蓄品目（例）	数　量	備蓄場所
飲料水（１人１日当たり３リットル）		事務室 （防災センター）
非常用食料（缶詰、乾パン等）		
応急手当セット（三角布、包帯、医薬品、絆創膏、ガーゼ、はさみ、ピンセット等）		
懐中電灯、予備乾電池		
携帯用ラジオ（携帯用テレビ）、予備乾電池		
トランシーバー、予備乾電池		

⑺　次の救助、救出用資機材を確保するとともに、定期的に点検する。

救助、救出用資機材品目（例）	数　量	保管場所
シャベル（スコップ）、つるはし		●階倉庫
ジャッキ（●トン用）		
ハンマー		
金てこ、鉄パイプ		
ロープ		
ヘルメット		
軍手（または皮手袋）		

※　なお備蓄品内飲料水及び非常用食料にあっては、帰宅困難等により施設内に滞留が予想される入所者数及び参集職員数を満たす数量を確保する。
　また救助、救出用資機材の数量にあっては、保安要員数を満たす数量を確保する。

（地震発生時の安全措置）
　第５条　地震が発生した場合には、次の措置を講じるものとする。
　⑴　地震発生直後は、職員それぞれは自身の安全を守ることを第一とする。
　⑵　火気使用設備・器具の直近にいる職員は、速やかに元栓、器具栓の閉止及び電源遮断を行い、各火元責任者はその状況を確認する。
　⑶　火元責任者は、火災等二次災害の発生を防止するために速やかに建物、火気使用設備・器具、危険物施設等について点検・検査を実施し、防火管理者に異常の有無を報告するとともに、異常が認められた場合は直ちに応急措置を行う。
　⑷　各設備・器具は、必ず安全を確認し防火管理者へ報告した後に使用する。
（地震発生後の活動）
　第６条　地震発生後における活動は、別表●「自衛消防組織編成表及び任務分担表」にある自衛消防活動の他、次の事項についても行うものとする。
　⑴　出火防止の措置
　　　各班にあっては、各区域の火気使用設備・器具等の使用停止及び停止確認をするとともに、その報告を自衛消防隊長へ行うものとする。
　⑵　情報の収集
　　　通報連絡班は、周辺の被災状況を把握するとともに、火元責任者等から積極的に情報を収集し、自衛消防隊長へ報告するものとする。
　⑶　消火活動
　ア　消火班は、発災場所の状況を把握し、重要な施設等の消火活動に当たるものとする。
　イ　社内に火災がなく、その他の被害も少ない場合で、周辺に火災が発生している場合は、自衛消防隊長の命令により消火に協力するものとする。

⑷　避難誘導

　　ア　避難誘導班は、●●に誘導された入所者等及び職員を指定避難場所へ誘導するものとする。

　　イ　避難路及び指定避難場所は、別図●によるものとする。

第3節　警戒宣言発令時の組織等

（略）

第4節　地震注意情報の発表から警戒宣言が発令されるまでの措置

（略）

第5節　警戒宣言発令から地震発生（または解除）までの間における対策

（略）

第6節　防災教育及び訓練等

（防災教育の実施時期）

　第20条　防火管理者及び防火担当責任者は、次により職員等に対して防災教育をしなければならない。

　⑴　職員全員に対する教育

　　　●月及び●月の第1月曜日に実施する。

　　　ただし、防火管理者が必要と認めるときは、その都度行うことができる。

　⑵　新入職員に対する教育

　　　採用時の研修期間のうち、防火管理者が必要と認める時間を当てるものとする。

2　防災教育の内容は、次によるものとする。

　⑴　消防計画の周知徹底

　⑵　火災予防上の遵守事項

　⑶　防火管理に対する職員各自の任務及び責任の周知徹底

　⑷　安全作業等に関する基本的事項

　⑸　震災対策に関する事項

　⑹　警戒宣言発令時の対応について

　⑺　その他火災予防上必要な事項

（訓練）

　第21条　防火管理者は、次により防災ならびに消防訓練を行うものとする。

訓練種別	訓練内容及び対象	実施月日
総合訓練	消火、通報、避難誘導、救護等について連携して行う。 全施設を対象とする。	防災の日（週間） 春、秋の火災予防 運動期間中
部分訓練	上記について個々に行う。A棟（階）職員	月　　　日
	上記について個々に行う。B棟（階）職員	月　　　日
	上記について個々に行う。C棟（階）職員	月　　　日
基礎訓練	屋内消火栓等の操作及び取扱い訓練、自衛消防隊、消火班員を対象とする。	随　　　時
図上訓練	机上による想定訓練、自衛消防隊各班を対象とする。	

2　震災訓練の実施は、各種消防訓練に準じて実施するとともに、関係機関の行う訓練または地域において実施する訓練にあっては、その都度参加するものとする。

（訓練の実施、報告）

　第22条　防火管理者は、自衛消防訓練の実施に当たり、所轄消防署に対し指導を要請する場合は、火災予防条例に定める消防訓練実施届を提出するものとする。

2　防火管理者は、訓練の実施結果を防火管理台帳に記録しておくものとする。

　この計画案は確かに簡潔で、書かれていることに間違いはありません。しかし、この計画を立てて訓練をしていた場合、果たして東日本大震災級の災害から利用者と職員を守れるでしょうか。

　1つだけ例を挙げます。第4条の（震災予防措置）では、備蓄品目（例）として13頁の表があります。

⑹　震災（災害）用の備蓄品を確保するとともに、定期的に点検する。		
備蓄品目（例）	数　量	備蓄場所
飲料水（1人1日当たり3リットル）		事務室 （防災センター）
非常用食料（缶詰、乾パン等）		
応急手当セット（三角布、包帯、医薬品、絆創膏、ガーゼ、はさみ、ピンセット等）		
懐中電灯、予備乾電池		
携帯用ラジオ（携帯用テレビ）、予備乾電池		
トランシーバー、予備乾電池		

　備蓄品目を具体的に検討する場合、水は飲料水だけでなく他にも生活用水、手洗いやトイレ用水を確保しなくてはなりません。食料は、缶詰、乾パン等だけでなく流動食、また栄養価や減塩を考えた備蓄が必要です。東日本大震災では寒さのため多くの高齢者が体力を消耗しましたが、その備えが記載されていません。また、東日本大震災の際に不足に悩まされたガソリンの備蓄についても記述されていません。本書では第5章「資料編」に備蓄物資例を挙げています（195〜197頁参照）ので、ご参照下さい。

3　課題は「具体性」「十分性」「仕組み」の不足

　これまで福祉施設を調査し、消防・防災計画を点検したり、施設関係者と悩みを語り合ったなかでは、自治体などから示される計画のひな型が不十分だったり、具体的な部分で施設任せになっていることが多かったことが分かりました。また、訓練の中心は避難訓練で、それが東日本大震災では相当程度役立っていますが、その後の福祉サービスの継続についての計画や訓練はほとんどなされていません。また、災害時に適切な判断、行動をするための教育についてはほとんど行われてきませんでした。

　これらのことから言えるのは、福祉施設の消防計画、防災計画の課題は、「具体性」「十分性」「仕組み」の3点が欠けているために、災害対応に実効性が足りないということです。

　「具体性に欠ける」というのは、例えば安否確認の方法が明記されなかったり、どのようにガソリンを確保するのか書かれていなかったり、災害時優先電話の指定を受けても当該電話に印やタグを付けていなかったので、どの電話が該当するのか分からなかったり、災害時のケアでやるべきこと、やらなくてよいことが明確になっていなかったりすることです。

　「十分性に欠ける」とは、災害の規模に比して対策が不十分だということです。例えば、

消防計画が全員が参集する前提での計画や訓練だったり、備蓄に関しては水と食料だけで薬や暖房の手段を確保する検討がなされていなかったり、地域の要配慮者を何人まで受け入れられるのか、目処が立っておらず、かつ補完する方法が考えられていない状況だったりします。

　「仕組み」とは、継続的に人材を育成し計画を向上させる取組みがシステム化されることです。多くの福祉施設では、消防・防災計画はあるものの、研修や訓練を通じた見直しがなされていなかったり、リーダーや職員の継続的な教育が不足していたりします。

4　福祉防災計画とは

　これまでの福祉施設の消防計画は災害発生直後の緊急対応が中心であり、大災害発生後に大規模に、また中長期的に対応できるものとはなっていません。例えば、火災の避難訓練では屋外避難しますが、訓練終了後には施設に戻れます。しかし、実際の火災時には施設に戻れないはずです。その後の対策はどうするのでしょうか。

　また消防計画以外にも、国土交通省が水災害・土砂災害に対応する避難確保計画、内閣府が福祉避難所計画のひな型を作成していますが、福祉施設がマルチハザードに対応できる総合的な計画は示されていません。

(1)　避難確保計画と訓練

　認知症高齢者や障害児者は、大災害時には自ら判断、行動することは困難で、福祉関係者をはじめとする支援者による的確な支援が不可欠です。支援を確実に実行するには、施

図表1-5　浜松市の福祉施設と浸水想定地域

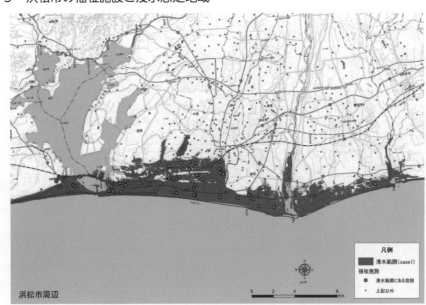

（一社）福祉防災コミュニティ協会©

設の立地場所に関するハザードを正しく理解し、余裕をもって避難できる計画を作成し、訓練により充実させることが極めて重要です。

　図表1-5の●丸は浜松市の福祉施設の所在地であり、■色は南海トラフの最大浸水想定地域です。浜松市では最大16メートルの津波が、最短で22分後に押し寄せると想定されています。

　それでは、この福祉施設の職員は大地震が発生した後、利用者をどのように避難誘導すればよいでしょうか。避難場所と避難支援方法を時間を計って訓練しているでしょうか。間に合わないと職員が判断したときに、任務を放棄して逃げてもよいのでしょうか。逃げる判断基準は明確に決まっているでしょうか。

　それができなければ、職員と利用者は共倒れになってしまいます。最大リスクに備えた実効性ある避難確保計画を作成し訓練をすること。それが、東日本大震災の教訓です。

⑵　BCP（事業継続計画）

　東日本大震災、広島土砂災害、熊本地震、関東東北豪雨、九州北部豪雨、西日本豪雨、台風19号災害など近年の災害では、特に高齢者の被害が多くなっています。また、災害関連死の問題も深刻です。東日本大震災では、せっかく助かったにもかかわらず3739名が震災関連死で亡くなり（2019（令和元）年12月27日復興庁公表（同年9月30日現在））ました。そして、その約9割の3313名が、66歳以上です。熊本地震では直接死50名に対し、関連死が222名（同年11月13日付け熊本県速報）と4倍を超えています。

　高齢者にとって、避難生活がいかに困難か、想像に難くありません。同時に、命を失うまでには至らなくても、障害者、難病患者、妊産婦、子どもも多くの困難に直面します。

図表1-6　福祉BCのイメージ

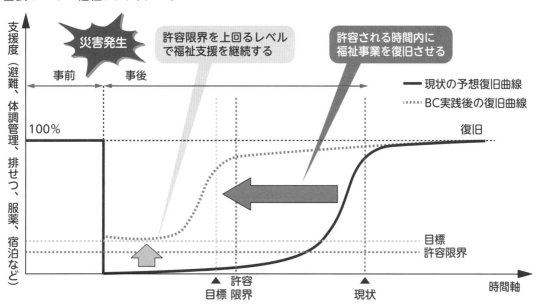

出典：内閣府政策統括官（防災担当）「事業継続ガイドライン」2013年改定　一部改変

第1章

第2章

第3章

第4章

第5章

17

したがって、大災害であっても福祉施設職員は避難先で利用者のケアを継続しなければなりません。これを効果的に実施するためには、福祉施設がBCP（事業継続計画）を作成し、代替避難施設の選定、及び避難先での十分な備蓄や訓練をしておく必要があります。

　厚生労働省も2018（平成30）年10月19日に「社会福祉施設等における災害時に備えたライフライン等の点検について」を通知し、「各都道府県、市区町村におかれては、（中略）ライフライン等が寸断された場合の対策状況を確認するとともに、その結果を踏まえ、速やかに飲料水、食料等の備蓄、BCP（事業継続計画）の策定推進など必要な対策を行うようご助言をお願いいたします」とBCPの作成を促しています。

　BC（事業継続）の主な狙いは2点あります。

　一つは、災害時でも目標レベルの業務を維持継続することです。例えば、保育園児にトイレを我慢させることはできません。水が流れず、下水管が破損している状況でどのようにトイレを使わせるかを事前に考えて、訓練により検証して、問題があれば改善する必要があります。

　もう一つは、早期に福祉施設を再開することです。特に要配慮者は、いつもの生活に戻ること、仲間や職員に会えることで落ち着きを取り戻します。家族も、要配慮者から一時的に離れて家の片付けや生活再建に向けた活動ができます。

　福祉施設再開のためには、利用者の安否確認と居場所の把握、職員の安否確認・参集、施設の点検・補修、食事やケアの準備など、具体的に必要なことを事前に検討しておく必要があります。

　しかし、東日本大震災発生当時、災害後も高齢者、障害児者、保護者、施設職員を支援するBCPを作成していた施設は、ほとんどありませんでした。

図表1-7　BCP（事業継続計画）の業種別策定状況

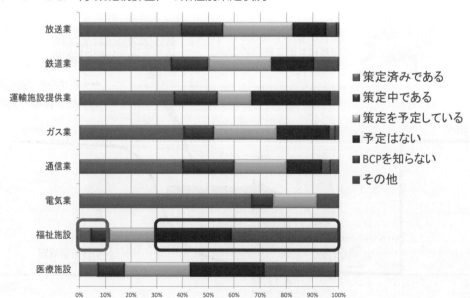

出典：内閣府政策統括官（防災担当）「特定分野における事業継続に関する実態調査」2013　一部改変

　現状では、福祉施設のBCPは普及しておらず、「BCPを策定した」のは4.5％、「策定中」が6.9％に過ぎません。なお、このデータは2012（平成24）年度のものですが、近年の調査では福祉事業に関しては、サンプル数が少ないことを理由に公表されていません。

⑶　福祉避難所計画

　在宅の高齢者、障害者等が被災して避難所を利用しなければならないとき、スペース、バリアフリー設備、支援者、物資等の確保が必要です。そこで開設されるのが福祉避難所です。福祉施設は、バリアフリー環境が整っているため、多くの市区町村が福祉施設と福祉避難所協定を結んでいます。（避難所は９万2561施設、福祉避難所は２万185施設。2016（平成28）年10月１日現在　内閣府調査）

　しかし、ほとんどの自治体、福祉施設には福祉避難所運営の実務を支える計画、マニュアルもなければ訓練のノウハウもありません。支援者を確保する方策も未定です。実際に、災害が発生してしばらくは、行政も福祉施設も福祉避難所の協定を結んでいたことを知らなかったという事例さえあります。

　過去の大災害の事例では、施設が無事であれば必ずといっていいほど、近隣住民や高齢者等が避難をしてきます。このとき、施設が避難者の受入れを断ることは難しいのが実情です。このため、一般の避難者と福祉ニーズのある避難者が混在し、混乱が大きくなります。あらかじめ、一定のルールを決め、地域住民と協力して要配慮者等を支える必要があります。

　これらを踏まえると、大災害対応の福祉防災計画の全体像は図表１－８「福祉防災計画の全体像」になります。

図表１－８　福祉防災計画の全体像

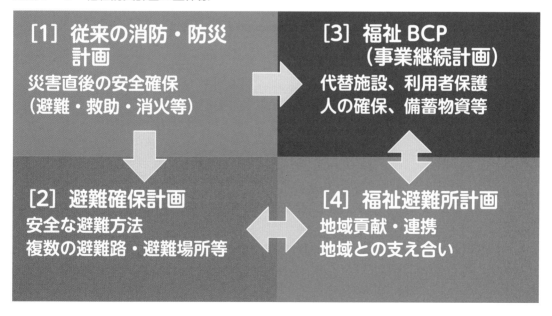

5 計画からマネジメントへ

　福祉防災計画は1回作成すれば、それでよいものではありません。大災害時にも必要な福祉サービスレベルを戦略的に決定し、施設経営のなかに計画の見直しと研修や教育訓練による人材育成を位置付け、その実効性を高めていくプロセスが大切です。したがって、最初から高度なものを作成するより、できるだけ早く簡単なものを作成しましょう。そして職員研修や訓練などで課題を発見し、解決していきます。これを繰り返して、レベルを上げることで、その施設にふさわしい実効性のある計画ができていきます。

　一般的にはPDCAサイクル（Plan（計画）・Do（実行）・Check（評価）・Action（改善）のサイクル）を回すことにより、BC（事業継続）の継続的な改善を行うことになります。BCにおいて、このような経営管理を行うことを事業継続マネジメント（BCM：Business Continuity Management）といいます。

　特に、BCP要員など危機管理の人材育成は、施設全体のモラールの向上やコンプライアンスの維持強化を通じて日常業務のレベルアップに直結します。また、そのような人材を通じて地域全体の防災力が向上するので、非常に重要です。

図表1－9　BCのPDCAサイクルの要素

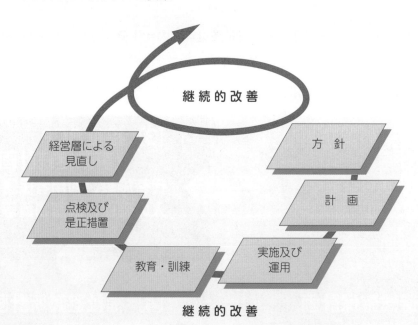

出典：内閣府政策統括官（防災担当）「事業継続ガイドライン」2013年改定

第 2 章

BCP作成の参考となる基準や知識

1 災害支援の国際基準　スフィア基準

本章では、BCP作成に当たり、活用して頂きたい最新の基準や知識をご紹介します。その大前提として、共有して頂きたい理念を最初に掲げます。

> 1　災害で被災した人々には、尊厳ある生活をする権利がある。
> 2　そのために、支援を受ける権利がある。

これは、この章の最初にご紹介する支援の国際基準、「スフィア基準」を支える基本理念の1つです。1は、どなたも理解・納得されているでしょう。たとえ災害で家を失い、避難所での生活を強いられることがあっても、健康で、元気な生活ができなければなりません。

そして、その「尊厳ある生活」を守るために、または取り戻すために、2として、被災者には「支援を受ける権利」があるのだと、国際基準は明示しているのです。

災害が起こったとき、またはその後、福祉施設の職員は、自身も被災していながら、利用者の安全を確保し、生活を支援していかなければなりません。施設によっては「福祉避難所」としてさらに多くの外部の人々を受け入れることになります。

利用者や自身の生命・生活を守るために、また被災した施設を少しでも早く復旧するために、皆さんも必要な支援を受けていいのです。損害の状況を把握して、不足している物資を要望することは、被災している人々の尊厳ある生活を守るための当然の権利なのです。

皆さんの支援を後押しするために、さまざまな基準や法律が用意されています。施設のBCPをつくるに当たり、「あのとき、災害救助法を知っていれば利用者の生活を向上できたのに」という後悔がないように、この章を活用して下さい。

1 いま話題のスフィアとは

　2016（平成28）年に起きた熊本地震以降、地震や豪雨災害が起こるたびに、テレビや新聞・インターネットでよく目にするようになったキーワードがあります。「スフィア基準」、または「スフィア・ハンドブック」と呼ばれる冊子です（図表2－1）。

図表2－1
スフィア・ハンドブック

　「避難所運営ガイドライン（内閣府政策統括官（防災担当）発行）」の巻頭にも、「今後の我が国の『避難所の質の向上』を考えるとき、参考にすべき国際基準」であるとして、スフィア・ハンドブックが紹介されており、今や、行政や防災関係者も、必ず押さえておかなければならない必須アイテムとなりました。

　そして、現場の福祉施設関係者は、利用者の生活に必要な支援を受けるために、「ここに書いてある支援をお願いしたい」と言うことができるのです。

　現在、多くの行政職員、医療者、福祉施設職員などがスフィア基準の研修を受講しています。

2 スフィア基準ができた背景

　スフィア基準は、過去の災害や紛争で実施した支援活動を自ら振り返り、その反省を次に活かすために作成された基準です。現在第4版（2018（平成30）年版）が出版されており、災害支援や人道対応の国際基準として最も広く知られ、支援機関が相互にコミュニケーションや調整をとるためのツールとしても活用されています。

スフィア基準のできた背景

　1994（平成6）年にアフリカのルワンダという国で内戦が起こり、50～100万人の国民が殺害されました。攻撃や報復を恐れた多くの国民が、国内外に避難しました。

　隣国に200万人、国内でも100万人という人々が避難をした避難民キャンプで、その後さらに8万人が亡くなりました。日本でいう災害関連死の状態です。

　災害では命を失わずにすんだ人々が、その後の避難生活で亡くなるのは大変残念です。

　支援がある程度落ち着いた1996（平成8）年、政府や国連、国際赤十字・赤新月社運動、支援に参加した200以上のNGOが、自らの行動を振り返る合同評価を実施しました。

　その結果、支援活動はそれぞれの団体が場当たり的に実施しており、「活動自体の質が低かった」「説明責任が欠如していた」という問題点が提示されました。

　1997（平成9）年、上記の課題を解決するべく、「スフィア・プロジェクト」が発足し、その成果として、「スフィア・ハンドブック（2000（平成12）年初版発行）」が生まれました。

3 「スフィアの基本理念」

　スフィア基準の目的は、災害支援における行動の質を向上させ、説明責任を果たせることです。

　ハンドブックの正式な名称は「人道憲章と人道支援における最低基準」といいます。人道支援と聞くと「海外での難民支援」と捉える人も多いですが、国内では「災害支援」と読み替えて頂いて差し支えありません。

　災害はまさに人道危機、つまり、緊急に「人間」として生きるのが難しい状況です。そんな状態に置かれた人々に支援の手を差し伸べる行為を、「人道支援」と表現しています。

図表2−2　スフィア基準2つの基本理念

スフィア基準2つの基本理念
1　災害や紛争の影響を受けた人びとには、**尊厳**ある生活を営む権利があり、従って**支援を受ける権利**がある。
2　災害や紛争による苦痛を軽減するために、実行可能な**あらゆる手段**が尽くされなくてはならない。

出典：支援の質とアカウンタビリティ向上ネットワーク（JQAN）「スフィアハンドブック」日本語版　第4版 P4 2019

　その原理となっているのは、2つの基本理念（図表2−2）です。

　1つ目の基本理念は、本章の最初で紹介した通り、全ての被災者には、「尊厳ある生活をする権利がある」ということです。そして、その「尊厳ある生活」を続けるために、または取り戻すために、被災者には「支援を受ける権利がある」、とスフィアは謳っています。

　日本国内でも過去に多くの災害が起こっていますが、避難所に身を寄せた人々は、「避難所にいられるだけでもありがたい」「辛くても寒くても、我慢をしなくてはいけない」「わがままを言ってはいけない」と思いがちです。支援をする人々のなかにも、「彼らはかわいそうな人々だ。だから、助けてあげるのだ」と言う人がいます。

　そのどちらの考え方も正しくない、「支援を受けるのは、国民としての当然の権利ですよ」とスフィア基準は述べているのです。この考え方は、災害支援者にとても重要な道標です。

　被災者はたった今まで、普通に尊厳ある生活をしていた人であり、早々にその生活を取り戻していい人々です。支援者が「かわいそうだから手を差し伸べる」という発想をすると、「一律に、平等に、最低限の生活を与える」支援をしてしまう危険があります。

　高齢者や子どもたち、持病や障害を持っている人、アレルギー食の必要な人、さまざまな背景を持つ被災者からの要望に対して、公平性の考え方ができず、「個別の配慮はできない」「わがままを言うものではない」と叱責をしてしまう支援者も、実際に見受けられます。

　スフィアは、そうした考え方は間違いであり、被災者には、尊厳ある生活をするため

に、自分に合った支援を受ける権利があることを明示しているのです。

　2つ目の基本理念では、支援者は、被災された人々が尊厳を持った人生を送るために、必要な援助を受けられるよう最大限の配慮をし、また、被災の苦痛を軽減するために、「実行可能なあらゆる手段を尽くすべきである」と明確に述べています。

　この基本理念も当たり前のようで、実施するのが難しいこともあります。例えば、施設職員としては「高齢者の支援」が命題であるため、「ここでは乳幼児の支援はできない。他に行って下さい」と言ってしまうことがあります。

　もちろん、「あらゆる手段」を自分の施設で全て負担する必要はありません。けれども、支援を必要とする人を、他の支援者につなぐことはできるかもしれません。「他施設や他職との連携も、重要な支援である」とスフィアは説いています。

　また、被災した人々や地域は、支援を受ける権利を、安全に享受できなければなりません。支援を申し出やすい環境づくりや、その人たちの保護を含めて、責任を果たしていくことが、支援者としての共通原則なのです。

　福祉施設が災害時に、利用者の生活に必要な支援を受けることは、決してぜいたくやわがままではありません。国際基準に沿った尊厳ある生活を維持するために何が必要かを、あらかじめ考え、BCPに記載し、内外に伝えていく必要があります。

　今後の災害に向けてBCPを作成する施設は、業務や分担をスフィアの基本理念に沿って検討しましょう。既に計画を作成している施設では、その計画をスフィアの基本理念や最低基準に照らして確認し、不足している部分は修正したり、他の施設や支援団体と補完したりし合うことも大切です。

第1章

第2章

第3章

第4章

第5章

4 スフィア・ハンドブックの構成

図表２－３　スフィア・ハンドブックの構成

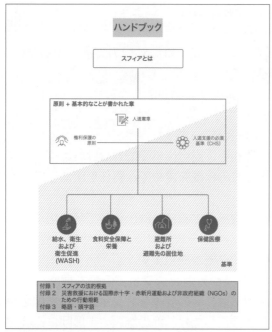

スフィア・ハンドブックは、４つの基本的なことが書かれた章と４つの技術的なことが書かれた章から成っています。基本的なことが書かれた章では、人道支援の倫理的、法的、実践的な基礎を概説しています。前述のスフィアの２つの基本理念も最初の章に記載されています。

一方、技術的なことが書かれた４つの章は、以下の４つの支援分野について、それぞれ最低基準を掲げています。一般に「支援の国際基準」、または「スフィア基準」と呼ばれている基準とは、この「最低基準」を指します。

出典：支援の質とアカウンタビリティ向上ネットワーク（JQAN）「スフィアハンドブック」日本語版第４版 P2 2019

5 技術的なことが書かれた４章

技術的なことが書かれた４章は、以下の４つです。
- 給水、衛生および衛生促進（WASH）
- 食料安全保障および栄養
- 避難所および避難先の居住地
- 保健医療

各章では、それぞれの支援分野についての最低基準を掲げています。施設や避難所の担当は避難所部分だけを見ればよいかといえば、決してそうではありません。

適切な避難所管理をするためには、施設利用者や避難者のニーズを包括的にとらえ、水と衛生、食料、保健医療、全ての章の最低基準を効果的に活用する必要があります。

6　避難所についての最低基準

　避難所についての最低基準は７つあります。発災後、すぐに支援を開始することで危機の初期段階で人命を救うことができます。市区町村に開設される避難所は、天候から人々の身を守るとともに健康を増進し、家族やコミュニティの生活を支えることができます。

　福祉施設は、既存の利用者や外部から訪れる被災者の暮らしに尊厳と安全をもたらし、生活を安心して維持できるようBCPをつくります。BCP作成に当たり、スフィア・ハンドブックの避難所の最低基準を計画立案の時点から有効に活用して下さい。

図表２－４　「避難所および避難先の居住地に関する最低基準」の構成

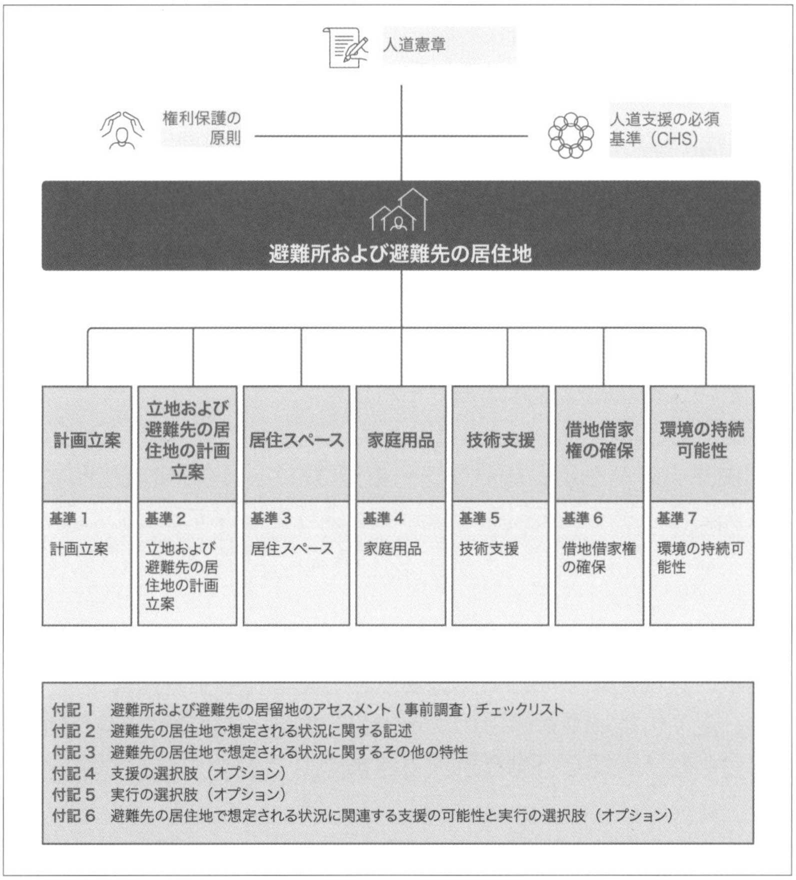

出典：支援の質とアカウンタビリティ向上ネットワーク（JQAN）
　　　「スフィアハンドブック」日本語版第４版 P238 2019

27

7 最低基準の構成

　最低基準は、どの章も共通の構成で書かれています。最初に最低基準が掲げられ、基本行動、基本指標、ガイダンスノートが続きます。

図表2－5　最低基準の構成

最低基準の構成

- 最低基準：尊厳ある生活への権利の原則に基づく普遍的な提言
- 基本行動：最低基準を達成するために実施すべき「基本的な行動」
- 基本指標：基本行動が、うまく実施できているかの目安
- ガイダンスノート：基本行動を支える追加情報

　一例として、避難所の「居住スペース」の基準についての項目は、図表2－6「『避難所および避難先の居住地に関する最低基準』の一例」のように構成されます。

・最低基準

　最初に最低基準として、「人びとは安全および適切であり、尊厳を持って家庭生活や生計を立てるために必要不可欠な活動を行うことができる居住スペースへのアクセスを有している」という普遍的な提言が掲げられます。

　とても広い概念だと感じる人もいるでしょう。スフィア・ハンドブックは、特定のサービスをどう提供するのかを示したハウツー本ではなく、世界中、どんな国や地域でも、それぞれの状況に合わせて、被災者の尊厳ある生活を確保するために何が必要かを説明しています。

・基本行動

　この最低基準を具現化するために実施すべき「基本行動」が次にいくつか提示されます。これらは、全ての地域や避難所の状況に当てはまるわけではありません。支援者は施設の状況に合わせて適切な行動を選択できます。

・基本指標

　そして基本行動が、うまく実施できているかの目安として、基本指標が提示されています。ここに、いくつかの「数値」が提示されることがあります。現状がこれらの目標となる数値を下回る場合は、現場の状況や時期に応じて、できるだけ迅速な達成手段を検討し、実行していくことが求められます。

・ガイダンスノート

　各最低基準の最後に、基本行動を支える追加情報が掲げられます。

図表2−6　「避難所および避難先の居住地に関する最低基準」の一例

> **避難所および避難先の居住地基準3：**
> **居住スペース**
> 人びとは安全および適切であり、尊厳をもって家庭生活や生計を立てる
> ために必要不可欠な活動を行うことができる居住スペースへのアクセス
> を有している。

基本行動

1. 影響を受けた世帯は、基本的な家庭活動を行うための適切な居住スペースを有している。

  - 地域の文化や生活習慣を尊重する形で、睡眠、調理、食事に関する家族のメンバーの多様な要求に対応した居住スペースを提供する。
  - 居住者とその家族の財産を守るため、必要最低限である屋根と四方の壁を提供し、身体的安全、尊厳、プライバシーおよび天候からの保護を得られるよう取り計らう。
  - 最適な照明条件、換気、温度の快適さを提供する。

2. 居住スペースを直接取り囲む空間が、基本的な活動を安全に行うことに役立つよう確かめる。

  - 調理、トイレ、洗濯、入浴、生計手段を得る活動、社交と余暇のための適切な区域を含む。

3. 文化的および社会的に許容可能であり、環境持続可能性のある避難所での解決方法、建築技法および資材の使用を促進する。

基本指標

避難所内、またはそのすぐ周辺に、日常的な活動を営むための適切な居住スペースを有する影響を受けた人びとの割合

  - 1人あたり最低 3.5m^2 の居住スペース（調理スペース、入浴区域、衛生設備を除く）
  - 寒冷気候または都市部において、調理スペースと入浴および／または衛生設備が居住スペース内に設置される場合、1人あたり、最低 4.5〜5.5m^2
  - 内部天井高の最高点が、少なくとも 2m（高温気候の場合、2.6m）

出典：支援の質とアカウンタビリティ向上ネットワーク（JQAN）
「スフィアハンドブック」日本語版第4版 P254 2019

8　スフィアに関する勘違い

　最後に、スフィア基準についての「間違った解釈」について説明します。昨今、震災や台風災害・水害など、さまざまな災害報道や特集番組のなかで、被災地や避難所運営の課題解決ツールとして、スフィアの「基本指標」、つまり数値部分が大きく取り上げられることがあります。

　前述した通り、スフィア基準（最低基準）とは、「尊厳ある生活への権利の原則に基づく普遍的な提言」であり、最低基準には数値は一切出てきません。
　しかし、見た目にも非常に分かりやすいため、避難所の一人分のスペースやトイレの数、一日に必要な水など、いわゆる「数値」を「これがスフィア基準だ」と紹介している報道番組や雑誌が多いのも事実です。

最低基準＝数値と誤解されることで、「国際基準を守らない行政は問題だ」とか「数値が守れない日本は、劣悪な避難環境だ」といった間違った考え方を主張する人々もいるため、避難所の運営者や福祉施設の職員は困惑してしまいます。

図表２－７に示すような具体的な数値は「スフィア基準（最低基準）」ではありません。

図表２－７　スフィア基準報道の誤解

【スフィア基準報道の誤解】
「これがスフィア基準だ」は間違いです。

- トイレは男女別で、男子：女子＝１：３
- １人１日最低15リットルの水を使用する。
- １人あたり3.5㎡を超える居住空間が必要
- １日に必要なカロリーは2,100カロリー

例えば「避難所の居住スペースは１人あたり最低3.5㎡」という数値目標ですが、平面にすると畳２畳分です。被災者全員に、余裕をもって一人3.5㎡の居住スペースが用意できればそれに越したことはありません。けれども、被災した地域の体育館や福祉避難所のなかに、一人当たり約畳２畳をキープすることは現実にできません。では、どうしたらいいのか。

施設職員や支援者は、工夫し、考え続けることが必要です。最近では、段ボールベッドなどを利用することで、この課題をクリアすることができています。段ボールベッドは１人分のサイズは畳１畳です。ベッドの上に寝るのですが、下の段に所持品やその他の財産をしまうことができます。こうすることで、１人分のスペースは指標にある3.5㎡となります。４人家族であれば、この段ボールベッドを４つ組み合わせて使うことで、子どもたちが遊ぶスペースもできます。福祉施設では、既に各部屋に設置されているベッドの下の部分を活用することが可能です。

スフィア基準を正しく理解することで、災害が起こる前に、施設備品として段ボールベッドを用意したり、部屋の使い方を検討することができます。さらに、必要備品をBCPに落とし込んでおくことで、災害が起こったときに慌てずにすみます。

2　知って得する必須法律

1　BCP作成に不可欠な法律

　災害が起こったときには、施設は作成しておいたBCPを実行することになりますが、そのプランや業務が法に触れていては意味がありません。一方で、せっかく各種法律で認めている施設に対する支援や経費を、知らずに使わないのでは、職員にとっても施設利用者にとっても残念です。

　世界に類を見ない災害大国である日本には、災害対策や防災に関するさまざまな法律が存在します。一度制定した法律でも、大きな災害が発生した後には見直し、対応が不十分だった点については新しい法律を制定、改正を繰り返してきました。
　内閣府の「災害対策法制のあり方に関する研究会」では、災害対策関係法律を類型別に整理しています（図表2－8）。

図表2－8　主な災害対策関係法律の類型別整理表

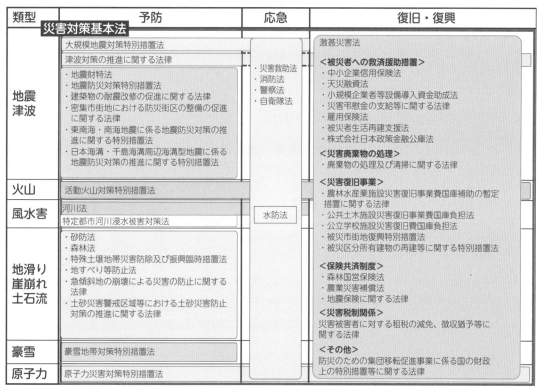

出典：内閣府政策統括官（防災担当）「災害対策法制のあり方に関する研究会（第1回）資料」2011

2 　特に重要な法律

　表中の関係法律を全て確認しておく必要はありません。発生する災害の種類も地震・津波、火山、風水害等に分類されています。施設周辺の地形や気候の特徴から、必要な法律を読むこともできます。福祉施設にとって重要な法律をチェックし、実際の災害支援業務に活用して下さい。

　横軸は災害を時系列に並べており、災害発生前に必要な「予防」、災害発生直後の「応急」、災害発生のしばらく後の「復旧・復興」の３つの段階に分けられています。

　そのなかで、特に施設職員として押さえておくとよいのが、全体を包括する「災害対策基本法」、直後に活用する「災害救助法」、そして復旧・復興期に使う「激甚災害法」、同項にある「被災者生活再建支援法」です。

　ここでは、概要のみご紹介します。是非、法律に目を通し、BCP作成の参考にして下さい。

(1)　災害対策基本法

　災害対策基本法は、1959（昭和34）年に東海地方を中心とし、ほぼ全国にわたって甚大な被害を及ぼした伊勢湾台風の去った後、「国は大規模災害に対する体制ができていなかった」という教訓をもとにつくられた法律です。

　国や地方公共団体、公共機関などの防災計画、各自治体の地域防災計画、避難所マニュアルなどの作成は、この災害対策基本法をベースにしています。

> **災害対策基本法（昭和36年法律第223号）**
> （目的）
> 第１条　この法律は、国土並びに国民の生命、身体及び財産を災害から保護するため、防災に関し、基本理念を定め、国、地方公共団体及びその他の公共機関を通じて必要な体制を確立し、責任の所在を明確にするとともに、防災計画の作成、災害予防、災害応急対策、災害復旧及び防災に関する財政金融措置その他必要な災害対策の基本を定めることにより、総合的かつ計画的な防災行政の整備及び推進を図り、もつて社会の秩序の維持と公共の福祉の確保に資することを目的とする。

　災害対策基本法の目的は、国民の生命、身体及び財産を災害から保護することです。そして社会の秩序を維持し、公共の福祉の確保を目的としています。避難所の設置や、被災者の保護、避難所や自宅避難者の生活環境の整備についても書かれています。

(2)　災害救助法

　災害救助法は、災害発生直後の応急段階で適用される法律です。目的は、災害が起こったら即座に、応急的に必要な救助を行うこと、被災者の保護と社会の秩序の保全を図ることです。

　救助の種類として、ここにもまず、避難所の設置が掲げられています。その他に、被災者の救出、住宅の応急修理、食品や飲料水の供給、医療・助産、埋葬など、災害直後に必

要になる救助が対象です。

> **災害救助法（昭和22年法律第118号）**
> （目的）
> 第1条　この法律は、災害に際して、国が地方公共団体、日本赤十字社その他の団体及び国民の協力の下に、応急的に、必要な救助を行い、被災者の保護と社会の秩序の保全を図ることを目的とする。

　この法律の特徴として、災害が起きたからといって、全災害について適用されるのではありません。発災後、市区町村は被災情報を速やかに把握し、都道府県、そして国へと情報提供します。

　家屋や人々への危害があり、被災者の救護が著しく困難な場合で、かつ、多数の家屋やビルが倒壊した、またはするおそれがあると市区町村が判断した場合、都道府県に対して災害救助法の適用を申請します。都道府県は申請があった場合、また都道府県の独自判断によっても、市区町村を単位として災害救助法の適用を決定します。

　実質的な救助は、自衛隊や日本赤十字社が実施し、費用は、原則として各都道府県が負担します。ただし、都道府県の財政力に応じて国が負担するため、法律には、国庫が負担する割合についても記載されています。

　この法律の特徴は、災害救助事務取扱要領に定める実務基準では十分な救助が行えないときに、特別基準により上乗せができることにあります。例えば食品については1人1日当たり1140円以内（2018（平成30）年4月現在）となっていますが、高齢者が多くその金額では食べやすく十分な栄養がとれる食事が用意できないと判断した場合には、金額を上乗せすることができます。

⑶　激甚災害法

　正式名称は「激甚災害に対処するための特別の財政援助等に関する法律」といいます。大規模災害が発生した場合、市区町村や都道府県の費用だけではとても復旧・復興するのは困難です。政府は災害の被害規模により、地方財政の負担を緩和し、被災者に対する特別の助成措置を行うことが特に必要と認められると判断した場合、その災害を「激甚災害」として指定し、適用すべき措置を併せて指定します。

> **激甚災害に対処するための特別の財政援助等に関する法律（昭和37年法律第150号）**
> （趣旨）
> 第1条　この法律は、災害対策基本法（昭和36年法律第223号）に規定する著しく激甚である災害が発生した場合における国の地方公共団体に対する特別の財政援助又は被災者に対する特別の助成措置について規定するものとする。

　社会福祉施設が被災した場合には、公立学校や公営住宅と同様に、激甚災害法に基づき、特別の財政援助が適用されることがあります。

(4) 被災者生活再建支援法

被災者生活再建支援法（平成10年法律第66号）
（目的）
第１条　この法律は、自然災害によりその生活基盤に著しい被害を受けた者に対し、都道府県が相互扶助の観点から拠出した基金を活用して被災者生活再建支援金を支給するための措置を定めることにより、その生活の再建を支援し、もって住民の生活の安定と被災地の速やかな復興に資することを目的とする。

　国民個人（被災世帯）を対象とした法律です。罹災証明書に基づき、支援金が交付されます。

　被災者生活再建支援法では、法律を適用する災害を自然災害としているのも特徴です。自然災害として、暴風、豪雨、豪雪、洪水、高潮、地震、津波、噴火その他の異常な自然現象により生ずる被害と定めています。

　これらの自然災害により、10世帯以上の住宅が全壊する被害が発生した市区町村、100世帯以上の被害が発生した都道府県などが制度適用の対象になります。

　制度の対象となる被災世帯も次のように設定されています。
　①　住宅が「全壊」した世帯
　②　住宅が半壊、または住宅の敷地に被害が生じ、その住宅をやむをえず解体した世帯
　③　災害による危険な状態が継続し、住宅に居住不能な状態が長期間継続している世帯
　④　住宅が半壊し、大規模な補修を行わなければ居住することが困難な世帯（大規模半壊世帯）

　福祉施設自体が対象になるのではありませんが、職員や施設利用者には適用になるかもしれません。また外部から避難してきた市民から質問をされた際に、速やかにアドバイスができるように、あらかじめ書類にまとめておくことも大切です。

　その他にも多くの法律が、国民の生活の安定と被災地の速やかな復興のために制定されています。法律の専門家による勉強会をBCPに書き込むことで、定期的に学習の機会を持つことができます。

3　防災基本計画、地域防災計画、そしてBCP

(1) BCPのベースとなる法律、計画

　本書は、福祉防災計画すなわち消防防災計画、避難確保計画、BCP、福祉避難所計画を併せ持った総合的な計画をひな型でつくることを目指しています。

　これらの計画は、やみくもに必要なことを並べているのではなく、ベースになる基本計画があり、それらの基本計画を自施設の対応に絞り込んで、各施設で作成しています。

　BCPのひな型も同様に、国の政策に沿って社会福祉施設が適切な行動をとれるよう用

意されています。

　これらの根幹となる法律が、「災害対策基本法」です。日本の災害対策・防災対策に関する基本的な考え方や規定を掲げている災害対策基本法に基づいて、国の「防災基本計画」が作成されます。さらにこの防災基本計画に基づいて、各都道府県は「都道府県地域防災計画」、市区町村は「市町村地域防災計画」を作成します。

　市区町村は市町村地域防災計画を作成したうえで、さらに具体的な行動計画として「防災マニュアル」を作成し、各避難所の「避難所マニュアル」を作成します。

　企業や病院、そして本書に掲げる社会福祉施設のBCPも、これら市町村地域防災計画をベースに作成することで、災害が発生した場合に、行政と同じ目線で支援や要請についての会話をすることが可能になります。

⑵　BCPを改定する意味

　第1章4「5計画からマネジメントへ」（20頁参照）で述べたように、BCPは1回作成すればそれでよいものではありません。PDCAサイクル（Plan（計画）・Do（実行）・Check（評価）・Action（改善）のサイクル）を回すことによりBC（事業継続）の改善をすること、また施設職員の異動や業務範囲の見直し、教育訓練の推進度によってもBCPを改定していくことが望まれます。

　そして、もう一つ、これらの書式の改定が生じる大きな理由があります。それは国の防災基本計画が改定されるからなのです。

　大きな災害が起こると、国は防災基本計画に沿って応急（救助、救援）、復旧・復興の各フェーズに尽力します。その後、PDCAサイクルに基づき振り返り、反省をもとに計画の見直しをするのです。8月末から9月の防災週間に実施される、国単位、都道府県単位の大規模災害訓練のなかでも、現実的でない計画は見直されます。その頻度は高く、ときに1年に2回改定されることもあります。

表2−10　地域防災計画　改定の流れ

```
【地域防災計画　改定の流れ】

①国内で災害が発生、対応による学び
          ↓
②国の「防災基本計画」の改定
          ↓
③「都道府県地域防災計画」の改定
          ↓
④「市町村地域防災計画」の改定
          ↓
⑤各種防災マニュアル・避難所マニュアル、
　施設BCPの改定
```

　当然ながら、都道府県は国の防災基本計画が見直されたのであれば、それに合わせて都道府県地域防災計画を改定します。同様に市区町村も上位の防災計画に沿って地域防災計画を改定することになります。

　つまり、各施設は国の防災基本計画や市町村地域防災計画が改定になったら、適切な時期に自施設のBCPを見直し、より現実に合った計画に修正していくことが望まれます。

3 避難所運営ガイドライン

福祉避難所を設置・運営するために重要なガイドラインは大きく2つあります。

1つは「避難所運営ガイドライン」で、2016（平成28）年4月、被災者の健康を維持するために「避難所の質の向上」を目指すことを目的として内閣府政策統括官（防災担当）から発行されました。

2つ目は「福祉避難所の確保・運営ガイドライン」で、既存の「福祉避難所設置・運営に関するガイドライン」（2008（平成20）年）を、東日本大震災の教訓を考慮して、実質的に改定・修正する形で作成され、「避難所運営ガイドライン」と同じ2016（平成28）年4月に発行されました。

本項では、まず被災者全体にかかわる「避難所運営ガイドライン」を理解し、そのうえで、災害時に配慮を要する被災者へのより良い対応を定めた「福祉避難所の確保・運営ガイドライン」を見ていきます。

(1) 避難所運営ガイドライン

前文には、「市町村が取り組むべき、災害発生時に必要となる基本的な対応を事前に確認し、災害対応の各段階（準備、初動、応急、復旧）において、実施すべき対応（19の項目）業務をチェックリスト形式で取りまとめたものである」と書かれています。

つまり、本ガイドラインには、行政が各市区町村の避難所を運営する際に備えるべきポイントが記載されています。

このなかには、「福祉避難所の設置」や「福祉避難所への移送」という項目があり、どのような施設を確保するか、誰と協議しておくか、についてのチェックリストがあります。けれども、市区町村の仕事は、福祉避難所設置の必要性を判断し、設置を決定することであり、施設を運営する訳ではありません。被災者を受け入れて福祉避難所の運営をするのは福祉施設です。

ですから、福祉施設も、本ガイドラインにあらかじめ目を通し、行政が要求する施設の概要を把握し、BCP作成に反映させることが肝要です。

なお、避難所運営ガイドラインは、今後の我が国の「避難所の質の向上」を考えるとき、参考にすべき国際基準として、前述の「スフィア国際基準」を提示しています。市区町村もまた、本ガイドラインを活用する前提としてスフィア基準に沿って確認することになります。

1 避難所運営ガイドラインの項目

避難所運営ガイドラインは、下記の章からなっています。

```
避難所運営ガイドライン　項目
Ⅰ　運営体制の確立（平時）：(1)　平時から実施すべき業務
Ⅱ　避難所の運営（発災後）：(1)　基幹業務　(2)　健康管理　(3)　よりよい環境
Ⅲ　ニーズへの対応：　　　　(1)　要配慮　(2)　安全安心
Ⅳ　避難所の解消
```

　Ⅰの「平時から実施すべき業務」のなかに、質の向上を目指すには、防災部局、福祉部局（要配慮者対応）のみで、避難所の運営にかかる課題を考えるのでは、避難所の「質の向上」は望めないこと、また、避難者の健康維持を考えると、行政職員だけでは、その支援は不十分であり、「医療・保健・福祉」の専門職能団体との連携を図ることが必要と書かれています。

　避難所運営体制イメージ図（図表2−11）では、一般の避難所の運営会議を設けていますが、福祉避難所を設置する際には、行政と福祉施設の間でも、同じく顔の見える関係づくりが重要になってきます。

図表2−11　避難所運営体制イメージ図

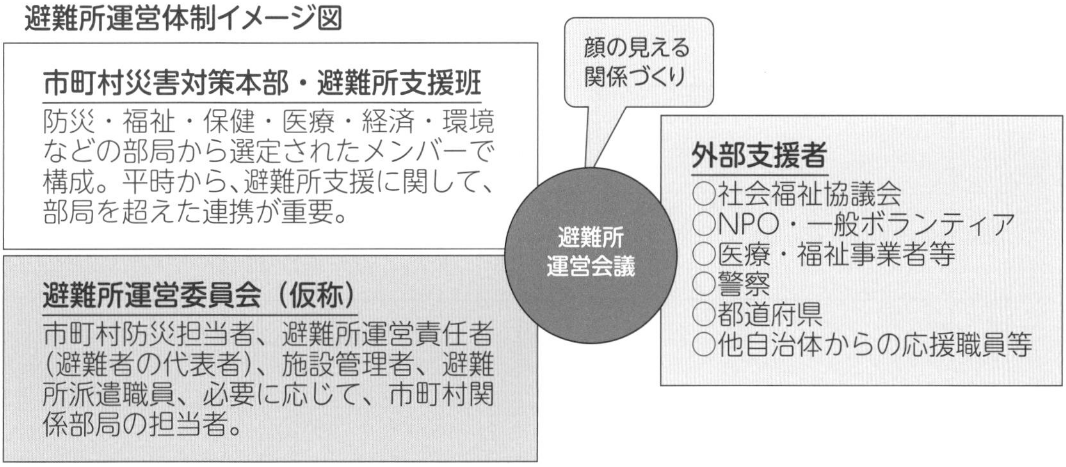

出典：内閣府政策統括官（防災担当）「避難所運営ガイドライン」P9 2016

2　避難所の指定

　避難所の指定チェックリストに「対策項目2　福祉避難所／スペースを確保する」という項目があります。内容は図表2−12「避難所の指定チェックリスト」（38頁参照）の通りです。

　このチェックリストは、対策項目ごとに「誰が」「いつ（災害フェーズ）」「（どのような）仕事」をするかをリスト化しています。「仕事」内容は災害フェーズに応じて、最優先して実施すべきと想定されることに◎、その他実施すべきことには○をつけています。

　対応人員が不足し、手が回らないときには、◎・○の違いを確認し、優先するべき仕事を選択する際の参考にできます。

　いつ（災害フェーズ）の「準備」項目は、平時から実施するべきことですから、発災前に仕事をやり遂げておくべきこと、という意味で、ほとんどの仕事に最優先して実施する◎がついています。

　図表2−12のリストでも、対策項目2は、全て発災前の事前準備時期に整えている必要があります。

図表２−12　避難所の指定チェックリスト

項目番号	仕事	いつ				★主担当 ◎担当 ○支援 を記入	指示したか	確認したか	協働する団体等
		準備	初動	応急	復旧				
対策項目 1　災害想定を考慮し避難所を確保する									
	（中略）								
対策項目 2　福祉避難所/スペースを確保する									
2-1	要配慮者には二次的健康被害を受けやすいことを確認する	◎				防災、福祉総括、障害者、高齢者、母子・乳児担当	☐	☐	
2-2	日帰り（デイ）サービス施設を確保する	◎				福祉総括、障害者、高齢者担当	☐	☐	
2-3	入所施設における地域交流スペースを確保する	◎				福祉総括、障害者、高齢者担当	☐	☐	
2-4	バリアフリースペースを持つ公共施設を確保する	◎				防災、福祉総括、障害者、高齢者担当	☐	☐	
2-5	公民館や公共建物を確保する	◎				防災、福祉総括、障害者、高齢者、母子・乳児担当	☐	☐	
2-6	協定等により支援を実施する専門職員を確保する	◎				防災、福祉総括、障害者、高齢者、母子・乳児担当	☐	☐	

出典：内閣府政策統括官（防災担当）「避難所運営ガイドライン」P13 2016

　２−１の「要配慮者には二次的健康被害を受けやすいことを確認する」という大前提の下に、２−２「日帰り（デイ）サービス施設を確保する」とあります。現時点で、市区町村と福祉避難所設営契約を結んだ福祉施設は、この項目により、福祉避難所としてリスト化されています。

　重要なポイントは２−６です。ここに「協定等により支援を実施する専門職員を確保する」とあります。つまり、福祉避難所として協力すると決定した福祉施設は、協定を結ぶ際に「当施設で福祉避難所を開設するに当たり、支援を実施する専門職員が必要です」と訴えることができ、市区町村は協定に沿って、専門職員を確保する努力をすることになります。

　福祉施設がこのガイドラインを活用する重要性がご理解頂けるでしょうか。

　「Ⅲ　ニーズへの対応」の「(1)要配慮」には、最初に「ポイント：脆弱性の高い人々への配慮を欠かさない」とあります。

　ここでは、一般の避難所に避難した被災者のなかで、配慮が必要な人、例えば高齢者、障害者、妊産婦、乳幼児、難病の人等の体調が悪くならないように、スペースの確保や、

避難者全員で見守る体制づくりが重要であると述べられています。

　さらに、どのような困難に直面しているかは、本人や家族などから聞き取るなど当事者と話し合う機会を設け、生活環境の改善及び福祉避難所や専門施設への移動を検討する際には、特に配慮する必要があるとしています。

　災害時要配慮者については、平時は地域で暮らしている「在宅者」、そして平時から施設で暮らしている「入所者」がいること、福祉施設が被災し機能しなくなった場合、引き続きその施設で暮らし続けることはできても、ライフラインの途絶等から不自由な暮らしが続くため、こうした福祉施設に入所している人もまた「避難生活者」とされています。

　このような要配慮者全体の被災状況を念頭におき、避難所への資源配分等を考慮する必要があります。さらに必要であれば、福祉避難所への移動を検討し、その移動手段を確保することが、チェックリストに掲げられています。

　その他、「Ⅱ　避難所の運営（発災後）」には、情報の取得・管理・共有、食料・物資管理、トイレの確保・管理、衛生的な環境の維持、避難者の健康管理など、非常に具体的なチェックリストが掲げられています。

図表2－13　避難者の健康管理チェックリスト　対策項目1

項目番号	仕事	いつ				★主担当 ◎担当 ○支援 を記入	指示したか	確認したか	協働する団体等
		準備	初動	応急	復旧				
対策項目1　避難者の健康管理体制を確保する									
1-1	避難者の健康管理シートを作成する	◎				保健、福祉担当			
1-2	救護所や医療巡回受け入れスペースの設置を検討する	○			○	医療担当、避難所運営委員会	☐	☐	NPO・ボランティア、医療・福祉事業者等
1-3	医師・看護師の巡回・派遣体制を確保する	○		◎		医療担当	☐	☐	NPO・ボランティア、医療・福祉事業者等
1-4	保健師・福祉専門職の巡回・派遣体制を確保する	○			○	保健、福祉担当	☐	☐	NPO・ボランティア、医療・福祉事業者等
1-5	心のケア専門職能ボランティアの巡回・派遣体制を確保する	○			○	保健、医療担当	☐	☐	NPO・ボランティア、医療・福祉事業者等
1-6	正しい口腔ケアの周知・指導を実施する				○	保健、医療担当	☐	☐	NPO・ボランティア、医療・福祉事業者等
1-7	妊婦健診、乳児健診の情報提供を実施する				○	保健、医療担当	☐	☐	NPO・ボランティア、医療・福祉事業者等
1-8	健康相談窓口を設置する				○	保健、医療、障害者、高齢者、母子担当	☐	☐	NPO・ボランティア、医療・福祉事業者等

出典：内閣府政策統括官（防災担当）「避難所運営ガイドライン」P39 2016

図表2－14　避難者の健康管理チェックリスト　対策項目3

項目番号	仕事	いつ				★主担当 ◎担当 ○支援 を記入	指示したか	確認したか	協働する団体等
		準備	初動	応急	復旧				
対策項目3　その他病気対策を実施する									
3-1	食中毒対策を実施する				○	保健担当	☐	☐	NPO・ボランティア、医療・福祉事業者等
3-2	生活不活発病対策として体操等を実施する				○	保健担当	☐	☐	NPO・ボランティア、医療・福祉事業者等
3-3	持病の悪化防止を実施する				○	保健担当	☐	☐	NPO・ボランティア、医療・福祉事業者等
3-4	エコノミークラス症候群対策を実施する				○	保健担当	☐	☐	NPO・ボランティア、医療・福祉事業者等
3-5	エコノミークラス症候群防止のための弾性ストッキングの配布を検討する	◎			○	保健担当、商工担当	☐	☐	NPO・ボランティア、医療・福祉事業者等
3-6	熱中症対策を実施する				○	保健担当	☐	☐	NPO・ボランティア、医療・福祉事業者等

出典：内閣府政策統括官（防災担当）「避難所運営ガイドライン」P40 2016

　参考例として、避難者の健康管理チェックリスト（図表2－13、2－14（39～40頁参照））を掲げます。対策項目1は福祉避難所でも準備できればよいですが、検討課題として理解しておき、行政に巡回をお願いする項目とすることもできます。対策項目3は各福祉施設でも押さえておきたい項目です。

　福祉施設のBCPを検討する際には是非、参考にして下さい。

3　福祉避難所の確保・運営ガイドライン

　ガイドラインの最初に、福祉避難所を利用する対象者が定められています。想定されているのは、法律上の「要配慮者」であり、災害対策基本法に「災害時において、高齢者、障害者、乳幼児その他の特に配慮を要する者」と定義されています。また、「その他特に配慮を要する者」として、妊産婦、傷病者、内部障害者、難病患者なども想定されています。これらの人々（以下、「要配慮者等」という）は、一般的な避難所では生活に支障をきたすことが想定されるため、ガイドラインでは、福祉避難所に移動させ、何らかの特別な配慮をする必要があると定めているのです。

　つまり、福祉避難所の事前指定やその準備は、要配慮者等全体を対象者として、備えておく必要があります。

　一方で、福祉施設が全て福祉避難所に指定されるわけではありません。福祉避難所につ

いては、災害対策基本法施行令に、「要配慮者の円滑な利用の確保、要配慮者が相談し、又は助言その他の支援を受けることができる体制の整備その他の要配慮者の良好な生活環境の確保に資する事項について内閣府令で定める基準に適合するものであること」と定義されています。

　現状ではこうした準備が十分にできている施設であっても、災害が起こると、職員が全員業務につけないこと、ライフラインが被災し、業務に支障が出るなどの不測の事態が起こり、外部の要配慮者を受け入れられない施設もあります。

　東日本大震災で実際に下記のような課題が挙げられました。

- 福祉避難所を支える支援者の確保が不十分であった。
- 広域に避難することを余儀なくされ、交通手段・燃料の確保が困難であった。
- どの被災者を福祉避難所へ避難させるかの判断が難しかった。
- 多様なニーズを持つ被災者にきめ細かく対応することが困難であった。

　課題があることを現時点で知り、対応策を検討しBCPに書き加えておくことが必要です。また、発災後にこれらの課題に直面した福祉避難所は、場当たり的に対応しようとするのではなく、市区町村と協働して、解決策を考えることが大切です。

4　福祉避難所の確保・運営ガイドラインの項目

　福祉避難所の確保・運営ガイドラインは、下記の章からなっています。

福祉避難所の確保・運営ガイドライン　項目

第1章　平時における取り組み
1　福祉避難所の対象となる者の把握	2　福祉避難所の指定
3　福祉避難所の周知	4　福祉避難所の整備
5　物資・器材、人材、移送手段の確保	6　社会福祉施設、医療機関等との連携
7　福祉避難所の運営体制の事前整備	8　福祉避難所の設置・運営訓練等の実施

第2章　災害時における取り組み
1　福祉避難所の開設	2　福祉避難所の運営体制の整備
3　福祉避難所における要配慮者への支援	4　福祉避難所の解消

　「第1章　平時における取り組み」では、福祉避難所の指定、指定した福祉避難所の整備、物資・器材、人材、移送手段の確保、設置・運営訓練等の実施などが記載されています。

　自施設が福祉避難所に指定されるには、それなりの設備が整っていること、人員配置がされていることなどの基準があります。指定が決定した際には、具体的な設置・運営について市区町村との間で協定を締結しておく必要があります。この協定には、設置手続き、福祉避難所での支援の内容・方法、そして費用負担についても明確にしておきます。

必要な施設設備の整備（図表２−15）や物資・器材、人材、移送手段についても、具体的な例がガイドラインに詳細に記載されています。これらを参考にし、施設として整備できる部分は積極的に整備することで災害に対する強い備えができます。

図表２−15　必要な施設整備

> □　市町村は、施設管理者と連携し、当該施設が福祉避難所として機能する
> 　　ための必要な施設整備を行う。
> ・　段差の解消、スロープの設置、手すりや誘導装置の設置、障害者用
> 　　トイレの設置など施設のバリアフリー化
> ・　通風・換気の確保
> ・　冷暖房設備の整備
> ・　情報関連機器（ラジオ、テレビ、電話、無線、ファクシミリ、パソ
> 　　コン、電光掲示板等）
> ・　その他必要と考えられる施設整備

出典：内閣府政策統括官（防災担当）「福祉避難所の確保・運営ガイドライン」P15 2016

　福祉避難所として指定された施設では、市区町村が施設に対して、積極的に「設置・運営」の訓練を実施するよう促します。ときには、行政職員、地域住民、要配慮者など、幅広い関係者が参加する実践型の福祉避難所の設置・運営訓練が企画されることもあります。研修会、勉強会を主催するのは市区町村ですので、こうした機会を有効に活用し、施設職員の知識向上、地域住民や関係者との顔の見える関係をつくっておくとよいでしょう。

　「第２章　災害時における取り組み」では、福祉避難所の開設から、運営体制の整備、要配慮者への支援、そして福祉避難所の解消までのポイントが記載されています。

　これらの項目も、基本的には「市区町村が何をするか」という視点で書かれていますが、施設も事前に市区町村が要求する項目を把握し、施設が行政と住民との間で板挟みになったり、対応できない要求に混乱したりしないように、行政担当者との窓口も設定しておくとよいでしょう。

　最後に付属資料として、①事例（実際に福祉避難所を設置した市区町村や福祉施設の事例や、今後の災害に向けて取り組んでいる事例など）②各種ツール（福祉避難所の設置運営に関する協定の例や、福祉避難所介助員等に要する人件費届け出や各要配慮者の実態把握票など、さまざまな関係様式）が掲げられています。

　なお、各種書式については、各市区町村で作成されたものであり、国が統一規格を提示しているものではありません。

　本項では、「避難所運営ガイドライン」と「福祉避難所の確保・運営ガイドライン」をご紹介しました。これらのガイドラインを参考に、改めて自施設の状況や設備、人員配置などを見直し、必要な項目や訓練を、今後のBCP作成や改定に反映していきましょう。

4 ファーストエイド

1 救急車は来ない

　もし自分の市区町村で大災害が起きた場合、救急車はすぐに来てくれるのでしょうか。
　施設の電話も携帯電話もかかりにくくなっているでしょうし、うまく119番に連絡がついたとしても、救急車は既に出払っていて、５分や10分で施設に駆け付けてくれることは難しいと考えておいた方がよいです。
　そうなると、利用者や同僚の命を守るのは職員になります。
　利用者が、大きな地震で倒れた家具の下敷きになったり、ベッドから落ちてしまったり、または倒れて意識がなくなったりしたら、どうしたらよいでしょうか。
　すぐに適切な手当てができますか。手当てをできる職員は何人いますか。その日に、その時間に何人いますか。
　応急手当や心肺蘇生法のトレーニングを、全職員ができていなければ、いざというときに多くの命を救うことはできません。たとえ救急車が来てくれることになっても、現場で皆さんが何もできなければ、利用者の状態はどんどん悪化してしまいます。
　職員の素早い適切な手当てを提供できるかどうかが、生死を分けることもあります。
　BCPのなかに、日頃から応急手当や心肺蘇生法のトレーニングをプランニングし、訓練をしておきましょう。

2 一定頻度者

⑴ 一定頻度者とは

　厚生労働省の通達によると、非医療従事者（一般市民）のうち、業務の内容や活動領域の性格から一定の頻度で心停止者に対し応急の対応をすることが期待・想定される者を「一定頻度者」と定義しています。そして、一定頻度者には、その活動領域の特性や、実施の可能性の高さ、それまでの基本的心肺蘇生処置の習得状況などに応じた、適切な内容を盛り込んだAED講習の受講を義務付けています。

⑵ 一定頻度で心停止に出遭う可能性がある職種

　一定頻度者に当てはまる職種として、スポーツ施設・公衆施設・学校・公共施設等の関係者、スポーツ指導者、公務員、警察官、消防士、消防団員、教員、養護教諭、介護ヘルパー、介護福祉士、客室乗務員、空港関係者、保安関係者等が挙げられています。
　施設職員は当然、一定の頻度で心停止者に対し応急の対応をすることが期待・想定される者と考えられるので、施設職員全員がAED講習を受講しておくことが望まれます。
　防災訓練や救命訓練を実施している施設は多いことでしょう。BCPのなかにも基礎学習と訓練の項目があります。ここに具体的な日程や対象者などを記入し、企画・実施するとともに、どのような課題があったかを話し合い、BCPを修正していくことで、災害時にも

十分な行動ができるように準備しておきましょう。

3 心肺蘇生法

　大災害後、施設職員はすぐに施設内を確認することでしょう。全員の無事を確認できたら少しホッとします。巡回中に誰かが倒れていたら、以下の順に確認をします。

(1) 倒れている人の周辺を確認

　大地震の後は、何度でも余震（大地震の後に起こる地震）が発生します。小さな揺れから最初の地震と同程度、さらに大きな地震まで、どんな揺れがあるかは分かりません。棚や家具が倒れていませんか。ガラスや危険物が周囲にあるかもしれません。

　慌ててベッドに近付くことで、職員がけがをするような事態は避けましょう。足元やベッド周辺の危険物をどかすこと、また余震で倒れそうなものがないかも確認し、あれば取り除きます。

　屋外では特に上から物が落ちてこないか、他の車両が来ないかにも注意し、周囲の人に交通整理をお願いすることも大切です。

(2) 反応があるかどうか確認

　まず、いきなり利用者の体を叩かずに、利用者の近く、または耳元で「●●さん、大丈夫ですか」と呼びかけてみます。施設の利用者ならば、本人の名前を呼ぶことが大切です。また、ご自身も「職員の●●です」と自己紹介をすると、倒れている人の安心につながります。

　意識がはっきりして会話ができる、または明らかに動いているなら一安心です。会話にはならなくても何らかの返事があれば、呼吸はできていると判断できます。

　その場合は、次のステップとして、けがや骨折がないか、出血をしていないかを調べます。

　まずは職員が体を触らずに、本人に痛い場所がないかを聞き、確認します。出血を疑うときは、職員は感染防止用のグローブをして実施して下さい。頭や首、背中が痛いという利用者には動かないようにしてもらうことが大切です。

⑶　返事がない場合

会話や返事がない、まぶたが動くなどの反応もない場合は、「肩を叩きますよ」と声をかけてから、軽く肩を叩き、もう一度利用者の名前を呼びます。このとき、決して体を揺さぶったり強く叩いてはいけません。内臓に出血があったり、骨折しているときには悪化させることもあるからです。

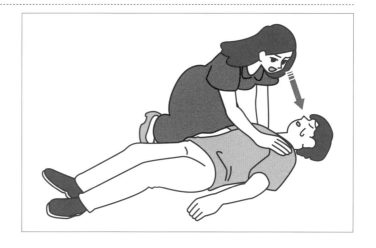

ここで、肩を叩いても全く返事をしない、身動きをしない場合には、すぐに他の職員を呼んで下さい。一人では救命できないことが多いからです。

この時点で、施設にあるAED（自動体外式除細動器）も持ってきてもらいましょう。

⑷　呼吸をしているかどうかを調べる

身動きをしない利用者は呼吸をしていますか。呼吸を確認するには、利用者の胸やお腹の動きを見て下さい。うつ伏せなら背中を見てもよいです。普通の呼吸をしていれば安心です。

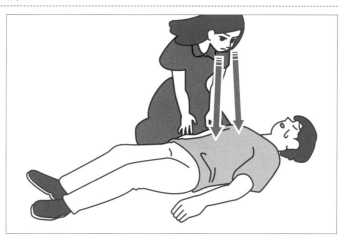

ここで、自身の顔を利用者の顔に近付けて、息をしているかを確認する必要はありません。そこで息を感じても、胸が上がっていなければ、有効な呼吸とはいえないからです。

また、呼吸はしているように見えるのですが、運動後でもないのに、「はぁはぁ」と強く速い息をしていたり、大きな呼吸のあと、次の呼吸の間に少し長い間隔がある呼吸は、通常の呼吸ではありません。このような呼吸は、実は心臓が止まった後に発生する呼吸（死戦期呼吸）かもしれません。

⑸　呼吸がない場合

呼吸がない、または死戦期呼吸と判断した場合は、すぐに利用者を床に仰向けにします。「床に降ろしますよ」「仰向けにしますよ」と、自分が実施する行動を言葉に出すと、

周囲の協力を得やすいです。

　床に仰向けにしても状況が変わらなければ、すぐに胸骨圧迫を始めます。ベッドのマットがある程度硬ければ、ベッドの上に寝かせたまま、胸骨圧迫をしても結構です。ベッドが高ければ、下げるか、自分がベッドに上って実施して下さい。

　また、他の職員と作業を分担し、胸骨圧迫は何人かで交替して下さい。AEDが到着したら、すぐに胸に貼り付けます。最優先で病院に運ぶ必要があります。119番をしてもつながらないときは、とにかく電話をかけ続ける、場合によっては、胸骨圧迫をしながら病院に運ぶことも考えなければならないかもしれません。

⑹　胸骨圧迫

　利用者の胸の真ん中に、片方の手の平の付け根を置きます。その上にもう一方の手を置きます。乗せるだけでもしっかり組んでも結構です。どちらでも蘇生率は変わりません。

　覚えておいて頂きたいこと、つまり実施することは次の3つだけです。

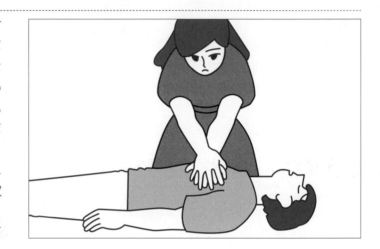

　①真上から5〜6cmの深さ
　　で押す。

　②1分間に100〜120回（1秒に2回）の速さで押す。

　③押したらきちんと元の高さに戻す。

　これだけです。①と②は、その位の深さと速さでないと、血液が体や脳に回らないのです。③は心臓というポンプを押しているので、ギュッと押したらしっかり広げないと、新しい血液が心臓に入らず、また外部にも流れていきません。胸を押したままの状態で圧迫をしても、効果はかなり下がります。

　医療職でさえ①〜③が適切に行われているか判断が難しいことがあります。他の職員が見て、十分に押していたら「深さ良いですよ」「ちゃんと戻っていますよ」と評価します。同僚の胸骨圧迫が乱れてきたり、疲れてきたなと感じたら、すぐに交替しましょう。

⑺　AEDが到着したら

　呼吸をしていない人に、何より先に実施するのはAEDです。胸骨圧迫をしていても、すぐにAEDを使います。目の前にAEDがあるなら、まだ胸骨圧迫をしていなくても先にAEDを使って構いません。

　まず、AEDの電源を入れます。蓋を開ければ自動的に電源が入る機種もありますし、電源ボタンを押す機種もあります。電源が入ると、AEDは皆さんに「すべきこと」を伝えてくれます。聞きながら指示通りに実施して下さい。

人が複数いるようでしたら、胸骨圧迫は何人かで交替し、続けて実施してもらって下さい。胸骨圧迫は可能な限り止めないことです。一人しかいない場合は、AEDの操作を優先して下さい。

AEDの指示通り、AEDのパッドを右胸（鎖骨のすぐ下）と、脇腹に貼ります。パッドに絵が描いてありますので、その通りに貼れば大丈夫です。

現在、日本で使うことのできるAEDの次の指示は「解析中です、患者から離れて下さい」もしくは、似たような指示です。倒れている人の心臓の動きを調べて電気ショック（除細動）が必要かどうかを解析します。その際に、胸骨圧迫をしたり、肩を叩いたりすると、AEDは「患者の脈がある」と間違って判断してしまうことがあります。周囲の人にも離れるように伝えます。

解析が終わると、AEDは「ショックが必要です、患者から離れて下さい」、あるいは「ショックは不要です、すぐに胸骨圧迫を始めて下さい」と指示をします。

全く逆の指示です。ショックが必要な場合は、電気ショックをするだけのエネルギーを充電しますので、患者から離れて待機します。充電が終わると「ショックボタンを押して下さい」と指示があります。全員が離れていることを確認してから、ショックボタン（点滅しているボタン）を押して下さい。利用者の上半身がギュッと収縮します。AEDは「すぐに胸骨圧迫を始めて下さい」と指示します。胸骨圧迫の担当者は交替して始めて下さい。

「ショックは不要です、すぐに胸骨圧迫を始めて下さい」と指示があった場合は、心臓が電気ショックをできる状態ではないことを意味します。その場合は、すぐに胸骨圧迫を始めて下さい。

どちらの場合も、2分経つと、AEDはまた「解析します、患者から離れて下さい」と指示をします。胸骨圧迫を中断して、AEDの指示に従って下さい。

胸骨圧迫は一度始めたらやめることなく、疲れたら交替で続けます。救急隊員が到着し「交替します」というまで、または、本人の手や体が動く、目が開くなどの変化があるまでは続けて下さい。

⑻　AEDの機能

通常、私たちの心臓は、私たちがぐっすり眠っていても、ひたすらポンプとして動いています。しっかり収縮と拡張を繰り返すことで、肺の血液を心臓に取り込み、その血液を体中に送り出しています。ところが、あるとき、心臓がけいれんしたような状態になることがあります。何らかの病気の場合もありますし、胸にボールが強く当たったときにも起

こります。心臓がけいれんを起こすと、ポンプの役割ができず、酸素を含んだ血液を循環することができなくなります。酸素がないと一番弱いのは脳です。体に指示を出している脳が弱ることで、あっという間に、立っていることもできず、呼吸もできなくなります。

　AEDは、けいれんしている心臓に電気ショックを与え、けいれんを止める器械です。つまり、感電をさせているのです。心臓のけいれんが止まると、心臓は再び、自分の力でポンプ機能を動かし始める可能性のある臓器なのです。心停止の状態により早く気付き、AEDを使えば、元に戻る可能性が高まります。

　さて、電気ショックを実施するとき、倒れた人の体には大変高いエネルギーが流れます。周囲の人が倒れた人に触れていると、その人も一緒に感電します。元気な心臓も感電すれば止まってしまいます。ですから、くれぐれもショックボタンを押す前に、誰も触れていないことを確認して下さい。

4　けがの手当て

　地震が起きると、居室内の棚やベッド、椅子や簡易トイレなども大きく揺れます。皆さんは日頃から、棚やベッドはしっかりと固定する、ガラスには飛散防止のシートを貼る、テレビや本なども飛び出さないように工夫をしていることでしょう。

　それでも、震度5や6以上になれば、考えても及ばない力が加わり、棚が倒れたり、食器や花瓶などが床に落ちて割れることもあります。

　慌てて部屋から飛び出そうとすると、床に散らばった破片で足の裏を切ったり、知らぬ間に体中にも擦り傷、切り傷ができたりします。

　特にガラスなどで腕や足を切ってしまった場合などは、出血の量が多ければ、生死にもかかわります。鮮やかな血液が勢いよく出ているようなら動脈出血を疑って、すぐに止血が必要です。

(1)　止血の基本は直接圧迫

　出血している部位をすぐにギュッと押さえます。できる限り、清潔な滅菌ガーゼや布で押さえるのがよいですが、災害時には近くにある布でも構いません。本人が自分で押さえられるようであれば、本人に布を渡しましょう。出血が続く場合は、圧迫をする力が弱いか、圧迫している場所がずれていることが多いです。傷口を覗いたりせずに、しっかりと圧迫をすることが大切です。

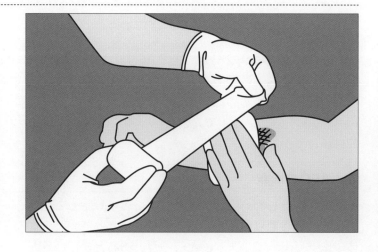

できるだけ本人に圧迫していてもらうようにしましょう。職員が押さえてあげると、その職員は他の仕事ができなくなります。包帯を持ってきたり、その他の体の出血を確認するなどは別の職員がすることになります。本人が圧迫することで、力加減ができ、同じ力でも、他者が圧迫するよりは痛く感じないものです。ガーゼや包帯を巻いた後も、その上から強く押さえてもらって下さい。

傷口にガラスや陶器の破片が刺さっている場合は、取り除かないで下さい。その破片が栓の役割をして、それ以上の大きな出血をしないでいるかもしれません。栓を引き抜くと一気に出血がひどくなる可能性があります。破片を避けて、傷口の周囲に包帯や丸めたガーゼを当てて、破片が動かないように固定してから、全体を包帯で巻いて安定させます。

⑵　ひどい出血には止血帯法

「ガーゼや布で止血をして、強く押さえても出血が止まらない」「手足を切断してしまった」「鮮やかな血液が勢いよく出て止まらない」というような、かなりひどい出血には止血帯を使うことがあります。止血帯を使える部位は四肢（手と足）です。ただし、膝や肘などの関節部分は、止血効果が不十分になるため使用しません。

止血帯には「ターニケット」という専用器具やタオル、三角巾などを使う方法がありますが、事前にトレーニングを受けた人が使って下さい。

止血帯を、出血している部分から、5〜8cmほど上（胴体側）に巻き付け、出血が止まるまで締め上げ、止血部位への血流を遮断することによって止血する方法です。

⑶　感染防止を忘れずに

最近では施設のなかでも、血液感染については詳しく学習していることでしょう。他者に止血を実施する場合は、必ず感染を防止します。ラテックスやニトリル製のグローブを各部屋に用意しておくとよいでしょう。災害時は、けがをした人と助ける人の双方に傷口があることも多くあります。「けが人から病気が感染する」とだけ考える人も多いですが、その時点で、お互いにどんな病気を持っているかは分かりません。どちらも、他者の血液を直接触らないことが必要です。

5　打撲、骨折

⑴　打撲の手当て

倒れてきた棚に当たったり、どこかにぶつけて打撲をした場合は、動かさないようにします。特に頭や背中が痛いなら、本人にも動かないように指示します。腫れて熱があればその上から冷やします。擦り傷があるようなら、できればきれいな水で洗って消毒をし、ガーゼや絆創膏などで覆います。腹部に打撲がある場合、内出血を疑い、本人が楽な姿勢で座らせます。しばらくしてから貧血を起こす可能性もあるので、立って移動するのは危険です。

ぶつけた部位が腫れて、痛みが強い場合、骨折をしているかもしれません。骨折の手当

ての基本は「動かさない」「戻さない」です。救急車が来られるなら、副木も無理にせずに、そのままの状態で待つのが一番です。骨折部位の周辺にタオルなどを置くと安定します。

(2) 副木での固定

救急車が来られない状況では、固定をします。施設に副木があれば用意します。副木の上にガーゼやタオルを敷き、骨折部位が直接副木に当たらないように配慮します。

副木の長さは骨折部位の上下の関節までカバーします。例えば、前腕を骨折した場合は、手首と肘までが乗る長さの副木が必要です。

骨折部位を避けて、包帯や三角巾などで固定します。包帯などがない場合は、食品用ラップやガムテープで代用することもできます。

手の指や足先が外から見えるように固定し、常に血液の循環があるか確認します。先端が冷たくなってきたり青くなってきたら、骨折部位が腫れてきているので、いったん包帯などを外して固定しなおします。

副木が用意できない場合は、新聞紙や雑誌、段ボールなどを利用することができます。

なお、骨折した人は副木をされる際にとても痛いものです。副木を当ててから、タオルを探すなどして、何度も動かさないように、必要な資機材を全て準備してから手当てをして下さい。

6 やけど

(1) 水で冷やす

お湯や熱源に触れたやけどの手当ては、すぐに冷たい水で冷やすことです。最も良いのは、流水やシャワーで水をかけることですが、断水の場合はバケツや洗面器、浴槽などに水を張って、患部を浸します。その際は、バケツのなかの水をすくって患部にかけるなど、冷やす工夫をし、痛みが無くなるまで冷やします。患部に直接流水を当てると痛さが増すので、患部の少し上方から水を流します。

目や耳のやけどのように水をかけられない場合は、氷や保冷剤を、必ずタオルで巻いて患部に当てます。直接当てると冷え過ぎて凍傷になる可能性があります。

水ぶくれ（水疱）ができていたら潰さずに、丁寧に水をかけて冷やします。水ぶくれは傷口を覆って、感染から保護しているので、手当てをする際にも触らないように気を付けます。

(2) 冷やし過ぎに注意

全身や広範囲のやけど、子どものやけどの場合は、冷やし過ぎることで、低体温症になる可能性があります。体温を確認しつつ、体温が下がり過ぎないようにチェックをします。広範囲のやけどでは、専門医のいる病院でないと手当てができないかもしれません。自分で運ぶよりも、すぐに救急車を手配し、状況を説明します。服やズボンを着た状態で

やけどをした場合は、衣服が肌に張り付いていることがあるので、服を脱がずに、そのまま上から冷やします。

(3)　化学薬品などのやけど

薬品や洗浄剤などでやけどをした場合は、大量の水で患部を洗い流します。手当てをする人に薬品が飛ぶなどの二次被害が及ばないように気をつけます。薬品が目に入った場合も、大量の水で洗い流します。

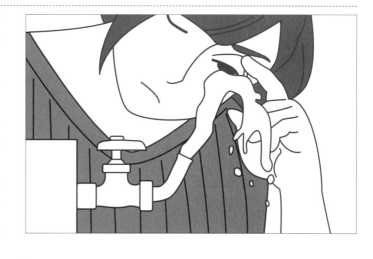

水道のように蛇口が下を向いている場合は、被害を受けていない方の目に薬品が流れないように、やけどをした目を下にします。水を流し続けながら119番通報をし、救急隊に状況を説明します。

高温の空気を吸い込んだ際は、洗うことができず、やけどが広がると呼吸困難になる可能性があります。直ちに医療機関の受診が必要です。

7　クラッシュシンドローム（挫滅症候群）

大災害で家が倒壊したり、室内の家具などが倒れて、長時間挟まれてしまうことがあります。その後、助けに来た救助隊が、体を圧迫していた家具などをどけて救助してくれました。本人の意識があり、骨折もなく、皆が安堵しました。ところが、その直後、あるいは数時間後、突然、容体が急変して死亡に至る、ということがあります。

(1)　クラッシュシンドロームとは

1995（平成７）年１月17日に発生した「阪神・淡路大震災」でも、救急医療の現場で注目された状態です。この状態を、「クラッシュシンドローム」といい、クラッシュ症候群、挫滅症候群とも呼ばれています。

倒壊した壁や家具などに、体の一部、特に手や足が長時間圧迫されると、血液が流れなくなります。２時間以上圧迫されると、筋肉が障害を受け、その部分の細胞が壊れてしまいます。

　その後、圧迫がなくなり、血流が再開すると、壊れた細胞内にあったカリウムや乳酸、ミオグロビンなどが漏れ出し、全身に回ってしまいます。

　これらの物質は、通常は細胞のなかにいて重要な働きをしていますが、全身に回る量は通常の数十倍以上の濃度にもなり、体にとっては毒となります。これらの物質が腎臓に障害を起こしたり、筋肉をけいれんさせ、最終的には心臓を止めてしまうこともあります。

⑵　クラッシュシンドロームへの対処

　家具などにどのくらい圧迫されていたか、時間と強さが、クラッシュシンドロームを引き起こす要因となります。成人であれば、およそ４時間くらいまでなら危険な状態にはならないといわれていますが、強さにもよります。６〜８時間を超えると危険度が増します。また、子どもや高齢者では、この目安はもっと短くなります。早くに救出されたからといって、危険がないわけではありません。

　本来であれば、専門家を呼んで、適切な処置をしてもらいたいのですが、災害時には、消防への連絡がつかないときもあります。その際には、職員が、クラッシュシンドロームを起こさないように、安全に救出しなければなりません。

　まずは、全身にカリウムなどの毒素が回らないようにすることが重要です。そこで、救出に当たり、すぐに圧迫している家具などをどけるのではなく、まず挟まれた部分よりも心臓に近い個所を、タオルなど、幅の広い布で縛ります。訓練を受けていれば、適切な止血帯（ターニケット）が使えます。

　本人が飲めれば、大量の水（１リットル以上）を飲ませて、血中のカリウムやミオグロビンの濃度を下げることもできます。

　その状態で、ゆっくりと丁寧に家具などをどけます。意識があっても立たせたりせず、担架などに乗せて、安静にして医療機関に運びます。移動の際も、極力振動を与えないように配慮します。

　クラッシュシンドロームの患者さんは、血液透析が可能な病院か、災害拠点病院に搬送しなければなりません。災害時に地域に開設される応急救護所では処置ができないので、できる限り、救急隊か専門医に現場に来てもらうことが重要です。

　病院では、どこの部位をどのくらい挟まれていたかが分かると、治療に有効な情報となります。状況を知っている職員が病院まで同行するとよいでしょう。

8　静脈血栓塞栓症（エコノミークラス症候群）

⑴　静脈血栓塞栓症とは

　長い時間、同じ姿勢のままでいると血液の流れが悪くなります。血管のなかに血の塊（血栓）ができ、その部分が腫れたり痛みを感じることもあります（深部静脈血栓症といいます）。できた血の塊が血管からはがれ、血流にのって肺に流れ、肺の血管に詰まると、突然、胸が痛くなり、呼吸が苦しくなるなどの症状が起こります（肺塞栓症といいます）。これらの症状を合わせて「静脈血栓塞栓症（エコノミークラス症候群）」と呼びます。

　海外旅行などで飛行機に搭乗し、同じ姿勢で座っていた人がこの症状で亡くなったことから、名前が付きましたが、最近ではエコノミークラスを見下した表現ととられること、また災害地で起こる症状には合わない、ということから、正式な「静脈血栓塞栓症」、または「肺血栓塞栓症」と呼ばれています。

⑵　静脈血栓塞栓症への対応

　日本でこの症候群が話題になったのは、「新潟県中越沖地震」の後でした。避難所では生活しづらい人や、プライバシー確保を望む人が「車中避難」をしていたのですが、発災から1週間後、3日以上車中泊を続けていた女性が同症候群の疑いで亡くなりました。他にも車で避難生活を送っていた避難者が2名亡くなったことから、「車中避難」の危険性が報道されました。

　行政職員のなかにも、住民に避難所のスペースを譲って、自分は「車中避難」を選ぶ人も多かったのではないでしょうか。

　原因と予防法は分かっています。もし「車中避難」を選択する場合には、避難所での生活を組み合わせ、座ったままの姿勢を続けずに適度に運動をする、水分補給を心がけるなど、災害で助かった命をその後に失わないよう、予防を十分にして下さい。

9 感染症の予防

(1) 災害時は感染症が起こりやすい

　災害時には、ライフラインが閉ざされることで、冷暖房が使えず、水が使えない状況になり、施設でも感染症のリスクが高まります。通常以上に衛生状態を保つことが必要です。

　おう吐・下痢・発熱などの症状のある利用者については、対応した職員も厳重に感染防止を心がける必要があります。流水で十分に手洗いをし、自分が感染症にかからないようにすることが大切です。水道が使えない場合には、アルコールを含んだ手指消毒薬を使用します。

　空気感染や飛沫感染によって拡大する感染症もあります。「他人にうつさない」ために咳エチケットなどを心がけましょう。

(2) 感染症予防のルールを徹底・共有

　施設内に職員と入所者だけいるような施設であれば、ある程度は感染症の拡大予防ができますが、施設が福祉避難所として開所すると、外部からも人が入ってきます。施設の感染症対策ルールを最初に伝え、手洗いの場所や方法、マスクの着脱方法などについても、利用者全員がきちんと情報共有しなければ、リスクは増大します。

(3) 感染症の種類

　通常の風邪も感染症です。冬場は、高熱や関節痛などの症状が出る季節性インフルエンザが広がるシーズンです。また時折、抗原性が大きく異なる「新型インフルエンザ」や「新型コロナウイルス」が世界的に広がり、国民の生命や健康に大きな影響を与えます。災害時は前述した通り、感染症対策が十分でないうえに、体の抵抗力が落ちていることもあり、急速に広まることがあります。

　また、手指や食品などを通して口から感染し、腸内で増殖する「ノロウイルス」は、腹痛やおう吐・下痢などを起こします。健康な人は軽症で回復しますが、高齢者や子ども、体力が弱っている人では重症化したり、死亡することがあります。このノロウイルスにはワクチンがないため、治療は輸液などの対症療法に限られます。したがって、まずは全員で予防対策をすることが重要です。

　災害時の限られたライフラインを活用する場合にも、食事前やトイレから出た後の手洗

いなど、個人の感染予防を徹底します。加えて、食事をつくる場合には、食材を十分に洗うこと、肉やレバーなどの内臓は、よく加熱することが必要です。

10 症状の悪化

⑴　意識レベルの低下に対応する

　日頃は体調が安定している入所者でも、災害のストレスで、持病や体調が急変することがあります。職員は常に入所者の様子を確認し、急変したり悪化したりしたら、すぐに対応する必要があります。

　意識レベルが下がったら、座らせるか横にして寝かせます。「**3**心肺蘇生法」（44頁参照）で説明されているように、まず周囲の安全を確認します。施設のなかでも安全な場所に移動させる必要があるかもしれません。

　容体は変化するので、常に声かけが必要です。「職員の●●です」と自己紹介をし、本人の名前を呼んで、「●●さん、分かりますか」と呼びかけます。

⑵　反応がなければ救命処置を

　意識がはっきりして会話できる、または明らかに動いているなら一安心です。会話にはならなくても何らかの返事があれば、呼吸はできていると判断できます。それでも、ふだんとは違う「急変」と判断したときは救急車を呼ぶか、主治医に連絡をとり、指示を仰ぎます。

　返事を全くしなくなった場合は、すぐに他の職員を呼んで下さい。その後は、「**3**心肺蘇生法」に戻って救命手当てをして下さい。

11 福祉避難所開設時の追加業務

⑴　福祉避難所として受け入れる人

　福祉避難所は、高齢者や障害者（児）など、災害時に配慮が必要な人が、通常の避難所では生活が困難な場合に、開設される避難所です。

　しかし、仮に事前の協定を結んでいなくても、地域の人々や帰宅困難者が避難してくることもあります。こうした人に、一時的な休憩の場を提供するのであれば、その時

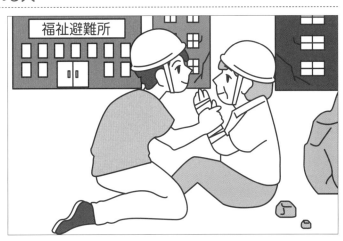

点で可能な範囲で「福祉避難所運営」が始まります。

⑵　受け入れ対応

　福祉避難所に必要な物資は、市区町村が調達することになっていますが、災害時、特に発災直後から受け入れを開始した場合、速やかな物資調達が困難なことも想定されます。施設は、可能な範囲で食料や介護用品等の備蓄をしておく必要があります。

　また、受け入れた要配慮者の持病やアレルギー、処方薬などを確認することも必要です。家族とともに入所し生活するようであれば安心ですが、一人暮らしの高齢者の場合、投薬の時間や症状の悪化などを常に職員が確認する必要があります。

　避難者の持病が悪化したり急変し、医療処置や治療、高度な介護サービス等を必要とする状態となった場合、すぐに対策本部に連絡し対応をします。

⑶　日頃の訓練が重要

　福祉避難所を開設するか否かにかかわらず、日頃から、施設の備蓄品をリスト化し、訓練の機会等に、その内容の確認・点検に努めます。訓練では、現在の実際の施設利用者数、職員数を把握することも大切です。そのうえで、福祉避難所として受け入れる避難者や家族の状況に合わせて必要となる生活上の支援や相談業務についても検討し、BCPに反映しておきます。

5 惨事ストレス

災害が起こると、施設の職員は自分も被災していながら、利用者の安全を確保し、生活を支援します。福祉避難所を開所すれば、さらに外部の人々を受け入れて、支援を継続することになります。

災害時には、被災者に大きなストレスがかかることはよく知られています。同時に、支援者も大きな衝撃を受けています。

1 被災者のストレスと支援者のストレス

被災された人々の抱えるストレスと、支援者のストレスは同じではありません。けれども、施設職員は、そのどちらの立場でもあり、自身の家族や生活の心配をしつつも、目の前の利用者の支援をすることで、強いストレスを感じるのは当然です。

2 被災者のストレス症状

ここではまず、施設職員として知っておいて頂きたい「被災者の心理プロセス」をご紹介します。施設職員として、自分も利用者や入所者も、被災した際には同じように、一連のストレス症状が出る可能性があります。被災者のストレス症状や心理プロセスを知ることで、自分自身の反応も、支援する立場としても、「あぁ、私は（または、この人は）今こんな状況なんだな」ということが理解でき、支援者自身のストレスが軽減することもあります。

3 災害後の被災者の心理プロセス

災害が起こると、直後から復興に入る頃まで、被災者の心は大きく揺れています。心理的反応は時間の経過とともに変化します。災害後の一般的な心理変化には４つの時期があるといわれています（図表２−16「時間の経過と被災者の心の動き」（58頁参照））。

① 茫然自失期（ショック期）
　• 誰もがショックを受けており、茫然自失となります。
　　ぼーっとして何も考えられない、本当のことと思えない状況が続きます。
　• 家族が亡くなった人が、感情が麻痺し、涙も出ないことがあります。
　　周囲からは「あの人は偉いねえ」と言われ、ますます感情が麻痺していきます。

② ハネムーン期
　• 危険を顧みずに人助けをする、愛他的な共同感情が生まれる時期です。
　• 地域のなかで一丸となって助け合おう、と積極的な気分になる時期です。
　　「皆で、災害を乗り越えよう」と団結し、行動が始まります。

図表 2 − 16　時間の経過と被災者の心の動き

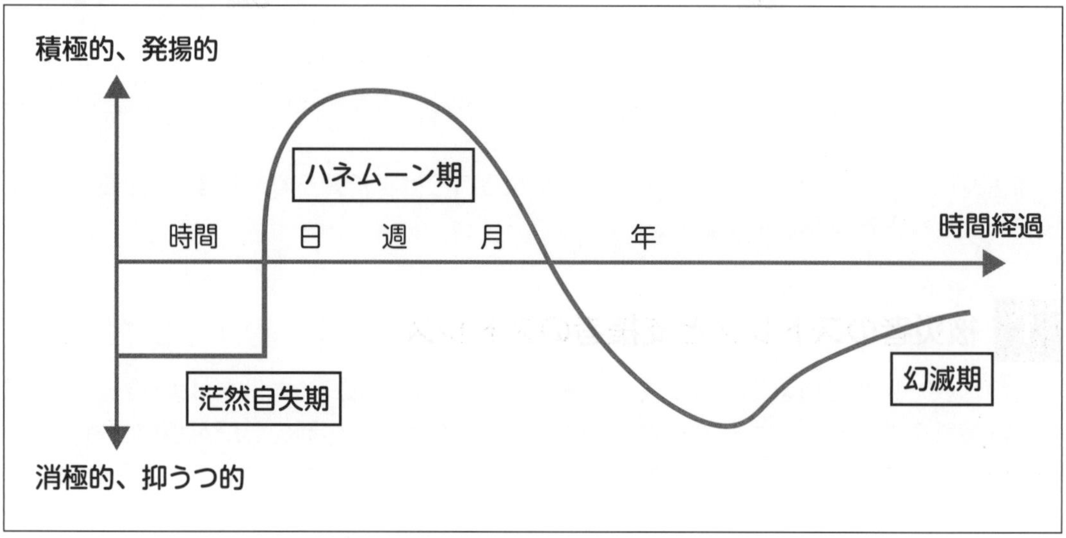

積極的、発揚的

ハネムーン期

時間　　日　　週　　月　　年　　時間経過

茫然自失期

幻滅期

消極的、抑うつ的

出典：岩井圭司（金吉晴編）「心的トラウマの理解とケア（第2版）」P66 じほう 2006

- ただし、生活のストレスは増え続ける時期です。

③　幻滅期

- 被災地自体の混乱は収まる時期ですが、被災者の間で被災状況や復興度合いが異なり、地域の連帯感が失われる時期です。
  自分が被災したこと、取り残されるのではないかと不安になります。
  被災地や避難所の生活に耐えられなくなり、行政やボランティアにも不満が募ってきます。
- 怒りが沸き上がり、周囲に当たったり、けんかや飲酒などのトラブルも起こります。
- 犯罪も起こりやすくなる時期です。

④　その後の再建期

- 復旧が進み、日常の生活が戻り始め、生活の目途がつき始めます。
- 今後の生活を立て直そうと考えらえるようになり、地域づくりに参加し始めます。
- 体や心の不調（高血圧、腰痛、睡眠障害、うつ病など）が出始める時期でもあります。ここで気を付けるべきは、回復の二極化です。前向きに生活再建をし始める被災者がいる反面、精神的な支えを失った人は、その後も長くストレスが続くことがあります（図表2−17）。

　災害後に前述の反応がいつ起きるのかは、被災したそれぞれの人によって異なります。被災してからの時期に応じて被災者のニーズは変化します。施設のなかでも、個々の利用者の話を聞いて、その人に合った心のケア対策をしていくことになります。

図表2－17　被災者の回復の二極化

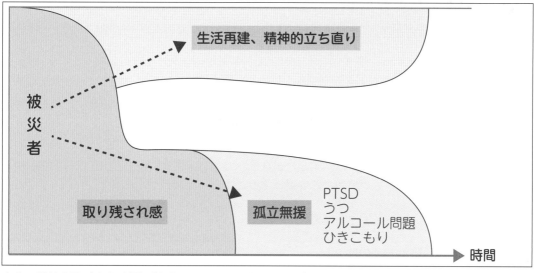

出典：岩井圭司（金吉晴編）「心的トラウマの理解とケア（第2版）」P86 じほう 2006

4　被災した施設の職員の立場

　被災地の現場では、環境が混乱しておりストレスの高い状態が続きます。福祉施設が被災した場合、支援者としての立場に立つ職員本人も、被災者と同じ状況に置かれているのです。自らも被災し、家族の心配もしたいなかで、目の前の施設利用者の安否確認、急性期ケア、日々の生活支援をすることになり、当然ながら、大きな精神的なストレスを被り、心身に変調をきたすことは十分に考えておかなければなりません。

5　惨事ストレスとは

　災害が発生した後、支援業務を続けることで、体や気持ちにさまざまな変化（ストレス）が起こることがあります。症状や強さは年齢や性別により異なりますが、誰にでも起こります。特に、高い使命感や責任感を持って仕事をしている職員や、周囲からの強い社会的期待を背負っている職種にはストレスがかかりやすい傾向があります。災害現場で支援者が感じるストレスや心身の変化を、特に「惨事ストレス」と呼んでいます。

　惨事ストレスは、傷ついた体や心が回復しようとするときに起こるもので、異常な状況のなかで起こる「正常な反応」です。これらの症状は通常、時間とともに消えていきますが、長引く場合もあります。惨事ストレスの存在、症状やセルフケア方法を知っているだけで、回復が早まることが分かっています。自身や同僚で互いに症状がないか確認し、支え合うことができます。

6 惨事ストレスの症状

　大災害の被災地で活動する施設職員は、以下のような心身の変化を経験することがあります。

図表2－18　惨事ストレスの症状

```
【惨事ストレスの症状】

a）興奮状態が続く（過覚醒）
b）体験を思い出す（再体験・フラッシュバック）
c）思い出すことを避けようとする（回避）
d）体の不調
e）周囲との摩擦
f）話せなくなる
g）その他
```

a）興奮状態が続く

　寝付けない、気持ちが落ち着かないといった症状もよく見られます。特に「もっとこうすればよかったのではないか」などの自分を責める気持ち、「今自分が職場にいないと仕事が滞ってしまう」という焦燥感などが起こりやすくなります。

b）体験を思い出す

　折りに触れ現場のことを思い出し、フラッシュバック（突然、非常に鮮明に体験を思い出したり、夢に見たりする状態）が起こることがあります。

c）思い出すことを避けようとする

　現場で起こったことについて、人に聞かれることも、思い出すことも煩わしくなることがあります。現場に関する報道も見たくなくなります。

d）体の不調

　現場で起こったことを考えたり、テレビなどで見たりしてしまうと、体調が悪くなります。心臓がバクバクする、汗が噴き出す、めまいや吐き気がする、肩や腰の痛みなど、災害が起こる前にはなかった身体症状が出てきます。

e）周囲との摩擦

　周囲の人に対して、ふだんなら感じないような不満や怒りが急に出てきたり、人間に対する信頼感が急にわいてきたり、逆に極度の人間不信に陥る人もいます。

f）話せなくなる

　現場のことを周囲に話しても分かってもらえないと思って、胸にしまい込んでしまう人もいます。

g）その他

　その他、さまざまな症状が出ることがあります。ふだんの生活、災害前の生活では感じていなかった感覚や感情、体の変化など。

7　ストレスのセルフケア（例）

　前に掲げた症状はいずれも「惨事ストレス」という心理反応の一部です。厳しく異常な現場で活動した人には、誰にでも普通に起こる状態です。その点をまず理解し、受け入れて下さい。

　「ああ、私もストレスを受けているんだ」と、その状態を受容するだけで、苦しさが軽減されます。その後、仕事の合間や終了後に、積極的にストレスケアをして下さい。

　惨事ストレスを軽減するために、効果があるのは以下のようなことです。

図2-19　ストレス対処方法・職員向け

【ストレス対処方法】職員向け

① 　まずは休養と休息をとる
② 　親しい人とともに過ごす
③ 　同僚や仲間と話す機会をつくる
④ 　ストレスチェックをしてみる

---

① 　まずは休養と休息をとって下さい。

　災害対応は延々と続き、興奮状態になりやすいので、休めない状態になりがちです。しかし、災害対応は長期戦になります。長期戦に耐えるためには、まず休息が必要です。

　業務中でも、しっかりと昼食時間を確保する、少しゆったりと座って目を閉じる、音楽を聴く。自宅ではふだんしているスポーツをするなど、体をリラックスさせることも心の休養になります。

② 　親しい人とともに過ごして下さい。

　家族や恋人・友人と一緒に過ごす時間をとって下さい。家族や友人は皆さんのことを気遣い、心配しています。ふだん通りの会話は、職員の体調や業務の大変さを常に心配している家族や友人にとっても、癒しの場になります。

③ 　同僚や仲間と話す機会をつくって下さい。

　辛い思いを聞いて欲しい、愚痴をこぼしたい、と思うときは、一緒に仕事をしている同僚や仲間と話し合う機会をつくります。同じ状況や業務を共有している仲間と話すことで安心できます。折に触れ、一緒に活動した仲間と率直に気持ちを話し合い、励ましたり、支え合ったりすることが大切です。

④ 　ストレスチェックをしてみて下さい。

　大災害では職員の業務も長く続くため、当初は何のストレスも感じていなかった職員も、徐々にストレス反応を示すことがあります。1〜2ヶ月ぐらいたったら、ストレスチェック（IES-R）（図表2-20「IES-R改訂出来事インパクト尺度日本語版（一部抜粋）」（62頁参照））を実施してみて下さい。このリストでは25点を超えるとストレスが強いと評価されます。

業務が続いているとき、また終了直後は、得点が高くて当然です。

ストレスの回復には、けがをした後で体が回復するのと同じように時間がかかるものです。

日々の生活がうまくいかないと感じたら、上司や産業医に相談し、専門の診断やカウンセラーなどのプロの支援を求めることも大切です。*

図表2-20　IES-R改訂出来事インパクト尺度日本語版（一部抜粋）

IES-R	お名前＿＿＿＿＿＿＿＿＿＿＿（男・女　＿＿歳）　記入日 H.＿年＿月＿日					
	下記の項目はいずれも，強いストレスを伴うような出来事にまきこまれた方々に，後になって生じることのあるものです。＿＿＿＿＿＿＿＿＿＿＿＿に関して，**本日を含む最近の1週間**では，それぞれの項目の内容について，どの程度強く悩まされましたか。あてはまる欄に〇をつけてください。（なお答に迷われた場合は，不明とせず，もっとも近いと思うものを選んでください。）					
	（最近の1週間の状態についてお答えください。）	0. 全くなし	1. 少し	2. 中くらい	3. かなり	4. 非常に
1	どんなきっかけでも，そのことを思い出すと，そのときの気もちがぶりかえしてくる。					
2	睡眠の途中で目がさめてしまう。					
3	別のことをしていても，そのことが頭から離れない。					
4	イライラして，怒りっぽくなっている。					
5	そのことについて考えたり思い出すときは，なんとか気を落ちつかせるようにしている。					
6	考えるつもりはないのに，そのことを考えてしまうことがある。					
7	そのことは，実際には起きなかったとか，現実のことではなかったような気がする。					
8	そのことを思い出させるものには近よらない。					
9	そのときの場面が，いきなり頭にうかんでくる。					
10	神経が敏感になっていて，ちょっとしたことでどきっとしてしまう。					
11	そのことは考えないようにしている。					
12	そのことについては，まだいろいろな気もちがあるが，それには触れないようにしている。					
13	そのことについての感情は，マヒしたようである。					
14	気がつくと，まるでそのときにもどってしまったかのように，ふるまったり感じたりすることがある。					
15	寝つきが悪い。					
16	そのことについて，感情が強くこみあげてくること					

出典：飛鳥井望 IES-R（Impact of Event Scale-Revised）改訂出来事インパクト尺度日本語版

＊ 本稿ではIES-Rの抜粋を上記に掲げます。実施したい方は次のアドレスからダウンロードして下さい。
　（一社）日本トラウマティック・ストレス学会HP(https://www.jstss.org/docs/2017121200368/)

8　上長からの職員の惨事ストレス管理

利用者や入所者の安全・安心のために、厳しい災害現場で黙々と働く施設職員は、どんなに疲れていても休息をとることが難しい状態にあります。

セルフケアをできる環境をつくるのは、本人ではなく上司や上長です。休息を取りにくい環境や言葉を避け、積極的にセルフケアをさせて下さい。

上長の采配により、職員の強いストレスを軽減することで、職場からの離脱者を減らすこと、その後に精神科に通わざるをえない職員を減らすことが可能になります。

図表 2 －21　ストレス対処方法・上長向け

【ストレス対処方法】上長向け

① 職員にまず休息をとらせる
② マスコミ対応は、組織のルールに従って実施する
③ 職員のなかに生まれる「怒り」に注意する
④ 1ヶ月後にストレスチェックを実施する
⑤ 職員の家族にも、職員の状況を説明する

---

① 職員にまず休息をとらせて下さい。

わずかな休憩でもとらせることが大事です。職員自身も興奮状態になっていることが多く、疲れを自覚しにくくなっています。またその後に延々と続く業務が待っていると思うと、居ても立っても居られず、休みをとらずに働き続けようとすることがしばしばあります。しかし、この行動こそがストレス反応の一部であることが分かっています。

まずは休養を与えて下さい。帰宅後にどうしても眠れないという職員には、医師の処方に従って睡眠導入剤なども使うよう伝えて下さい。体を休ませることが大切です。

② マスコミ対応は、組織のルールに従って

個々の職員がマスコミに個別に対応していると、疲労が蓄積したりフラッシュバック等の症状が出ることがあります。総務や広報担当の職員も、個人をマスメディアに出すことは避け、原則、組織としての対応をとり、記者会見の形式をとることをお勧めします。

③ 職員のなかに生まれる「怒り」にご注意を

ストレスが高まると、イライラしたり、怒りを人にぶつける職員が出てくることがあります。ふだんより不満が強くなったり、人を恨んだり、逆に自分を不必要に責める職員も現われます。これらは全てストレス反応の一部です。職場に怒りが生じ始めたら、職員向けセルフケアの時間をとる、惨事ストレスについての学習の機会を持つなど、少しでもストレスを和らげる方策をとります。

④ 1ヶ月後にストレスチェックを

発災当初は平常な気持ちで業務をこなしている職員であっても、徐々にストレス反応

や症状が出てくることがあります。特に利用者や外部からの避難者と直接対応した職員や、業務時間が長い職員に重い症状が出がちです。

また、災害後数ヶ月たつと、業務負荷が特定の職員に集中し、不公平感が生じることもあります。こうした場合には、負担軽減のための措置が必要になります。

ある程度の時期になったら、職員全員にストレスチェックリスト（IES-R）（図表2－20（62頁参照））を実施するのは効果的です。25点以上ですとストレス反応が残っていると判断されますが、1ヶ月後、2ヶ月後と、何度か実施し、合計得点が下がってくればストレスは軽減しています。

⑤　職員の家族にも、職員の状況の説明を

各職員の家族も相当のストレスのなかで生活していることでしょう。まずは家族をねぎらったうえで、職員が施設利用者のために厳しい状況のなかで、必死に業務をしていることを説明します。家族からも無理のない休養とストレス解消を勧めるよう伝えます。

職員は、帰宅後の家庭内でも、当初は強いストレス反応を見せることがありますが、その症状も時間がたつと徐々に消えていきます。もし職員の家族との会話のなかで、家族のストレス反応が強くなっている場合は、カウンセラーなどに相談するよう促します。

「施設は、職員とともに職員のご家族も守っています」というメッセージが大切です。

9　惨事ストレスのBCPへの反映

施設のBCP作成に当たり、職員の惨事ストレスを軽減することは、業務離脱を防ぎ、より充実した業務の遂行に役立ちます。以下の各フェーズに、惨事ストレス対策を反映すると効果的です。

- 事前教育：惨事ストレスは誰でも受ける「異常な事態に対する正常な反応」であることや、ストレス症状と対策を職員で共有しておきます。
- 業務期間：個々の職員の活動時間や休息時間をコントロールします。
  過重な「無理」を重ねると反応は悪化します。
- 事後対策：相談体制を確立しておきます。
  行政の相談窓口や産業医と事前に体制をつくっておくことで、強いストレス反応を呈する職員をスムーズに受診させることが可能になります。

災害対応は長期戦になります。施設利用者や外部から避難してくる市民の生活を支えるためには、まず施設職員が全員、十分にストレスを和らげつつ業務を遂行できるよう、惨事ストレスへの理解とその共有が大切です。

6 災害支援に行く場合

　これまで、福祉施設が被災をした際に、どう行動をしたらいいのか、その理念やBCPのベースとなる法律・計画を見てきました。

　本項では、他の都道府県における大規模災害、または、近隣市区町村における災害に際し、施設間協定を結んでいる施設や法人関連施設が被災したなどの理由で、業務支援に赴くときに、どのような課題があるかをご紹介します。

　以下、ご自身の体調管理について、続いて他機関との連携、他の職種との連携についてご紹介します。

1 安全衛生

　まずは、支援者個人の心身の健康を最優先して下さい。被災地までの経路は安全とはいえません。また被災地内では、道路や施設にも種々の危険物が散乱しています。余震が続いている地域があるかもしれません。さらに、ライフラインが止まっていたり、全ての資機材が整っているとはいえない施設で業務を実施するため、思わぬけがをしたり、不安を抱えたりします。

　外部施設に支援に行く際には、できれば、単独で行動するのではなく、何人かのグループで行動するか、その地域に詳しい人や支援先の職員とともに現地に入るのが安心です。

　支援先の施設に到着するまでの間に、周辺の開いている店（コンビニエンスストアやスーパーマーケット）、病院、ガソリンスタンドなどの位置を確認しておくと、必要な資機材を調達する際に役に立ちます。

　自施設と同様の業務を実施するのであれば、工程も把握していると思いがちですが、各施設により工程や使用する資器材が異なる場合があります。施設利用者は、ただでさえ被災した施設で不安な思いをしてるうえに、見知らぬ介助者が現れることで怯えたり、逆に攻撃的になったりすることもあります。支援活動は特殊な任務ではないので、ふだんの業務と同じく、自己紹介から始めましょう。

　図表2−22「災害ボランティアの安全衛生プチガイド」（66頁参照）は、災害ボランティア用に作成されている冊子です。被災地に開設される災害ボランティアセンターで、ボランティアに毎朝1部ずつ配布され、安全活動を啓発しています。

　東日本大震災では、災害規模があまりに大きかったため、全員配布は困難でした。そこで、ポスターサイズのものを作成し、災害ボランティアセンターや避難所の壁に貼ってオリエンテーションに活用しました。

　この冊子から、業務支援に赴く職員にも有効な情報をいくつか紹介します。

図表2−22　災害ボランティアの安全衛生プチガイド

出典：ボランティアの安全衛生研究会「災害ボランティア活動　目からウロコ？の安全衛生プチガイド」
日本ファーストエイドソサェティ 2007

(1)　**毎朝のチェックリスト**（図表2−23「『災害ボランティアの安全衛生プチガイ
ド』　チェックリスト」（一部抜粋）」参照）

　被災地で仕事をしていると、慣れない現場や業務で気疲れをします。また時間的にも
昼休憩をゆっくりとることもままならず、ついつい過労気味になります。
　そこで朝、出勤したら、チェックリストを記入します。上の3項目は毎日であれば記
入は不要ですが、それ以降を埋めてみて下さい。
　　①　アレルギーの有無：季節性のアレルギー（花粉症など）がある人は、支援先の周
　　　　　　　　　　　　　辺にアレルゲンがないか、確認をする必要があります。ハウスダストに
　　　　　　　　　　　　　反応する人はマスクなどを着用し、発症を抑える工夫も必要です。
　　②　体温：　　支援先の施設に体温計があれば測定します。体温は体調管理のバロメー
　　　　　　　　　ターです。冷暖房が効かない職場で長い間作業を続けていることで体調
　　　　　　　　　を崩した人も多くいます。
　　③　血圧：　　支援先の施設に血圧計があれば測ります。血圧も心身の不調を示すバロ
　　　　　　　　　メーターになります。突然血圧が上がってしばらく続くなどの場合は、
　　　　　　　　　医師に相談する、いったん被災地から離れるなどの自己管理が必要です。
　　④　飲酒：　　支援先で大量に飲酒をする人はいないと思いますが、仲間と一日を振り
　　　　　　　　　返るときに、徐々に興奮して話が続き、知らぬ間に飲酒量が増えている

こともあります。チェックすることでその日の業務や、終了後の行動を適切に管理することができます。

⑤　食欲：　３・４日を超えての支援活動をしていると、本人が気付かなくても疲れがたまっていることがあります。ふだんより食欲がない、また、ふだんは朝食を欠かさない人が、つい抜いてしまうことがあります。疲れがたまっているときになりがちなので注意が必要です。

⑥　便通：　これも体調のバロメーターとなります。

図表２－23　「災害ボランティアの安全衛生プチガイド」　チェックリスト（一部抜粋）

Check List 一日のはじまりにチェックしよう！

| 名前 | 毎日記入しよう！ |

- 緊急連絡先：自宅・実家・（　　　　　）→　　（　　　）
- ボランティア保険の加入：済・未　※センターで加入できることがあります
- アレルギー（なし・あり（　　　　　　　　　　　）））
- 体温（出発前に計っておこう）　　　　　℃　睡眠時間（　　時間）
- 血圧（出発前に計っておこう）　　　　／
- 昨日お酒を飲んだ：かなり・適度に・いいえ
- 食欲：普段通り・低下気味・ない　　朝食：食べた・食べてない
- 便通：よい・よくない
- 装備（活動により違います。持っているものに ✔ をつけてください）

□水・飲み物（多めに）　□長そで　　□長ズボン　□安全な靴

出典：ボランティアの安全衛生研究会「災害ボランティア活動　目からウロコ？の安全衛生プチガイド」
　　　日本ファーストエイドソサェティ 2007

　もう一つ、業務として支援に行く人は、往復の経路や現地での業務中にけがや病気になった際に労災が適用されるか、必ず確認をして下さい。福祉施設に業務で支援に行くのではなく、個人で支援活動をする人は、会社の労災保険は適用されません。

　お住まいの地域の社会福祉協議会でボランティア保険に加入してから行きましょう。加入手続きの際に「被災地に支援に行く」旨を伝えて、被災地活動用の保険を選択します。800円から1200円ほどで、１度入れば年度末まで有効です。

　事前にボランティア保険に加入していない場合、被災地の災害ボランティアセンターでも加入手続きをしてくれます。しかし、実はその費用は支援先の市区町村が負担することになります。遠方から支援に来てくれたボランティアに登録費を請求することはできないからです。被災地に負担をかけないように、保険に加入するのが最初の支援活動（ボランティア活動）だと考えて、何らかの保険に加入してから被災地に向かって下さい。

⑵　**体調管理をし合う**

　　いざ支援を始めると、休憩もとらずに一心不乱に業務に没頭する人がいます。自身の施設でも同じような業務スタイルなのかもしれません。けれども、被災地では心身に受ける負荷はふだんとだいぶ異なります。休憩をとりつつ、夏はしっかり水分を補給して職務に当たって下さい。

　　そんななかで、周囲から「大丈夫」、「休んだら」と声をかけられることがあります。「いえ、大丈夫です」と業務を続けることもあるかもしれませんが、その状態は相当疲れが出ている状況だと言えます。そのまま業務を続けていて、数分後に立ち眩みがしたり、座り込んでしまう人も多くいます。

　　夢中で仕事をしている人は、自分の体調にはなかなか配慮ができないかもしれません。本当に疲れを感じないこともあります。そんな人を見ていると、ハラハラすることがあります。しばらくすると、ますます心配が募って、思わず「大丈夫ですか」と声をかけているのです。

　　そこで、仲間同士の観察力を信頼して、ルールを決めておきます。「誰もが自分の体調には気付かない」ことを前提とし、周囲の人２～３人から「大丈夫か」と聞かれたら、自分は周囲の人からは「大丈夫でない」、「業務を続けるのは危険」と見られているのだ、と判断して休憩をとるようにします。

　　業務開始前にルール化し、全員で共有しておくことで、早目に体調管理をすることができます。

⑶　**ストレスを解消する**

　　被災地で活動をする人は、誰でもストレスを感じます。支援者やボランティアのストレスを「惨事ストレス」と呼んでいます。惨事ストレスは誰にでも起こります。症状はさまざまですが、被災地から離れて１週間から１ヶ月ほどで収束してきます。ストレス防止には、「毎日の業務時間を通常と同じにする」「毎日、被災地から離れた場所で宿泊する」「長期にわたって支援をする場合は５～６日に一度は、被災地を離れてしっかり休息をとる」などの対処が大切です。

　　惨事ストレスの詳細は「⑤惨事ストレス」（57～64頁参照）で説明しています。

２　他機関連携・多職種連携

　　もう一つ重要なことは、地元を離れて支援に赴く際には、被災地で、いかに多くの職種や団体と連携をできるかが、漏れの無い支援のカギとなります。

　　①「③『スフィアの基本理念』」に図表２－２「スフィア基準２つの基本理念」（24頁参照）を掲げています。そこに被災された人々が尊厳のある人生を送るために「実行可能なあらゆる手段を尽く」すべきであると書かれています。

　　私たち一人ひとりの支援には当然ながら限界があります。できることも限られています。しかし、被災した地域や人々は、１つだけの支援を望んでいるのではありません。避難所生活の不安、自宅の清掃、仕事探し、子どもたちの学習や受験、被災者生活再建支援

法の活用など、さまざまなことを解決していかなければならないのです。

　そんなときに、私たちにできることは、自分の力量を正しく評価し、できないことは他の支援者や団体につなぐことです。福祉避難所として開設されても、収容能力を超える住民が避難してきた場合には、行政や他施設、他職と連携していくことも、重要な支援業務となります。

　支援開始前に検討しておく項目を下記に掲げます。

⑴　支援対象者

　業務で支援に赴く場合も、個人やグループ単位で参加する場合にも、考えておくべきことは、「誰に支援を届けたいのか」です。もちろん、現場に入った後、支援対象者は増えるかもしれません。とはいえ、被災地に入る前に必要資機材を準備するためにも、対象者をある程度決めておく必要があります。

　対象者は、関係する福祉施設や福祉避難所に生活する人でしょうか。避難所に住む被災者でしょうか。または在宅避難をしている高齢者でしょうか。被災者の直接支援ではなく、地域の福祉事務所や行政の支援をする人もいるかもしれません。それぞれに支援方法や状況が異なるので、事前に先方と支援内容についても連絡をとり合うことが、良い支援につながります。もちろん、その後で幅広く「その他の対象者」も列記して準備をします。

⑵　連携する職種

　大規模災害では、地域全体が被災し、ライフラインが途絶えてしまうことも多くあります。福祉施設のスタッフも、自宅にいて被災すると、出社するのも容易ではありません。そんな被災現場で支援を提供する場合、どんな職種と連携すれば、効果的な支援を行えるでしょうか。

　福祉施設にいる職種、ふだんは行政機関や病院で働く職種など、知らない職種の人もいるかもしれません。例えば、福祉施設の職員にとっては、介護福祉士、社会福祉士（ソーシャルワーカー）、訪問介護員（ホームヘルパー）、理学療法士・作業療法士・言語聴覚士等のリハビリテーション専門職、生活指導員、ケアマネジャーなどはなじみ深い職種でしょう。

　病院のスタッフとの仕事が多い人は、精神保健福祉士、医療ソーシャルワーカー、福祉相談指導専門員、心理カウンセラーなどとも連携しやすいでしょう。

　さらに、行政機関に勤務する社会福祉主事、福祉施設指導専門員、ケースワーカーとの連携は必須となるかもしれません。

　被災地では、災害対策本部から派遣される保健師やDPAT（自然災害や大規模事故、犯罪事件などの災害の後、被災地域に入り、精神科医療及び精神保健活動の支援を行う専門的なチーム）などが福祉施設にも巡回していることがあります。利用者や家族のニーズにこたえるために、薬剤師、法律関係者、教育関係者とも連携する可能性があります。

⑶　平時の連携

　BCP作成の大きなテーマでもある、平常時の職員の災害対応力の向上、組織力の向上は、自施設の被災後の事業継続に有効なだけでなく、支援現場でも活かされます。

　支援に駆け付ける前に、支援先施設と情報共有をし、自身がどんな立場で支援に参加するのかを先方にも事前に理解してもらうことが肝要です。被災地内に連携できる他職種がいるのであれば、支援に入る前に現在の組織や分担表を確認し、自分がどの部分を支援できるのかを伝えます。また、全体として漏れやダブリがないように、相互に分担する役割を共有しておくことも大切です。

　また、施設や職場のなかで、自分がいない間の業務を引き継ぎ、支えてくれる職員と役割を分担し、支援から戻った後、互いにねぎらい合うことが大切です。その後の業務を円滑に進めるためには、こうした事柄を職員が認識しておくことが重要です。

第 3 章

「BCP（事業継続計画）」を
つくってみよう

　　ここでは、まず東京都福祉保健財団のモデル事業や第 1 版以降の福祉現
場での取組みから得られた「BCP（事業継続計画）」作成の知見を整理し
ています。そのうえで作成の手がかりとなる「BCPひな型」と作成手順や
留意点等を掲載しています。

1 「BCP（事業継続計画）」への取組みの経緯と得られた知見

1 福祉「BCP（事業継続計画）」への取組みと目指したこと

① 取組みの経緯と思い

2011（平成23）年3月11日に発生した東日本大震災直後に、「東京都福祉保健財団としても自らの特性を活かし貢献したい」と考え、検討を始めました。その後も2016（平成28）年の熊本地震・2018（平成30）年の北海道胆振東部地震、加えて全国的に頻発している甚大な風水害など、防災を取り巻く状況は従来とは異なるステージに達してきていることが実感されます。

2011（平成23）年当時の福祉分野のBCPに関する状況を振り返ると、高齢分野では作成ガイドラインなどが出されていましたが、保育や障害分野などでは取組みはあまり進んでいないことが認識されていました。そこで、高齢分野以外にもBCPを広めることを目的として、保育所や障害者福祉事業所を対象に、2011（平成23）年度「BCPモデル事業」（以下、「モデル事業」という）を実施し、最初の「BCPひな型」を作成しました。

その後、「BCPひな型」を用いたBCP作成研修には、児童や障害・高齢分野の入所・通所施設、グループホーム、訪問介護事業所等、多様な種別・業態からの参加があり、比較的スムーズにBCPを作成できたことが確認されました。

一方、近年の全国的な豪雨を背景に、2017（平成29）年6月、浸水想定区域や土砂災害警戒区域内の要配慮者利用施設の管理者等は「避難確保計画」の作成・避難訓練の実施が義務となり*1、2019（平成31）年3月には住民等が情報の意味を直感的に理解できるよう、防災情報を5段階の警戒レベル（1～5）で提供し*2、災害発生以前の避難、予防対応の重要性も考慮する必要が出てきました。

そこで第3版改訂に当たり、これまでのBCPひな型に予防対応（避難）の考え方を加え、予防対応・初動対応・大災害対応を一連の流れとして考える「BCP（兼、避難確保計画）」として再構成しました。個別の計画を複数持つよりも一体的な計画を1つ持つ方が分かりやすく、使いやすいと考えたからです。

また、避難確保計画は「浸水想定区域や土砂災害警戒区域内」で作成が義務化されていますが、利用者の送迎や職員の通勤範囲の地域的な広がりによる交通混乱（計画運休）の影響の大きさ等を考慮すると、どの事業所でも有効に活用できるものと考えられます。

第3版の福祉「BCPひな型」が、防災・減災に少しでも貢献できることを願っています。

*1 国土交通省HP「要配慮者利用施設の浸水対策」（http://www.mlit.go.jp/river/bousai/main/saigai/jouhou/jieisuibou/bousai-gensai-suibou02.html）参照
*2 内閣府政策統括官（防災担当）HP「避難勧告等に関するガイドラインの改定（平成31年3月29日）」（http://www.bousai.go.jp/oukyu/hinankankoku/h30_hinankankoku_guideline/index.html）参照

② 「BCPひな型（記入様式と記入例）」作成で留意したこと・継続的改善

2011（平成23）年の「モデル事業」での検討では、訪問による対話を基本としつつ、メールや電話等で何回も意見交換を行いながら丁寧に進めました。加えて学識経験者とモデル事業の担当者、事務局からなる委員会を設置し、2011（平成23）年11月から2012（平成24）年2月にかけて検討を重ね、BCPひな型案（第1版）を作成しました。

当初から福祉事業所、特に小規模事業所では、担当者や取り組む時間の確保などさまざまな困難があることが認識されていました。そこで、BCP作成に当たってゼロから取り組まなくても、何かを参考にしながら自事業所に適したものを作成していく方法が必要なのではないかと考え、BCPひな型（記入様式と記入例）を作成することにしました。作成に当たっては、次の2点に留意して取り組みました。

○「BCP作成の基本」を踏まえて検討を進める。

　企業等でも用いられているBCP作成の基本を踏みながら、検討を進めました。例えば、「事業や業務の影響度調査」といった基本手順を踏んで、「継続すべき重要業務とその緊急度・実施方法・必要な資源など」の検討を進めていきました。

○活用しやすい「BCPひな型（記入様式と記入例）」の作成

　現場ではさまざまな状況への対応が求められますが、「基本を押さえつつ、活用しやすいBCPひな型を作成する」「活用しながらレベルアップを図る」と考えて取り組みました。
- 基本を押さえる：「BCP作成の基本」を踏まえる（上記参照）。
- 活用しやすさ：BCPひな型を簡潔で「少ない頁数」とする。（詳細な内容は、これまでの蓄積、各事業所の工夫にゆだねる）
- 活用しながらレベルアップ：作成されたBCPを訓練などに活用し、災害への対応力を積み重ねるとともに、BCP自体を継続して改定し、レベルアップを図る。

第1版出版後、第2版そして現在に至るまでの1000以上のBCP作成にかかわり、その都度得られた知見を踏まえ、「BCPひな型」の改善を続けています。

2 これまでの取組みから得られた知見

① 実は、災害対策が行われてきている福祉事業所

2011（平成23）年モデル事業所の最初の訪問時に、「災害対策の実施状況の確認」を行いました。防災組織や役割分担、非常用備蓄、避難場所・避難所などについての確認です。モデル事業所には事前に調査シートへの記入をお願いしていましたが、全ての項目に十分な書き込みがありました。

災害発生直後、30分後、60分後にきちんと行動できるかについて、質疑形式での確

認も行いました。その場での質問・回答という状態でしたが、園長はじめ主任など、資料をあまり見なくてもスラスラと話していました。

これらの部分は、BCPにおいて「初動対応」に相当しますが、モデル事業所では「消防計画」あるいはそれをベースにした「災害対策マニュアル」があること、定期的な訓練の効果もあり、災害発生時の行動を認識していることが確認できました。

また、避難訓練の様子を見学した際、保育園においても障害者事業所においても、直後に机の下に隠れる、その後指定の場所に移動するなどの行動を、かなりスムーズに行っていることが確認できました。

「BCPにおける初動対応」については、消防計画などに基づいて、職員と利用者が速やかに行動できるレベルになっていることを感じました。

一方、「定期的に避難訓練を行っているが、それが消防計画に基づいていることは知らない」「消防計画があることを忘れている」といった福祉事業所も散見されます。そのような事業所でも、消防計画の存在やその内容を再確認する好機と考えて、BCP作成に取り組むことをお勧めします。

② 継続すべき「重要業務」の確認

モデル事業所の最初の訪問時には、災害時に「継続すべき重要業務の確認」も行いました。

BCPの特徴は、「事業を継続することが難しい場合があり、その際の影響を少なくするとともに、早目の復旧を促進する」ことにあり、以下の質問を行いました。

- 事業目的は何ですか。
- 事業目的を維持・達成できない事態が生じたとき、最も困る人／影響を受ける人は誰ですか。どのような影響が出ますか。それは業務・活動が停止してからいつの時点ですか。
- 災害時においても、維持・継続しなければならない業務や活動は何ですか。
- いつまでにこの業務や活動に着手（再開）するのが望ましいですか。
- 緊急の要請やニーズにこたえるための追加的な業務や活動はありますか。
- 遂行するために必要な資源（ヒト・モノ・情報などの業務を行うための手段）は何ですか。

質問の結果を踏まえ整理・分析を進めたところ、「生命維持・精神安定にかかわる業務」「生活支援にかかわる業務」に大別されました。

保育園の例を見ると、「生命維持・精神安定にかかわる業務」として「情緒安定、安心安全の確保」「排泄ケア」「衛生確保・管理」「食事の提供」「生活支援にかかわる業務」として「清潔保持」「心のケア」「お風呂の提供」「遊び・運動の提供」が挙げられました。

障害者通所事業でも同様の内容となりました。一部異なっていたところは、「生活支援にかかわる業務」として「送迎」が追加されたことでした。

訪問介護事業では、「ヘルパーステーション（サービス提供責任者の対応）」と「訪問（ヘルパー）」という機能別に整理しました。「訪問（ヘルパー）」では、「移動」が加わりましたが、通所と同様の内容となりました。一方、「ヘルパーステーション（サービス提供責任者の対応）」の業務は異なるものとなりました。「生命維持・精神安定にかかわる業務」として、「ヘルパーの所在確認」「緊急度の高い利用者の特定と優先順位付け」「訪問先のコーディネート」「食料の調達（利用者用）」が挙げられました。これは、直接的な利用者支援というよりも、管理業務が中心となっているためと考えられます。

モデル事業には入所タイプの事業所が含まれていませんが、その後の「BCP作成研修」では、通所や訪問事業所だけでなく、入所事業所にも、ここで整理された重要業務を応用可能であることが確認されました（③④4.2 「事業種別ごとの『重要業務』一覧」（115頁参照））。

③ 重要業務の緊急度

継続すべき重要業務を整理するとともに、それぞれの業務の緊急度についても検討を進めました。

緊急度は、「SA＝間断なく継続、A＝数時間〜24時間以内、B＝1〜3日以内、C＝4〜7日以内」で区分されています。当初、「SA＝間断なく継続」という区分はありませんでしたが、「福祉現場では、災害直後から中断することなく実施し続けなければならない業務がある」という認識のもとに「SA」を設けることにしました。「利用者の生命を預かり、安全安心を業務の基本に据えている」福祉事業の特性がこのような形で反映されました。

④ 職員の確保（職員参集）の考え方

継続すべき「重要業務」と「その緊急度」を整理してきましたが、それを実行する職員が確保できるかも重要なポイントになります。

計画作成において「職員の出勤率○％」と設定する方法もありますが、ここでは重要業務を実施するためにはどのくらいの「人数」が必要か、どのような対策が必要かなど、より事前準備につながることを重視しています。

通常、「支援の質を上げるためには何人必要か」と考えているので、「最低限の職員数」という発想はなじみにくいかもしれません。そこで「職員1人いたら何ができるか。2人ではどうか」と1人ずつ増やしていくことで「緊急度SA」を中心とした業務を実行する最少人数を探っていく方法を試したところ、考えやすいという声が聞かれました。

⑤ BCPに連動した「避難確保計画（主に風水害等対応）」

近年「命を守る行動を…」という呼びかけが風水害等で頻繁に聞かれます。こうしたなかで警戒レベル（1〜5）という形での防災情報の提供が始まり、「避難確保計画」の作成が求められ、予防対応の重要性が高まっています。

第3版改訂に当たり、これまでのBCPひな型に予防対応の考えを加え、予防対応・

初動対応・大災害対応を一連の流れとして考える「BCP（兼、避難確保計画）」として
再構成しました。
　予防対応について福祉現場の実態を確認したり、「BCP（兼、避難確保計画）」の作成
を試行したところ、以下のポイントが確認でき、BCPひな型の改善に活かすことができ
ました。
- 基本として「警戒レベル３」で「高齢者等避難に時間を要する人は避難開始」を踏ま
えつつ、それ以前の対応も重視する。
- 避難自体を避けるために、「警戒レベル２」で利用を制限する（時間をずらす・休止
するなど）。
- 「警戒レベル１」では、「災害発生や予防対応、職員体制変更等の可能性」について事
前予告する。
- 職員の安全確保を重視する。
- 予防対応でとどまることもあるが、災害が発生し、初動対応・大災害対応に至ること
もある。
- 「避難確保計画」は、浸水想定区域や土砂災害警戒区域で作成が義務化されているが、
その他の地域においても豪雨や大雪、交通混乱等への対応に役立つ可能性が高い。
- 国や自治体から出されている「避難確保計画」と当計画との整合性を確認できるよう
に一覧表を作成した。（3 6 「⑩『避難確保計画・非常災害対策計画の項目例』と当
計画での関連か所」（126頁参照））

⑥　「予防対応」と「初動対応・大災害対応」の連動イメージ

　「予防対応」と「初動対応・大災害対応」の連動性を把握しやすくするために、
「BCPの全体像を１枚にまとめる」「平常時及び予防対応・災害発生以降の流れを時系
列的に並べる」という方針を立て検討を重ね、以下の流れになりました。
　①　平常時に、BCPなど防災関連計画を作成・運用する。運用のなかで防災の学習・
　　　訓練を行い、職員の災害対応力・通常業務力、組織力の向上を図る。
　②　警戒レベル等に応じた予防対応を行う。
　＜災害が発生＞
　③　災害発生と同時に防災組織（自衛消防隊など）は自動的に立ち上がる（誰かが
　　　「発動」しなくても）。
　④　防災組織が自動的に立ち上がったときに、職員は「勤務中＊・勤務外」のいずれ
　　　においても、事前に定められたルールに従って行動する。
　⑤　「③と④」によって、災害への「初動対応」が開始される。
　⑥　初動対応をしているなかで、「事業を通常通り継続できるか」の判断を行う。
　⑦　「⑥」の判断が「YES」の場合は、後片付けをするなどして通常通りの業務に戻
　　　る。小さな災害などはこの対応ですむ。
　⑧　「⑥」で「NO」と判断せざるをえない状況もある。この時点で、「大災害対応」
　　　が責任者あるいはその代行者によって発動される。

　＊　勤務中の場合は、事業所内にいる場合と事業所外にいる場合がある。

⑨ 「大災害対応」発動に合わせて、防災組織の拡充を行いながら応急対応と復旧対応を行う。

⑩ 応急対応として、利用者対応における「重要業務を継続」するとともに、情報収集・発信や帰宅困難者対応、地域連携・共助などの「災害対応」を行う。

⑪ さらに復旧活動に取り組み、「復旧完了・防災組織解散」に至る。

⑫ 通常業務が再開されたところで上記「①」に戻る。一連の経験を踏まえ改善に取り組む。

　次の図はこの連動イメージの概要を表現したものです。

　また、職員がこの図で全体を認識したうえで災害時の行動を確認しやすくするために、BCPひな型（記入様式と記入例）では、目次の次の頁にこの連動イメージ図を掲示しています。

災害対応の流れとそれに連動した事業継続計画（BCP）の目次

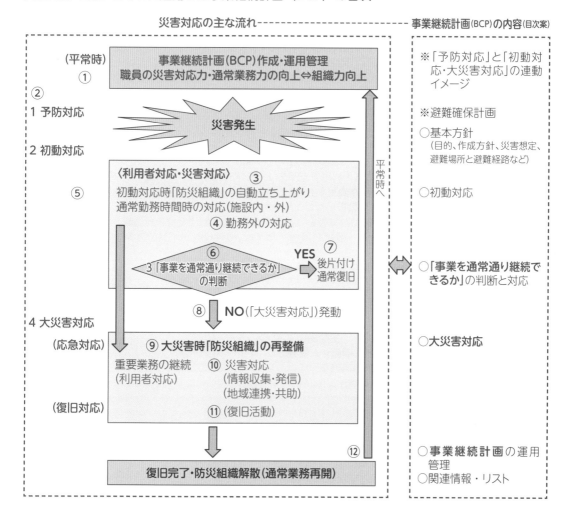

さらに災害発生と対応の流れに沿った目次にするなどの工夫をしています（3「※1『予防対応（避難確保計画）』と『初動対応・大災害対応（BCP）』の連動イメージ」(89頁参照)。

⑦　災害時の対応力を支える日常の対応力・組織マネジメント力

　　災害時の対応力向上を考えるための視点を「災害対応力を支える組織マネジメント力」に整理しました。

　　「災害時に求められる仕事力（業務力）」として、「利用者支援力」「主体的行動力」「PDCA力（方針・段取り立てと行動、状況に応じた変更）」「他の職員などとの連携・協働力」「災害時にのみ求められる行動力（消火器の扱いなど）」などが挙げられます。「利用者支援力」を具体的に見ると、継続すべき重要業務における「情緒安定、安心安全の確保」「排泄ケア」「衛生確保・管理」「食事の提供」などが挙げられます（34４．２「事業種別ごとの『重要業務』一覧」（115頁参照))。これらの仕事力は、どのような機会に身に付けることができるでしょうか。消火器の扱いなど「災害時にのみ求められる行動力」は、主に「防災の学習や訓練」や「災害の実体験」で高めていくことになります。一方、「利用者支援力」をはじめとするその他の仕事力は、「通常業務の実践」の積み重ねで高められ、「防災の学習や訓練」や「災害の実体験」では、その力を発揮するという意味が強くなると考えられます。

災害対応力を支える組織マネジメント力

災害対応力向上の視点
〇**災害時に求められる仕事力**：「利用者支援力」「主体的行動力」「PDCA力（方針・段取り立てと行動、状況に応じた変更）」「他の職員などとの連携・協働力」「災害時にのみ求められる行動力（消火器の扱いなど）」
〇**仕事力向上の機会**：「通常業務の実践」「防災の学習や訓練」「災害の実体験」
〇**その他、対応が必要なこと**：「建物・設備・備品などの整備」「予算の確保」「地域交流・貢献」など
◎災害時に求められる行動は、平常時にも求められている⇒平常時の力量アップは、災害時の力量アップにつながる。

主な組織マネジメント
〇**法人・事業所の理念・方針の明確化と実践**
・法人・事業所の理念・方針の明確化
・理念・方針に基づく判断・行動
〇**計画的な実践(PDCA)**
・「理念・方針」実現のための中長期計画や年間事業計画の策定（含、内部・外部環境分析）
・中長期計画・年間事業計画の進捗確認と改善
＜計画に含まれる主な内容＞
　「事業の種類と実施体制」
　「人材確保・育成・働きがい向上」
　「サービス（支援）の質向上」など

福祉事業所では、研修やOJT（日常業務での育成）などさまざまな方法で人材育成が図られていて、これは災害時の対応力向上にもつながっています。したがって、年間計画や中長期計画のなかに人材育成がきちんと位置付けられ実行されている事業所ほど、災害時の対応力も高まります。

また、「モノ・カネ」に関連する「建物・設備・備品などの整備」「予算の確保」についても、年間計画や中長期計画のなかに位置付けることで、災害対策の充実を図ることができます。

以上を総合すると、災害時の対応力向上を図るためには「日常の対応力・組織マネジメント力」の向上が欠かせません。

⑧ 「モデル事業」・その後の改善でのさまざまな論点と対応の視点

モデル事業及びその後の改善を進めるなかで、さまざまな議論が行われました。ここに、先の①～⑦の補足も含め「論点」及び「対応の視点」として整理しましたので、今後のBCP作成の参考になればと考えます。

論　　　点	対　応　の　視　点　な　ど
1　より活用しやすくするための工夫	・BCPをA4サイズ、なるべく頁数は少なく、簡潔なものとする。 ・BCPの全体イメージを1枚にまとめる。そのなかで予防対応・災害発生からの流れを時系列的に並べる（①②⑥（76頁参照））。 ・全体イメージはBCPひな型目次の次頁に掲載し、その流れを把握したうえで個々の項目を確認していくようにする。 ・福祉職場で多くを占める利用者支援スタッフにとって必要な内容を中心に据え、重要ではあるが施設長や事務職など一部の職員が中心となるような業務はより簡潔にする（「復旧活動」など）。 ・活用しやすいように関連情報も合わせて記載する（避難場所・避難所地図、非常時持出品リスト、非常時備蓄品リストなど）。
2　全ては盛り込めないことへの工夫	・簡潔なものとした場合、想定される行動の全てを盛り込むことは難しいため、具体的な行動については各事業所に蓄積されているマニュアル等を活用すると考える。 ・現場での対応を全て想定することは困難がある。訓練によって、その場で必要とされる行動を経験し、応用力を高めていく。 ・予想を超えた状況に遭遇しても、その場で最善の判断・行動をする「よりどころ」とするために、「災害時行動指針」を表紙に簡潔に掲示し、常に認識し行動できるようにする。
3　職員参集の考え方	・全職員出勤が基本となるが、災害時に強制することには困難な面もある。 ・通勤経路や通勤時間、家庭の災害時要配慮者の状況などを考慮した職員参集リストを作成し、災害時の出勤可能性を把握しておく。 ・災害時を想定した出勤訓練を実施し、体験を積み職員参集の実現性を高める。 ・職員が、徒歩や自転車で通勤可能なエリアに住むような優遇策を行うことも考えられる（近隣住宅手当など）。 ・災害時の「重要業務」などの実施に必要な「必要最少人数」を割り出し、③「1.2　事業継続計画の作成方針」のなかの「⑶職員の参集」欄に記載する。

論　　　点	対 応 の 視 点 な ど
4　地域への貢献	・近隣地域からの避難者や、帰宅困難者への対応の期待が高まっている。 ・初動対応の時点から、「防災組織の担当と任務」のなかに「地域担当」を位置付ける。 ・日頃の地域交流・貢献の状況を踏まえ、災害時の行動を設定する。 ・自治体から福祉避難所に指定されている場合には、「福祉避難所の開設・運営」を担っていることを記載する。
5　「BCPひな型」のさまざまな工夫	・さまざまな方向からの災害、それに対応した避難先を判断できるように、「事業所を中心とした災害の種類と避難先」を確認できる記入欄を設ける。 ・「重要業務」を継続改善する（SAに支援マネジメント、Aにアレルギー対応を加えるなど）。
6　小規模事業所のBCP	・グループホームや通所事業所のなかには、一般の住宅と同様の建物を利用していることも多い。 ・建物内にとどまることが困難となる頻度が高いと予想されることから、指定避難所や福祉避難所などに「事業所の拠点」を確保することにも留意する。
7　法人本部のBCP	・BCPひな型は「事業所単位」での作成を前提としている。 ・災害時に、本部は事業所の自立的行動を支援する（指示するのではなく現場の要請に応じて動く、リスクは高いが連絡がない場合は直接行って確認するなど）。 ・上記本部対応ができるような「法人本部」BCPを作成する。 ・法人全体のBCPは、本部BCPと事業所BCPの合冊とする。 ・法人が実施しているさまざまな事業について、災害時における事業継続の考え方（継続するか、一旦休止するかなど）を総合的に整理する際には、下記「災害時における『事業のあり方』検討表」を参考にする。このような表を用いて、災害時における法人全体としての人や物の資源配分を検討する。

災害時における「事業のあり方」検討表

事業の継続度（SA＝間断なく継続、A＝機能を変更して継続、B＝一旦停止し、速やかに再開
　　　　　　C＝一旦停止し、生活安定時に再開）

継続度	事業名	この業務停止による影響	必要な資源	実施方法
	法人本部			
	入所事業a			
	通所事業b			
	訪問事業c			
	福祉避難所			

「BCP作成」　実感レポート

～保育園、障害者通所・訪問介護、高齢者グループホーム（本書第1版・第2版からの要約）～

○BCP作成のきっかけ

- 東日本大震災をきっかけに、避難訓練の手順やマニュアルはあるものの、大災害時に事業を継続していくに当たっての方針やマニュアルなどがないことに気付きBCP作成に取り組みました。

○BCP作成を通しての感想・効果

- イメージ図（「大災害を含めた事業継続計画（BCP）」の全体イメージ）を理解すると流れが想像できました。
- 「進め方（検討手順、参考・留意点等）」を参考にしながら、「当施設の従来の防災計画」をすり合わせる方法なので、つくりやすく感じました。「重要業務の継続」等についても「業務の優先順位など」を決めやすく感じました。
- 巻末の「関連情報・リスト」は、たくさん必要なようでも、これまでの防災計画とほぼ同じものなので、見直し程度でつくることができました。
- 職員一人ひとりの災害時の動きの明確化と意識付けができたと思っています。災害時に誰しもが、指示や判断を下すリーダーになる状況が可能性としてあること。ときには一人で利用者を守らなければいけない状況になる可能性もあるということも確認することができました。
- 備蓄品等に関連した財務（事業予算を見直す）管理、地域防災協定などでの行政や地域との連携を考えるなど、事業所経営全体として考える必要性を感じました。
- 最初にBCPを作成してから見直しと改定を繰り返し行い、ようやく当園に合った事業継続計画になりつつあります。

○今後作成する皆さんへのメッセージ

- 話し合いの時間が取りにくいので、まずは"BCPVol.1.0"をたたき台レベルでもつくり、その後話し合ってレベルアップしましょう。
- 「とりあえず完成」を目指すことを勧めます。欲張るとなかなか完成しません。
- 一人ではできません。他の職員と協力しながら進めましょう。

第1章

第2章

第3章

第4章

第5章

2 「BCP（事業継続計画）」作成・活用の前提

1 現場での活用を意識した「タイトル」と「構成」

このガイド作成の基礎となった「BCPモデル事業」では、当初から福祉現場で「より活用しやすくするための工夫」（①②「⑧ 『モデル事業』・その後の改善でのさまざまな論点と対応の視点」（79〜80頁参照））を行ってきました。

その考えから、「現場職員が各自で持ち、いつでも確認し、行動に移すことができる」ように、なるべく内容を集約し、図や表に整理しています。そのため、具体的な行動については、各事業所で使われているマニュアル等を活用することを前提としています。

また、事業継続計画の内容について、まず全体像を確認したうえで、災害時の具体的行動の理解が進むような構成（目次）にしています。

2 「BCP（事業継続計画）」作成・活用の大まかな流れ

BCPモデル事業及びその後の改善の成果である「BCPひな型（記入様式・記入例）」を活用して、自事業所の「事業継続計画」を作成し、活用するためのステップを紹介します。

① 「自事業所災害関連の情報」を収集・整理する

以下の２つの情報を収集し、活用しやすく整理します。
- 従来から使用している災害対応関連資料（消防計画や防災計画あるいはマニュアルなど）
- 事業所が所在している地域の災害・被害想定関連資料（最寄り自治体におけるハザードマップなど、必要に応じ自治体の防災関係部署を尋ね、確認しましょう）

② 自事業所の「事業継続計画V1.0」を作成する

- 作成方法（検討手順など）に従って、上記①「自事業所災害関連の情報」と「BCPひな型（記入様式・記入例）」を活用しながら、検討を進めます。
- 「事業継続計画」のたたき台（最初の案、V0.0）ができたところで、責任者・職員等を交えた検討・必要に応じた修正を行い、責任者の承認を経て、「事業継続計画V1.0」とします。

③ 「事業継続計画」を活用し、学習・訓練の積み重ねで、災害対応力を身に付ける

- 当計画作成・活用の根底には、「災害時には何が起こるか分からない。計画はあっても活用できなければ意味がない」という考えがあります。
- 当計画を活用し、日頃から臨場感を持って災害を学び・訓練を積み重ね、現実の災害時に最善の判断・行動ができることを目指します。
- 「災害の学びや訓練での気付き」は、次の④の見直し、更新に活かします。

④　自事業所の「事業継続計画」を見直し・更新する

- 事業継続計画を活用（災害の実体験や学習・訓練など）して得られた気付きや「所在地の災害・被害想定関連情報」が修正された場合など、変化に応じて見直しを行い、更新します。
- 見直し・更新は、定期的（少なくとも年に1回など）に行うことを基本としながら、大きな変化があった場合などは速やかに対応します。

なお作成に当たっては、最初から完璧なものを目指すというよりは、可能な範囲で作成し、徐々に充実を図りましょう。

「事業継続計画（BCP）」作成・活用の大まかな流れ

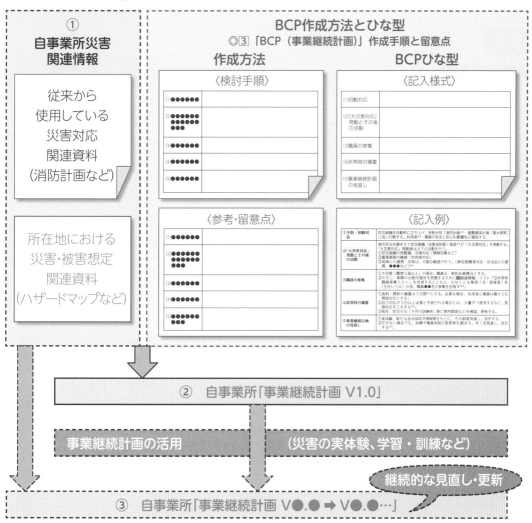

3 「BCP（事業継続計画）」作成手順と留意点

　事業継続計画の目次（表紙から最終頁の初動チェックリストまで）に沿って、「検討手順」「参考・留意点」「記入例」「モデル事業・BCP作成研修等からの参考事例」を記載しています。

　この記載を読みながら、まずは「●●●」「▲▲▲」「◆◆◆」の部分を中心に記入し、「事業継続計画の初版V1.0」の作成を目指しましょう。

　なお「記入例」は、モデル事業所等の記入内容をベースに汎用化したものです。細かな表現などは、自事業所にあったものに修正し、職員がパッと見て分かるような表現にしていきましょう。（例：「利用者・家族」との表現を、保育園では「子ども・保護者」に修正するなど）

表紙

検討手順

①「記入例」を一読する。
②「記入例」や自事業所の状況を踏まえて記入する。

参考・留意点

①法人・事業所名：災害時に、当事業継続計画（以下、当計画）を活用して行動する事業所名（適用範囲）を明示しましょう。

②災害時行動指針：災害時に、当計画が手元にない場合があります。また、起こりうる全ての状況への対応を書き込むことは不可能です。そこで、その場でより的確に判断・行動するためのよりどころを明示しておく必要があると考えました。日頃から目に付く所に貼る、訓練時には必ず確認するなど、いざというときに活用できるようにしておきましょう。「理念：●●」には、法人や事業所が目指していること・大切にしている考えなどを記載しましょう（使命・ミッションなどと表現されている場合もあります）。

③バージョン：最初に作成する段階ではV0.0とし、承認を得られた段階でV1.0とします。その後は、改定ごとに数値を大きくしていきましょう。（V1.0⇒V1.1…V2.0…というように）

④作成者：内容の問合せや次の改定メンバー検討の参考となります。

⑤承認者：最終意思決定者（責任者）を明示します。

⑥発行日：いつ作成したものか、最新版かどうかなどを確認する際に役立ちます。

表紙

社会福祉法人●●● ●●●園

「事業継続計画（BCP：Business Continuity Plan）」

（兼、避難確保計画）

～「予防対応（避難確保計画）」と「初動対応・大災害対応（BCP）」の連動～

災害時行動指針

①守る：利用者・職員の生命を守る

②逃げる：安全な場所へ、安全な方法で逃げる

③判断する：法人理念・状況から、その場でできることを判断する

（理念：●●●●●）

バージョン：V0.0

作成者：●●●

承認者：●●●

発行日：●●●●年●●月●●日

目次

検討手順

①「記入例」を一読する。

②当計画を最初に作成するときには、まずはこの「目次」をそのまま活用する。

③当計画を作成後、頁を確認し記入する。

参考・留意点

①「災害対応の流れとそれに連動した事業継続計画（BCP）の目次」（77頁）を参照しましょう。

②当計画を作成し、活用していくなかで、必要に応じて自事業所に適した「目次」の工夫をしましょう。

③目次の構成上の特徴は以下の通りです。

　　○表紙：法人・事業所名（当計画の適用範囲）、災害時の行動指針、作成情報（いつ誰が作成したか）が分かるようにしています（84〜85頁参照）。

　　○目次：BCPの基本項目の最初となる「基本方針」の前に、全体像を確認するための「※1　『予防対応（避難確保計画）』と『初動対応・大災害対応（BCP）』の連動イメージ」、使用頻度が高いと見込まれる「※2　避難確保計画（河川氾濫・土砂災害・高潮想定等）」を位置付けている。

　　「基本方針」以降は、「初動対応」「『事業を通常通り継続できるか』の判断と対応」「大災害対応」「事業継続計画の運用管理」の順にしています。

○関連資料・リスト：災害対応に関連する資料・シートを一覧できるように、掲載しています。

　　　　　　　　　「避難確保計画」に関連する項目が当計画のどこに記載されているかを分かりやすくするために「⑩『避難確保計画・非常災害対策計画の項目例』と当計画での関連か所」を掲載しています。

　　　　　　　　　また、2020（令和2）年の新型コロナウイルス対応を踏まえ、新たな感染症対応と当計画の関連性を理解し、効果的・効率的な運用を促進するため「⑪『新型インフルエンザ等発生時における業務継続計画』と当計画の関連性」を掲載しています。

　　○裏表紙：災害発生時の初動対応をスムーズに確実に行うための「※3　初動チェックリスト（地震等想定）」を掲載しています。

目次

第1章

第2章

第3章

第4章

第5章

※1 「予防対応（避難確保計画）」と「初動対応・大災害対応（BCP）」の連動イメージ

検討手順

①「記入例」を一読する。

②自事業所の従来からの「防災組織名称」を、上から４行目の「◎当事業所の防災組織は」に続く「　　」内に記述する（「自衛消防隊」など）。

③当計画を作成後、目次と対比させながら「P●」に該当する頁を記入する。さらに、「この関係図」を眺めてみて、自事業所にとって分かりやすいかどうかを確認し、必要に応じて修正する。

参考・留意点

①この全体イメージの理解を深めるために、**1 2** 「⑥『予防対応』と『初動対応・大災害対応』の連動イメージ」（76〜78頁）を参照しましょう。

②新たな防災組織の名称をつくるよりも、従来から使われている名称をそのまま活用した方が、分かりやすく非常時のスムーズな対応につながると考えられます。

「防災組織」の名称として、「消防計画」では「自衛消防隊」と表現されており、一般にこの名称が多く使われているものと考えられます。

③大きな事業所等では、火災以外では最初から「災害対策本部」を立ち上げる場合があります。このとき防災組織は「災害対策本部」となります。

以下、「防災組織」という表現が出てきますが、「自事業所の防災組織（自衛消防隊、災害対策本部など）」のことであるとお考え下さい。

※1 「予防対応（避難確保計画）」と「初動対応・大災害対応（BCP）」の連動イメージ

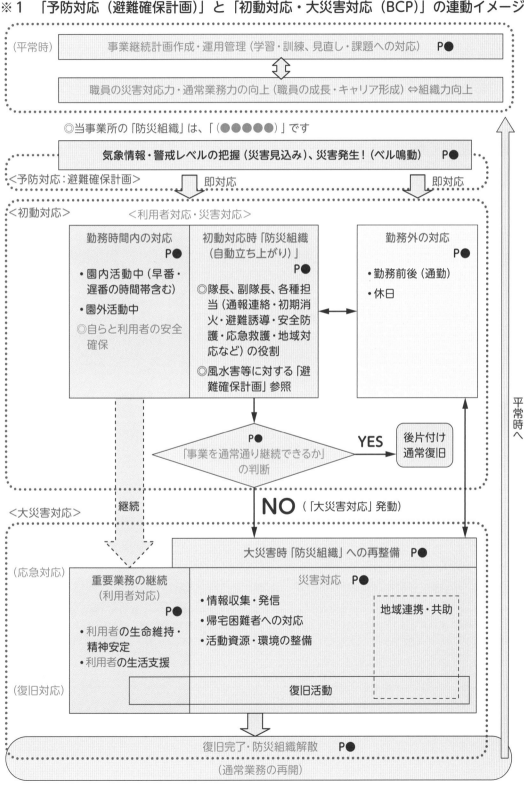

※2　避難確保計画（河川氾濫・土砂災害・高潮想定等）

検討手順

①「記入例」を一読する。

②自事業所の「所在地の風水害（河川氾濫・土砂災害・高潮）と避難場所」を防災マップ（必要に応じた自治体防災関係部署での確認）を踏まえ記入します。
該当する風水害の発生が見込まれていない場合には、「想定有無」欄の「無」に〇印をつけましょう。

参考・留意点

①避難とは文字通り「難を避ける」ことを意味します。必ずしも屋外への退避行動や、避難所に移ることを意味しません。浸水深がほとんどない、あるいは数十cmの場合、むしろ上階に移動する方が安全に避難できます。

②「警戒レベル3」で「高齢者等避難に時間を要する人は避難開始」という設定ですが、「警戒レベル2」の時点で避難しなくてもよいような予防対策（通所事業の場合の送迎時間変更や中止、入所施設の場合の持出し物資の点検など）を開始、「警戒レベル1」では「気象情報」や「後の予防対応の予告」などの実施が、より安全でスムーズな対応につながります。

③所在地付近で「風水害（河川氾濫・土砂災害・高潮）」の想定がされていない場合でも、周辺地域の台風・大雨・大雪及び交通混乱等の影響を受けることが実際に発生しています。全ての事業所で活用していきましょう。

※2　避難確保計画（河川氾濫・土砂災害・高潮想定等）

⑴計画の目的

①自治体のハザードマップ（防災マップ）で風水害等を確認・避難場所を設定し、災害に備える。

②風水害等の想定の有無にかかわらず、台風・大雨・大雪及びその影響による交通混乱時などにも「⑶警戒レベルに応じた対応」を活用し、安全を確保する。

⑵所在地の風水害（河川氾濫・土砂災害・高潮）と避難場所

災害区分	想定有無	災害発生の条件	災害状況	避難先候補・避難経路・避難方法（徒歩等） ※必要に応じた施設整備	避難時間
河川氾濫	・有 ・無	・降水量： 　　　　mm	・浸水　　　　m ・	・ ・	分
土砂災害	・有 ・無	・降水量： 　　　　mm	・警戒区域または特別警戒区域 ・	・ ・	分
高潮	・有 ・無	・気圧：　　hp ・風速：　m/s	・浸水　　　　m ・	・ ・	分

⑶ 警戒レベルに応じた対応

◎福祉施設等で避難開始が求められている「警戒レベル3」が出た場合には、速やかに避難開始

◎なるべく、それ以前の「警戒レベル2」の段階で、リスクをより少なくするための予防対応を開始

◎（警戒レベル情報が出ていなくても）下段の「避難情報・気象情報」が出ている場合には、「警戒レベル1〜5」に照らし合わせながら避難行動を判断

◎災害により、警戒レベルの低い段階での「完了」、「大災害対応まで必要」など、さまざまなパターンがある。

警戒レベル（自治体） ※福祉事業所としての方針	警戒レベル1（避難の心構え） ※情報収集・共有	警戒レベル2（どう避難するかなど避難行動の確認） ※予防開始	警戒レベル3（避難に時間を要する人は避難開始） ※避難開始	警戒レベル4（安全な場所への避難） ※避難継続	警戒レベル5（命を守る最善の行動） ※命を守る	完了
施設の対応	• 災害が迫ってきていることの認識 • 必要な情報収集・共有開始（下欄等）	• 避難時期、避難場所・方法・持出し物資の確認 • 必要に応じ予防対応開始 ＊参照	• 避難開始 • 避難開始の関係先への連絡（家族・行政等）	• 避難継続 • 利用者・職員の安全・安心の確保	• 避難継続 • 利用者・職員の安全・安心の確保 ※状況により大災害対応へ	• 避難終了 • 避難（休園）完了の判断・連絡（家族・行政等）
上記の判断に必要な情報（気象情報・避難情報）						
上記の判断に必要な情報（避難情報・気象情報） — 避難情報等（自治体）			避難準備・高齢者等避難開始	避難勧告・避難指示（緊急）	災害発生情報（自治体）	
防災気象情報（気象庁）	早期注意情報	大雨・洪水注意報 強風注意報 高潮注意報 氾濫注意情報	大雨・洪水警報 強風注意報 高潮注意報 氾濫警戒情報	大雨・洪水警報 暴風警報 高潮警報 氾濫危険情報 土砂災害警戒情報	大雨特別警報 暴風警報 高潮警報 氾濫発生情報 土砂災害警戒情報	大雨特別警報 暴風警報 高潮警報 氾濫発生情報 土砂災害警戒情報

＊利用者・職員の安全を優先した「送迎変更・休園・避難の予告、職員参集等」の判断・連絡

第1章

第2章

第3章

第4章

第5章

⑷必要な情報の入手方法（例）

平常時に閲覧・確認し使い方に慣れるとともに、最新の入手方法を継続して更新する。

区分	入手先・内容	ツール等
近隣情報	☆最寄り自治体からの情報（防災関連部署、ホームページ、防災無線の放送など）	訪問・インターネット等
	☆地域のテレビ・ラジオ情報など	テレビ・ラジオ等
全国及び近隣情報	☆全国・広域情報（全国・広域ネットのテレビ・ラジオ）など	テレビ・ラジオ等
	☆国土交通省　防災情報提供センター ○国土交通省保有情報の集約・提供 ・リアルタイム雨量 　（水管理・国土保全局、道路局、気象庁が観測した雨量データの速報値。地図から選択した周辺地域の雨量の分布と観測所ごとの雨量の時間変化を確認可能） ・リアルタイムレーダ／雨量（広域版） 　（雨量データの速報値とレーダー情報を地図上に重ね合わせて表示するようにした情報で、地域を拡大したり、最大24時間前からの動画として確認可能） ○国土交通省防災情報リンク ・国土交通省災害対応 ・河川情報（川の防災情報（下記参照）、あなたの町のハザードマップ（全国各市区町村のハザードマップを検索可能。記載がない場合もある）など） ・気象情報（気象警報・注意報、ナウキャスト（降水・雷・竜巻）、台風情報（下記参照）など） ・道路情報（道路防災情報など） ・地域の降雨情報（東京都・大阪市・神戸市の降雨情報） ・地震・津波・火山・地殻変動情報（津波警報、地震情報など） ・港湾・海洋情報（潮位情報リンクなど）	
	☆国土交通省　川の防災情報 ○雨の降っている地域（XRAIN） ○気象庁：気象警報・注意報 ○河川カメラ、川の水位情報、浸水の危険性が高まっている河川、洪水予報の発表地域 ○気象庁：洪水警報の危険度分布、大雨警報（土砂災害）の危険度分布 ○自治体：避難情報、被害情報	
	☆気象庁　台風情報	
	☆気象庁：洪水警報の危険度分布（中小河川（水位周知河川及びその他河川）の洪水災害発生の危険度を5段階に色分け。警戒レベルとの関連付けあり）	
	大雨警報（土砂災害）の危険度分布（大雨による土砂災害発生の危険度の高まりを、地図上で5段階に色分け。警戒レベルとの関連付けあり）	

「BCP（兼、避難確保計画）作成」

実感レポート

NPO法人多摩在宅支援センター円
グループホームくぬぎの杜（精神障害）

石田　晃

BCP作成のきっかけ

　事業所には非常災害対策マニュアルや消防計画は作成してあり配備していたのですが、BCP作成の必要性を認識し、法人の他事業所とともに取り組むことにしました。

BCP作成を通しての感想・効果

　事業所のなかで、防火・防災管理責任者をさせて頂いていたこともあり、非常時対策は心得ていたつもりでしたが、BCPの観点から考えていくと、やはり人命を守ることとともに事業継続のために、どう行動するかを考えていく視点が必要なことに気付きました。

　作成しながら、以前から配備していた非常災害対策マニュアルも中身の更新がなかなかされていないこと、職員全員が内容を把握しきれていないということ、さらに防災以外の事業所の課題もあることを知ることができました。

台風19号と「BCP（兼、避難確保計画）ひな型」

　BCP作成の佳境を迎えた2019（令和元）年10月12日。台風19号が日本に大きな被害をもたらしました。私は、当日急遽、宿直に入ることになり、緊急時の対応に備えました。朝から、激しく雨が降りしきり、風も強風のため外出するのも危険な状況。事業所があるエリアは朝8時現在で警戒レベル4の避難勧告・避難指示（緊急）が発令され、対応に迫られる場面が多くありました。

　BCPを作成しながら学んだことを思い出しながら、自治体の台風情報や避難所情報を確認し、上司と連携をとりつつ対応することができました。利用者の不安も強く、防災放送が流れるたびに連絡する人もいましたが、「とにかく、外には出ないこと。避難するときには、必ずこちらから連絡します」と呼びかけました。そのおかげで、事業所内では利用者の安全と施設も特に被害を受けることなく乗り切ることができました。翌日、利用者からありがとうございましたとお礼を述べられたときに、職員として対応したことが利用者の安全を守ることにつながったのだと実感した次第です。

　この経験を振り返りながら「BCP（兼、避難確保計画）ひな型」に書き込んでいくなかで、更新していくことが重要であるということも理解することができました。

今後作成する皆さんへのメッセージ

　備えあれば憂いなしとはいいますが、BCPを作成したことにより防災の意識はもちろんのこと、事業継続についても意識が高まりました。

　マニュアルは有るだけになりがちなので、定期的に職員間での読み合わせが重要です。

1 基本方針

1.1 事業継続計画の構成と目的

（検討手順）

①「記入例」を一読する。

②自事業所の状況（法人や事業所の理念・方針など）を踏まえながら、「記入例」をもとに記入する。

③当計画が一通り記入できた段階で、再度この構成・目的との整合性を確認する。

（参考・留意点）

(1)構成

①当計画全体を認識しやすくするために、当計画の構成、及び「※1　『予防対応（避難確保計画）』と『初動対応・大災害対応（BCP）』の連動イメージ」（89頁参照）について記述します。

②災害時にもパッと見て活用できるように、文章というよりは図表形式の表現になっていることも記述しておくとよいでしょう。

(2)目的

①以下の視点から検討しましょう。

- 「従来からの災害対応」で大事にしていること（人命を守るなど）
- 災害時に優先する事業：1つの事業所で複数の事業を実施していることが多いなかで、全ての事業を継続するのか、一部の事業に集中するかを検討しましょう（通所・訪問事業の実施は状況をみて判断するなど）。
- 災害時における「地域社会とのかかわり方」：「地域貢献」への期待が強くなってきています。一方、現利用者中心の支援にならざるをえないこと、近隣地域との交流や立地・職員確保、及び「福祉事業所には、避難所のように飲食物が届くという仕組みにはなっていない」ことなども踏まえ、地域貢献の可能性を検討しましょう。

1.1 事業継続計画の構成と目的

⑴**構成**：「予防対応」「初動対応」と「大災害対応」の連動

　福祉施設では、いかなる状況においても「利用者対応」の継続が求められること、従来から防災体制を整え定期的な訓練も実施してきているという特性がある。

　現実的には、災害がある程度予想可能な場合には「予防対応」を開始し、災害発生時には「初動対応」、「事業を通常通りに継続することが困難」と判断される場合には、さらに「大災害対応」を行うことになる。災害終了後には、事業継続計画（以下、当計画）を見直し、改善を図る視点も重要である。

　以上のことを踏まえ、当計画では、「予防対応」と「初動対応」「大災害対応」、平常時の「事業継続計画の運用管理」を一連の流れとして構成している。このため、避難確保計画を兼ねた事業継続計画（BCP）となっている。（目次の次頁：「※1 『予防対応（避難確保計画）』と『初動対応・大災害対応（BCP）』の連動イメージ」参照）

　なお、災害時にもパッと見て行動できるように、図表形式を用いている。

⑵**目的**：以下のことを目的として、当計画を作成した。

- 災害発生時の状況判断と緊急対応によって、最低限必要な利用者対応を行う。
　①利用者[1]と職員の命と尊厳を守る。
　②発災後も●●[2]事業の継続を図る（●●[2]以外の事業については状況を見て判断する）。
　③事業を継続しながら復旧活動を行い、通常業務の再開を目指す。
　④以上の活動を通し、地域に貢献[3]する。

モデル事業・BCP作成研修等からの 参考事例

[1] 保育園においては、利用者を「子ども」と表現しています。種別に応じた表現をしていきましょう。

[2] 保育園では「●●」は「保育」となります。在園児の保育を継続し、地域子育て支援事業などについては状況を見て判断するという考えに基づいています（「1.2　事業継続計画の作成方針」でも同様の内容が出てきます）。

[3] 地域への貢献のあり方は、事業所や法人、地域における位置付け・役割で異なってきます。「福祉避難所」に指定された事業所では、「地域の福祉避難所として…」という表現が考えられます。

第1章
第2章
第3章
第4章
第5章

1.2　事業継続計画の作成方針

（検討手順）

①「記入例」を一読する。

②「記入例」や自事業所の状況を踏まえて記入する。

③方針を記入しにくい場合は、以降の具体的な項目を記入した後に、再度この項目に戻って記入する。

④当計画が一通り記入できた段階で、再度この「作成方針」との整合性を確認する。

（参考・留意点）

(1)予防・初動対応

①自事業所の「従来からの災害対応（消防計画など）」及び「避難確保計画」が活用できると考えられます。

(2)「大災害対応」発動とその後の活動

①「事業の通常通りの継続が困難」と判断された場合に最初にすべきことは何か（発動など）、引き続き行うことは何か（体制づくり、重要業務の継続、地域との連携など）を検討しましょう。

②後段にある「**4**大災害対応」（108〜115頁参照）を記入後、必要に応じて修正しましょう。

(3)職員の参集

①職員参集の基準は、訓練の意味も含めて大災害の一歩手前（例えば震度5弱以上）としましょう。

②**6**「⑨非常時職員参集リスト」（125頁参照）を作成・共有し、スムーズな参集につなげましょう。

③大災害時の業務（「大災害時の任務」「重要業務」など）を実施するために、最低何名の職員が必要かを検討し記入しましょう。

(4)非常時の備蓄

①「現在の備蓄状況」や「1.3　災害想定（立地条件)」（98〜99頁参照）を踏まえましょう。

②備蓄日数について、従来の傾向によれば、自力での業務継続が求められる発災後3日間程度と考えられています。

③「大災害」の場合、従来からの備蓄では不足することも予想されますが、備蓄物資を確保する場合には、費用や保管場所の確保なども並行して検討する必要があります。実情を踏まえ、徐々に充実を図りましょう。

④備蓄日数を超え、長期間にわたる状況が発生した場合どう対応するか（1回分の量を減らすなど）も検討しておきましょう。

⑤関連して、**6**「③非常時備蓄品リスト」（122頁参照）を作成・共有し、スムーズな対応につなげましょう。リストには、備蓄品を順次新しいものと入れ替えるために、「担当者・タイミング・実施の有無」欄を設け、着実な実施につなげましょう。

⑸事業継続計画の見直し

①見直しの方法を書き込み、着実なレベルアップにつなげましょう。

②これはBCM*の考え方に相当します。

＊BCM：Business Continuity Management（事業継続マネジメント…BCP作成・活用・評価・改善を通じて継続的向上を図ること）

1.2 事業継続計画の作成方針

⑴予防・初動対応	防災組織を自動的に立ち上げ、役割分担（消防計画*1・避難確保計画（風水害等）に従い行動する。利用者*2・職員の安全と安心を最優先に確保する。
⑵「大災害対応」発動とその後の活動	被災状況を踏まえて防災組織（自衛消防隊）隊長*1が「大災害対応」を発動する。「大災害対応」発動後は以下の活動を行う。 ①防災組織の再整備、災害対応（情報収集など） ②重要業務の継続（利用者対応） ③地域との連携・共助は、可能な範囲で行う。（帰宅困難者対応・自治会との連携、●●●など）*3
⑶職員の参集	①大災害（震度5弱以上）の場合、職員は、原則全員集合とする。 ②ただし、実際の出勤可能性を把握するために⑥関連情報・リスト「⑨非常時職員参集リスト」を作成するとともに、少なくとも隊長1名・副隊長1名（主任レベル）の他、職員●●名の参集を目指す*4。
⑷非常時の備蓄	①食料・燃料の備蓄は3日間*5とする。必要な場合、利用者と職員は最大3日間宿泊可とする。 ②自力対応が3日以上必要と予測される場合には、少量ずつ使用するなど、長期対応を工夫する*6。 ③毎年、防災の日（9月の訓練時）等に使用期限などを確認、更新する。
⑸事業継続計画の見直し	①実体験、新たな自治体防災情報等をもとに、その都度見直し、改定する。 ②①がない場合でも、訓練や職員体制の変更等を踏まえ、年1回見直し、改定する*7。

モデル事業・BCP作成研修等からの 参考事例

＊1 多くの事業所には「消防計画・自衛消防隊」があり、モデル事業所のなかには消防計画を発展させた「災害対策計画」がありました。

＊2 保育園においては、利用者を「子ども」と表現しています。

＊3 「福祉避難所」に指定された事業所では、それを踏まえた方針を検討します。

＊4 園児100人規模の保育園の場合、隊長1名・副隊長1名の他、職員5名、合計7名程度（通常の1／3程度）で何とか対応したいという意見もあります。

＊5 東日本大震災を踏まえ、保管場所の確保をし、予算化することで、備蓄を7日間とした事業所もあります。また、保管場所の関係で備蓄は2日間とした事業所もあります。実情に応じて整備していきましょう。

＊6 備蓄品を用いた、災害時食事提供メニューをつくっておきましょう。

＊7 BCPができあがるとそれで一安心となりがちですが、V1.0ができたときが新たなスタートです。人の入れ替わりや訓練・災害の実体験等での気付きがあるたびに、着実に見直し、改善していきましょう。

第1章
第2章
第3章
第4章
第5章

1.3 災害想定（立地条件）

（検討手順）

①「記入例」を一読する。

②「記入例」や「従来からの災害対応」を踏まえて記入する。

③最新の災害・防災情報を確認し、必要に応じて自事業所に該当する災害、被害想定を修正する。

（参考・留意点）

①第1章② 「**5施設における被害想定の方法**」（7頁）を参照しましょう。

②以下の視点から検討しましょう。

- 災害想定では、「災害発生の状況（災害の種類・大きさ）」と「被害状況」を設定します。災害とともに、それによって起こる「被害」にも着目しましょう。建物への影響やライフライン、交通機関などの被害は事業の継続・存続に直結しているからです。

- 災害想定は、「事業所の所在地」ごとに確認する必要があります。また、行政での見直しが進められている状況があるため、自ら「所在地」の「最新」情報を収集しましょう。

- 所在地によっては複数の災害が想定されています。日本では、地震による被害が大きいことが多いため、地震による被害を想定することが一般的になっています。地震の震度については、何らかの被害が発生しそうなレベル以上に対応するという意味で、「震度○以上」という表現が考えられます。

- 一方、近年大きな被害をもたらしている台風や豪雨等の風水害についても「避難確保計画」に関連付けて想定していきましょう。

1.3　災害想定（立地条件）

- （どこでも）地震：震度●●
- （住宅地等）火災：出火及び周辺からの延焼
- （沿岸部）津波：●●●●●●（浸水●●m）
- （砂地・埋立地・旧河川など）液状化：●●●●●●●
- （河川沿）河川氾濫：●●●●●●（浸水●●m）
  - ⇒「※2　避難確保計画（河川氾濫・土砂災害・高潮想定等）」にも記載
- （急傾斜地）土砂災害（警戒区域・特別警戒区域の指定の有無）：●●●●●●●
  - ⇒「※2　避難確保計画（河川氾濫・土砂災害・高潮想定等）」にも記載
- （沿岸部）高潮：●●●●●●（浸水●●m）
  - ⇒「※2　避難確保計画（河川氾濫・土砂災害・高潮想定等）」にも記載
  - 地震と火災・近隣建物の倒壊、●●●の同時発災を想定する*。

＜被害＞
- 建物・設備：（設計上）被害は軽微で、立ち入りは可能
- 電気・ガス・水道：少なくとも3日間は支障発生。都市ガスは支障が長引く可能性あり。
- 交通：公共交通機関（●●線・●●線・●●線、●●道路）は不通・混乱が発生
- 通信：災害用電話・公衆電話・PHSはつながりやすいが、固定電話・携帯電話は支障発生の可能性あり。インターネット・メールは、無線の場合はつながりやすいが、建物内の回線利用の場合は支障発生の可能性が高い。職員間の連絡には●●●を使用

モデル事業・BCP作成研修等からの　参考事例

＊　地震と火災、津波・液状化の他、避難確保計画にも関連する河川氾濫・土砂災害・高潮等についても確認が必要となります。災害は地域・所在地によって異なりますので、最寄りの自治体で最新のハザードマップ等を入手・確認しましょう。

第1章　第2章　第3章　第4章　第5章

1.4 避難場所・避難所

(検討手順)

①「記入例」を一読する。

②「記入例」や「従来からの災害対応」を踏まえて記入する。

③最新の災害・防災情報を確認し、必要に応じて自事業所に適する避難場所・避難所を選定する。

④さまざまな方向から災害が迫ることを踏まえ、自事業所を中心とした方向ごとの災害の種類、それぞれに応じた「避難先候補」を記入する。

(参考・留意点)

①「1.3　災害想定（立地条件）」（98～99頁参照）を踏まえ、災害の種類に適した「避難場所・避難所」になっているか確認しましょう。

　　避難場所と避難所についての補足

- 避難場所：大災害などから一時的に身を守る安全な場所、公園や河川敷など
- 避難所：住まいを利用できないときなどに臨時的に生活する場所（学校など）。自治体の体制が整い、飲食物等が届く。

②避難先候補として、事業所外とともに、災害の種類や利用者特性、そのときの状況によっては事業所内の方が安全を確保することに適していることにも留意しましょう（津波や河川氾濫における垂直避難等）。

③**6**「①避難場所・避難所地図」（121頁参照）を活用して、保護者・職員間での共有を図りましょう。

1.4 避難場所・避難所

＜防災マップ等からみた避難場所・避難所＞

避難場所*	避難所
第一避難場所：●●●地区広場 第二避難場所：▲▲▲公園	（建物に立ち入りできない場合の避難所）* 第一避難所：◆◆◆小学校 第二避難所：●●●中学校

◎位置関係は、「**6**関連情報・リスト①避難場所・避難所地図」で確認

＜施設の周辺状況を踏まえた「災害の種類」と「避難先候補」（避難確保計画と連動）＞

◎津波や河川氾濫等に対応する垂直避難（施設内の高所、高台・建物）も考慮する。
◎そのときの状況によって、「施設内にとどまる」ことも常に選択肢とする。
◎施設周辺の地形や発生しそうな災害、避難先を常に認識し、災害時の行動に活かす。

施設からみた方向	発生しそうな災害の種類	避難先候補（避難先の地形・名称など）
東	例：住宅密集地で火災	例：西方向の広い場所（●●公園など）
西	例：河川決壊	例：南東方向の高台・建物（●●など）
南		
北		

モデル事業・BCP作成研修等からの 参考事例

＊ 避難場所、避難所は少なくとも2か所以上を考えておきます。災害や事業所の立地によって異なってくることに留意しましょう。

2 初動対応

2.1 初動対応時の「防災組織」(自動立ち上がり)

（**検討手順**）

①「記入例」を一読する。

②「記入例」や「従来からの災害対応（特に、消防計画における『災害時組織体制（編成と任務）』など）」を踏まえて、担当欄の（　　）内に担当者の職位・職種を記入する。

（**参考・留意点**）

⑴ **防災組織の主な活動（初動対応時）**

①「活動区分」ごとに「活動内容」を記入しましょう。

②「◎防災組織活動に必要なツール」も、記入例を参考にしておくと、スムーズな対応を促進すると考えられます。

③「従来からの災害対応」がここに反映されていることを、職員間で確認し合いましょう。

⑵ **防災組織の担当と任務（初動対応時）**

①災害時の状況によっては事前に定めた担当者が不在であったり、小規模事業所では担当者そのものを決め難い状況があることに留意しましょう。

②利用者全員が安全に避難するために必要な職員数を検討し、防災訓練等の配置にも役立てていきましょう。

③消防計画にはない担当ですが、以前以上に地域とのかかわりを考慮する必要性が増してきているなかで「地域担当」を設定しています*2。

④ここに掲載されている任務を誰もが担うことがあるという前提のもとに、職員間で確認したり、訓練したりすることが重要です。

モデル事業・BCP作成研修等からの 参考事例

*1 記入例では「副隊長」という役割が設定されています。事業所の事情を踏まえ設定の必要性を検討しましょう。

*2 地域社会に貢献することへの期待が高まっています。自事業所として、災害時に何ができるかを改めて確認しましょう。事業所の立地や近隣との関係にもよりますが、発災と同時に地域住民や帰宅困難者が避難してくることが予想されます。近くの避難場所や避難所を案内するとともに、可能な範囲で対応しましょう（一時休憩など）。地域からの避難者対応の必要性が低い場合には、他の担当との兼務を考えてみましょう。

2.1　初動対応時の「防災組織」（自動立ち上がり）

⑴防災組織の主な活動（初動対応時）

活動区分など	活　　動　　内　　容
安全確保 二次災害防止	初期消火、避難誘導、応急救護
安否確認 緊急点検	当日の利用者・職員安否確認と報告、通報と情報収集施設設備緊急点検（被害状況の確認：⑥関連情報・リスト④被害状況チェックシートを活用）と報告

◎防災組織活動に必要なツール
　防災関連書類（当事業継続計画（BCP）、消防計画、●●●など）
　災害時持出用品（「⑥関連情報・リスト②非常時持出品リスト」参照）など

⑵防災組織の担当と任務（初動対応時）

担当（職位・職種）	任　　務
自衛消防隊長（●●●）	状況判断・最終意思決定・指示
自衛消防隊副隊長（●●●）[*1]	隊長補佐・隊長不在時の代行
通報連絡担当（●●●）	情報収集（テレビ・ラジオ・インターネット等の活用）・記録 119（消防・救急）へ通報、●●●で家族等に連絡、電話・メール等で法人本部・行政（●●課）に連絡 以上の通報・連絡の確認
初期消火担当（●●●）	出火場所への急行 消火器などによる初期消火
避難誘導担当（●●●） ◎必要な職員数：●●名以上	災害・出火時の避難者誘導 負傷者及び逃げ遅れの確認
安全防護担当（●●●）	施設被災状況・ライフラインの点検、水損防止、電気・ガス等の安全措置
応急救護担当（●●●）	負傷者に対する応急処置、応急救護所の設置
地域担当（●●●）[*2]	地域からの避難者対応（帰宅困難者や地域の避難者への案内と可能な範囲での一時休憩等の提供など）
指揮命令者不在のときは、その場にいる人（複数の場合はその場の上位者等）が判断する。	

2.2　勤務時間内の対応

■(検討手順)

①「記入例」を一読する。

②「記入例」や「従来からの災害対応」を踏まえて記入する。

■(参考・留意点)

①勤務の状況（「施設内」など）によって、対応内容がやや異なってくることを確認しましょう。

②勤務の状況（「施設内」など）の区分については、下記「モデル事業・BCP作成研修等からの参考事例」を活用し、職員にとって分かりやすい表現にしていきましょう。

③「施設内」について、2.1　「(2)防災組織の担当と任務（初動対応時）」（102～103頁参照）の「任務」との重複を考慮し、記載を避けています。

④どのような勤務状況においても災害に対応できるように、訓練等の工夫をしていきましょう。

■モデル事業・BCP作成研修等からの 参考事例

＊1　記入例では「施設内」「早番・遅番のとき」「野外活動時（遠足等）」となっていますが、送迎がある場合は、「送迎・野外活動時」という表現もあります。

　　この他、訪問系（訪問介護・居宅介護支援センター・地域包括支援センター）では、「拠点での勤務中」「利用者訪問中」「訪問移動（行き・帰り）」という表現があります。

　　入所系では、「日中」「夜間」「野外活動時」、または「施設内」「野外活動時」という区分が用いられています。自事業所の業態に適した分かりやすい表現を工夫しましょう。

＊2　記入例では、緊急連絡と安否の連絡先として、「法人本部」「行政の担当課」の他、「関連のある事業所」などが挙げられます。自事業所で連絡が必要な機関を確認しましょう。

2.2 勤務時間内の対応

活動区分	施設内*1	早番・遅番のとき*1	野外活動時（遠足等）*1
(1)安全確保	その場で利用者と自身の安全を確保	その場で利用者と自身の安全を確保	その場で利用者と自身の安全を確保
(2)緊急避難	前頁 2.1 (2)防災組織の担当と任務（初動対応時）の「任務」欄と同様	避難準備、担当部署の判断で避難	火災、倒壊のおそれなど、危険な場所から離れる。警察などに避難場所、避難所を聞く。
(3)初期消火		初期消火 出火場所への急行、消火	可能ならば近隣の火災消火に協力
(4)緊急連絡と安否確認		119（消防・救急） ▲▲▲で家族等に連絡 電話・メール・SNS等で法人本部、行政（■■課）に、●●●連絡*2	施設に電話で連絡（公衆電話等）施設から家族等に連絡 施設から法人本部、行政（■■課）に、●●●連絡*2
(5)緊急点検・応急措置		応急救護 応急救護所の設置 施設被災状況、ライフラインの点検	応急救護
(6)地域対応		地域からの避難者対応（帰宅困難者や地域の避難者への案内と可能な範囲での一時休憩等の提供）	地域の避難者対応（帰宅困難者や地域の避難者への案内）
(7)スタッフ参集	初動対応を優先し、隊長のもとに参集する。	初動対応を優先し、隊長のもとに参集する。	初動対応を優先し、隊長のもとに参集する。

第1章
第2章
第3章
第4章
第5章

105

2.3　勤務外の対応

（検討手順）

①「記入例」を一読する。

②「記入例」や「従来からの災害対応」を踏まえて記入する。

（参考・留意点）

①いずれの状況でも、対応内容は同様であることを確認しましょう。

②どのような状況においても災害に対応できるように、訓練等を工夫していきましょう。

2.3　勤務外の対応

活動区分	勤務外の対応（勤務前後（通勤）、休日*）
⑴発災直後	身の安全を確保 火災、倒壊のおそれなど、危険な場所から離れる。 避難
⑵緊急連絡と安否確認	各自の非常時参集レベル（参集リスト）とそのときの状況を踏まえ、判断・行動 無理に移動しない（特に夜）。

◎出勤した場合の行動は、「2.2　勤務時間内の対応」（P●参照）に準ずる。

モデル事業・BCP作成研修等からの **参考事例**

＊ 訪問介護事業所では、「在宅時」という表現がありました。登録ヘルパーなどの場合で訪問業務が発生していない状態を、このように表現したものです。

3 「事業を通常通り継続できるか」の判断と対応

（検討手順）

①「記入例」を一読する。
②「記入例」や自事業所の状況を踏まえて記入する。

（参考・留意点）

⑴「事業を通常通り継続できるか」の判断

①表の上の（　　）内の担当者について、自衛消防隊の場合は、隊長または代行者になると考えられます。
②「利用者の状況」とともに、通常通りの事業を行うために必要な「人員」「物（建物・備品など）」など、判断に必要な情報を挙げておきましょう。

⑵判断後の対応

①被害状況等により、通常通りの事業継続が可能な場合は「YES」、困難な場合は「NO」として「大災害対応」の発動などを行います。
②（自治体から福祉避難所に指定されている場合）福祉避難所開設の判断も行います（第4章 3 3 「⑴　開設の判断」（150頁参照））。

（活動の担当者：隊長または代行者）

活動区分	活　動　内　容
⑴「事業を通常通り継続できるか」の判断	そのときの事業所の「人」（利用者数、職員数）、「物」（建物設備、備蓄品等）、「周辺状況・ライフライン」（電気・ガス・水道、通信、交通等）を踏まえ、通常通り事業を継続できるかどうかを判断する。
⑵判断後の対応	YES（通常通りの事業継続可能）…後片付け、通常復旧 NO（通常通りの事業継続困難）…「大災害対応」発動 ◎福祉避難所開設の判断

4 大災害対応

4.1 大災害対応時「防災組織（再整備）」

（検討手順）

①「記入例」を一読する。

②「(1)防災組織の主な活動（大災害時）」について、担当欄の（　）内に、担当者の職位・職種を記入する。

③「記入例」や自事業所の状況を踏まえて記入する。

（参考・留意点）

(1)防災組織の主な活動（大災害時）

①表の上の（　）内の担当者について、隊長等の幹部及び事務職が中心になると考えられます。

②初動対応時の防災組織の再整備の視点（「人員体制や拠点、必要ツール」など）を挙げておきましょう。

③また、事態が刻々と変化することが予想されるため、継続した「防災組織体制の整備」が必要になると考えておきましょう。

(2)防災組織の担当と任務（大災害時）

①記入例左と中央欄には「**2**初動対応」における2.1 「(2)防災組織の担当と任務（初動対応時）」（103頁参照）を再掲し、右欄に「追加任務（大災害時）」を記載しています。初動対応時の防災組織を大きく変更するというより、「初動時の体制に、機能を追加する」というように考えています。

②「追加任務」のなかに、第2版では「災害対応」として別表にしていた内容を含めることにし、誰の任務かが分かりやすくなるように、この表の担当ごとに割り振っています。

③自治体から福祉避難所に指定されている場合には、地域担当に「福祉避難所の開設・運営」という任務が追加されます。

(3)活動拠点とツールの確保

①初動対応の時点では、拠点は主として事業所内になりますが、大災害の状況によっては「事業所外」に活動拠点を置くことも考えましょう。

4.1　大災害対応時「防災組織（再整備）」

⑴防災組織の主な活動（大災害時）
（活動の担当者：隊長等の幹部及び事務職）

活動区分	活　動　内　容
防災組織機能の再整備	• 職員参集と役割の再確認 • 活動拠点、ツールの確保

⑵防災組織の担当と任務（大災害時）

担当（職位・職種） （⇒▲▲）：▲▲は大災害時の機能	任務（初動対応時）	追加任務（大災害時）
自衛消防隊長（●●●）	状況判断・最終意思決定・指示	状況に応じた任務・編成の見直し 行政（●●課）との協議による事業の継続・休止・再開 法人本部等との連絡調整 職員への全般的配慮（交代を含む職員数、メンタルケア等） 職員の出勤率・ライフライン及び事業資産の復旧が、通常重要業務の提供に支障がないレベルまで回復した時点で完了・災害対策本部の解散 「災害対策や事業継続計画」見直しに向け、記録を整理する段取り（担当者・方法・期限など）を決める。
自衛消防隊副隊長（●●●）*1	隊長補佐・隊長不在時の代行	財務・会計 復旧活動に必要な資源（人員（職員の心理的ケア等も）、必要物資の確保（水・電気・薬品など）、財務・会計等） 情報の集約・整理・（隊長とともに）判断 帰宅できない利用者・職員の宿泊対応（施設・設備等を利用）
通報連絡担当（●●●）	情報収集（テレビ・ラジオ・インターネット等の活用）・記録 119（消防・救急）へ通報、 ●●●で家族に連絡、 電話・メール等で法人本部・行政（●●課）に連絡 以上の通報・連絡の確認	利用者・職員安否情報の再確認と発信（負傷者及び逃げ遅れた人の確認などの継続） 家族、行政（●●課）等への連絡 内外の災害状況の継続確認（テレビ・ラジオ・インターネット等の活用）・記録 災害対応の状況を記録
初期消火担当（●●●） （⇒生活担当）	出火場所への急行 消火器などによる初期消火	ライフライン、施設・設備などの安全点検及び施設の確保 給食設備点検、備品・食材確認、支援（重要業務）の継続
避難誘導担当（●●●） （⇒安全・安心担当）	災害・出火時の避難者誘導 負傷者及び逃げ遅れの確認	非常口の開放ならびに解放の確認と非難障害物品の除去（含、ゴミ処理）、地域の人と連携した物資の調達、防犯対策など
安全防護担当（●●●） （⇒施設整備担当）	施設被災状況・ライフラインの点検、水損防止、電気・ガス等の安全措置	被災現場の片付け、施設の被害か所や設備備品などの補修・買替え（情報システム、電気・ガス・水道設備などを含む）
応急救護担当（●●●） （⇒救護・衛生担当）	負傷者に対する応急処置、応急救護所の設置	応急救護所の設置、救急隊との連携、情報の提供、安全衛生の確保、職員のメンタルケア
地域担当（●●●） （⇒地域担当(福祉避難所)担当）	地域からの避難者対応（帰宅困難者や地域の避難者への案内と可能な範囲での一時休憩等の提供など）	設備・備品や職員体制などを踏まえ、可能な範囲での地域の親子等の受入れ（福祉避難所の開設・運営）
指揮命令者不在のときは、その場にいる人（複数の場合はその場の上位者）が判断する。		

⑶活動拠点とツールの確保

防災組織の場所*2	第1候補：施設内　ホール
	第2候補：施設内　庭（テント）
	第3候補：施設外の場合　避難所（●●●小学校） 　　　　住　所：　　　　　　　　　　　　　連絡先：

◎防災組織活動に必要なツール
　防災関連書類（当事業継続計画（BCP）、消防計画、●●●など）災害時持出用品（「⑥関連情報・リスト②非常時持出品リスト」参照）など

モデル事業・BCP作成研修等からの　参考事例

　＊1　記入例では「副隊長」という役割が設定されています。事業所の事情を踏まえ設定の必要性を検討しましょう。

　＊2　記入例では、防災組織の場所として、3候補挙げられています。通常の場所以外に本部を設置せざるをえない場合の候補です。候補先は、災害や施設の状況によって異なってくることに留意しましょう。

「BCP（兼、避難確保計画）作成」

実感レポート

社会福祉法人のぞみの会　大塚保育園
若月　陽子

BCP作成のきっかけ

　私の勤めている保育園は自然環境に恵まれていますが、時として大きな災害に見舞われるリスクもあります。災害防災マニュアルは以前からありましたが、本当にこのマニュアルでよいのか、周知しやすく全職員が災害時にすぐに対応ができるように再検討が必要なのではないかと考えていました。

　また、指導監査が間近に迫るなか、「福祉施設の事業継続計画（BCP）作成ガイド」（第2版）、及び最新版の「BCP（兼、避難確保計画）ひな型」の存在を知り、急いで取り組んでみることにしました。

BCP作成を通しての感想・効果

　作成に当たって、まず「最新版BCPひな型」の説明を受ける機会があり、あとは「福祉施設の事業継続計画（BCP）作成ガイド」（第2版）に準じて進めました。

　BCPひな型の初めの方にある「『予防対応（避難確保計画）』と『初動対応・大災害対応（BCP）』の連動イメージ」は、災害対応の流れ全体を把握しやすい印象がありました。

　「作成ガイド」に記載されている計画のつくり方や考え方などを参考にし、当保育園の状況を組み込んでいけばよかったので、難しく考えずに作成することができました。

　さらに「洪水時土砂災害時の避難確保計画」についても検討し、BCPと連動して災害時に活用できるよう計画を立てていきました。

　できあがった「BCP第1案」を、園長や主任の確認を経て全職員にも内容をみてもらいました。そのプロセスを通して、災害時の連絡手段や防災担当の初動対応など細かい部分の修正ができるとともに、災害対策についての意識もさらに高まったと思います。

　また、大災害時の地域との協力体制強化の可能性もみえてきたため、とても良かったと思います。

今後作成する皆さんへのメッセージ

　BCPの計画・見直しに当たって、どのように検討・修正をしていけばよいか、何もないところから始めるのはとても大変です。今回「福祉施設の事業継続計画（BCP）作成ガイド」（第2版）と「BCP（兼、避難確保計画）ひな型」をもとに検討・修正をすることができ、とても参考になり役立ちました。

　誰もが理解しやすく、また活用するポイントも押さえられており、BCPのひな型で大きな基盤は網羅されていました。そこに施設独自の部分を追加記入していけば、その施設独自のBCP計画を作成することができ、活用していくことができたので大変良かったです。

第1章

第2章

第3章

第4章

第5章

４.２　重要業務の継続（利用者対応）

（検討手順）

①「記入例」を一読する。

②「記入例」や自事業所の状況を踏まえて記入する。

（参考・留意点）

⑴利用者の生命維持・精神安定にかかわる業務

①「緊急度」は、「SA：間断なく継続」「A：数時間〜24時間以内に開始」「B：1〜3日以内に開始」「C：4〜7日以内に開始」と設定しています。

②「SA：間断なく継続」は、BCPモデル事業のなかで、必要性を認識し設定したもので、中断できない業務があるという福祉現場独特の基準です。

③「重要業務」を確認し、「緊急度」の順に並べ、「この業務停止による影響」「必要な資源（環境）」と「実施方法」の順に記入しましょう。

④刻々と変化する支援の状況を、現場で確認し、対応する必要があるため、「SA：支援マネジメント」を最初に位置付けています。

⑤自事業所の「重要業務の確認」、「必要な資源（環境）」と「実施方法」に「記入例を参考にしないでゼロから作成」する場合には、次頁「重要業務検討シート」を活用し、その結果をここに反映しましょう。「BCPモデル事業」では、同様のシートを活用して、記入例の重要業務を導き出しています。

⑥「食事の提供」に際し、備蓄品を活用した「災害時食事メニュー」など用意することで、よりスムーズな対応が可能になると考えられます。

⑵利用者の生活支援にかかわる業務

上記⑴①〜④と同様

「重要業務検討シート」（次頁）の活用方法

《 活用ステップ 》

①継続する事業に関連する業務を書き出しましょう。

②書き出した業務ごとに、「この業務停止による影響」を書きましょう。

③「①の業務」や「②この業務停止による影響」を見ながら、業務を分類し、該当する番号を記入しましょう（1利用者の生命維持・精神安定にかかわる業務、2利用者の生活支援にかかわる業務、3その他）。

④書き出した「業務」を一覧しながら、緊急度を記入しましょう（SA＝間断なく継続、A＝数時間〜24時間以内、B＝1〜3日以内、C＝4〜7日以内）。

⑤書き出した業務ごとに、「必要な資源」「実施方法」を書きましょう。

⑥以上を踏まえ、「重要業務の継続（利用者対応）」に記入しましょう。

-------- 「重要業務検討シート」 --------

業　務	この業務停止による影響	業務区分	緊急度	必要な資源	実施方法

4.2　重要業務の継続（利用者対応）

業務の緊急度（SA＝間断なく継続、A＝数時間〜24時間以内、B＝1〜3日以内、C＝4〜7日以内）

(1)利用者*1の生命維持・精神安定にかかわる業務

緊急度	重要業務名 *3	この業務停止による影響	必要な資源	実施のポイント ◎関連マニュアル・手引書等を活用
SA	支援マネジメント（状況の確認と対応）	状況の把握と状況に応じた対応が困難になる。	確認担当職員 支援状況記録表（在籍、出入り状況、職員・支援環境など）	利用者の出欠状況の確認（安否・現人数、出入数・時間など） 利用者や職員、支援環境の状況確認・記録
SA	情緒安定、安心安全の確保	情緒不安定、PTSD発生	利用者支援職員 安全な支援環境	支援環境の確保（安全性、寒暖など） 利用者が安心できるような声かけ ◎より配慮が必要な利用者に留意
SA	排泄ケア	情緒不安定、おむつかぶれ、臭気、感染症	利用者支援職員 施設内トイレ、簡易トイレ おむつ、布、水	排泄場所の確保 羞恥心への配慮 清拭、着替え
SA	医療的ケア（含けが対応）	症状の悪化、生命の危機	看護師または利用者支援職員 利用者の既往歴リスト 既往歴対応の薬剤・器材（吸引器など） 応急セット	既往歴・けがの利用者の確認 医療的ケア、服薬管理の実施 トリアージ 状況に応じた対応
A	衛生確保・管理（感染予防・拡大防止）	感染症・食中毒の発生・拡大 深刻な人的被害	看護師または利用者支援職員 消毒液・マスク・石鹸・体温計・ゴム手袋・使い捨てエプロン・ビニール袋等	利用者・家族等への情報提供、マスク・手洗い等の実施、来所者の体温測定・空間的分離及び3密回避、消毒・感染物処理
A	食事の提供・補水	栄養失調・脱水	利用者支援職員 お湯、燃料、調理器具 炊き出しセット（被害想定では3日間電気・ガス・水道が使えない） 備蓄品（食料・粉ミルク・水など）	調理場所の確保（調理室使用不可の場合、庭で炊き出しを行う） 備蓄品等を用いた食事の提供
A	アレルギー対応	誤飲・誤食による生命の危機	アレルギー児・者リスト アレルギー対応の飲食物	アレルギー児・者向けの飲食物の確保・提供 他児・者とのかかわりによる誤飲・誤食への配慮

113

(2)利用者*1の生活支援にかかわる業務

緊急度	重要業務名*3	この業務停止による影響	必要な資源	実施方法
B	清潔保持	衛生状態悪化 →健康悪化・感染症の発生	利用者支援職員 水、消毒液、布、 コップ、着替え	口腔ケア、清拭、着替え （羞恥心に配慮）
B	心のケア	情緒不安定、 ストレス	利用者支援職員 心のケアに役立つモノ	利用者の様子確認 状況に応じた声かけや遊び・運動の工夫
B	お風呂の提供	衛生状態悪化 →感染症の発生・まん延	利用者支援職員 水、お湯 バスタブになるもの	入浴場所や備品の確保、入浴 （羞恥心に配慮）
C	遊び・ 運動の提供	情緒不安定、 ストレス	利用者支援職員 遊び・自由な空間 絵本等	運動、手遊び・読み聞かせなど

＜災害時食事提供メニュー*2＞

日程	献立	使用する食品	留意点（アレルギー対応など）
1日目			
2日目			
3日目			

 モデル事業・BCP作成研修等からの 参考事例

*1 記入例の「利用者」について、保育園では「子ども」と表現されています。

*2 災害時食事提供メニューは、備蓄品から何をどの順番で提供するかを設定しておくことで、どの職員でも落ち着いて提供できるようになることを目指しており、現場から出てきた発想です。栄養士等の力を借りて作成しましょう。

*3 「重要業務」については、事業種別によって相違が見られました。次頁「事業種別ごとの「重要業務」一覧」を参考にしましょう。

事業種別ごとの「重要業務」一覧

◎業務の緊急度（SA＝間断なく継続、A＝数時間〜24時間以内、B＝1〜3日以内、C＝4〜7日以内）

区分	保育園	障害者生活介護	障害者訪問介護		高齢者施設（注）
	通　所	通　所	ヘルパーステーション	訪問（ヘルパー）	入　所
「生命維持・精神安定」業務	SA：支援マネジメント	SA：支援マネジメント	SA：支援マネジメント	SA：支援マネジメント	SA：支援マネジメント
	SA：情緒安定、安心安全の確保	SA：情緒安定、安心安全の確保（パニック防止）			（情緒安定）
	SA：排泄ケア	SA：排泄ケア		SA：排泄ケア	（排泄）
	SA：医療的ケア	SA：医療的ケア	SA：医療的ケア	SA：医療的ケア	SA：医療的ケア（医療関連行為）
	A：衛生確保・管理（感染症予防・拡大防止）	A：衛生確保・管理（感染症予防・拡大防止）	A：衛生確保・管理（感染症予防・拡大防止）	A：衛生確保・管理（感染症予防・拡大防止）	（衛生）（体位交換）
	A：食事の提供・補水	A：食事の提供・補水		A：食事・補水・服薬	（食事）（補水）
	A：アレルギー対応	A：アレルギー対応	A：アレルギー対応	A：アレルギー対応	A：アレルギー対応
			SA：ヘルパーの所在確認		
			SA：緊急度の高い利用者の特定と優先順位付け		
			A：訪問先のコーディネート		
			A：食料の調達（利用者用）		
「生活支援」業務		B：送迎			
	B：清潔保持	B：清潔保持		B：清潔保持	
	B：心のケア	B：心のケア		B：心のケア	（心のケア）
	B：お風呂の提供	C：入浴		C：入浴	
	C：遊び・運動の提供	C：レクリエーション			（運動）

注：高齢者施設（入所）については、「BCP作成チャレンジ（高齢者グループホーム）」での取組みや「特別養護老人ホームのBCPガイドライン」（鍵屋一、池田真紀　2010（平成22）年）から引用したものです。

第1章 第2章 第3章 第4章 第5章

5 事業継続計画の運用管理

5．1 基礎学習と訓練

（検討手順）

①「記入例」を一読する。

②「記入例」や「**4**大災害対応」（108～115頁参照）の対応内容を踏まえながら、必要な「学習」や「訓練」を記入する。

（参考・留意点）

　当計画作成・活用の根底には、「災害時には何が起こるか分からない。計画はあっても活用できなければ意味がない」という考えがあります。当計画を活用し、日頃から臨場感を持って災害を学び、訓練を積み重ね、現実の災害時に最善の判断、行動ができるようにしていきましょう。

⑴基礎学習

①基礎学習では、「当計画の理解」なども必要と考えられます。

②災害はいつ発生するか分かりません。採用や異動など、新たに加わった職員も行動できるように、速やかに学習機会を提供しましょう。

⑵訓練

①記入例では、「●●訓練・学習」というように、訓練時の学習も意識して表現しています。単に行動するだけでなく、学習を通して行動の意味をよく理解しておくことが災害時の対応に有効と考えられます。

②追加が必要と考えられる訓練例として、「備蓄品保管の確認」「大災害対応発動のアナウンス」「大災害時の避難場所・避難所確認」「地域対応」などが考えられます。

③職員数が少ない早朝や夜間など訓練の実施が難しい状況については、行動はしないで、災害時を想定した質問に答えるなどの「机上訓練」も取り入れてみましょう。

記入例

5.1 基礎学習と訓練

◎災害時には何が起こるか分かりません。当計画を活用し、日頃から臨場感を持って災害を学び、訓練を積み重ね、現実の災害時に最善の判断・行動ができるようにしていきましょう。

活動	種類	内容	対象者	実施時期
(1)基礎学習	防災関連学習	「災害時に襲われる困難やそれへの対応方法・必要な資源」などを映像・資料で、臨場感をもって学ぶ。 「当計画」や「自衛消防防災手引き」等を用いた対応方法の理解	職員	年1回
	防火・救命の学習	消防署員による救命方法（AED使用方法など）や消火・通報練習など	職員	年1回
(2)訓練	月次避難訓練・学習*1	地震・火災、大雨・河川氾濫・土砂災害・高潮・感染症等の避難訓練 避難所・避難場所の確認 早朝・遅番避難訓練（机上訓練）	職員 利用者*2 関連施設	毎月
	炊き出し訓練・学習	地震・火災の避難訓練に連動した炊き出し訓練 備蓄品の確認	職員 利用者*2 関連施設	年1回
	緊急連絡・引き取り訓練・学習*3	連絡訓練 （一斉メール・連絡網・外看板など） 引き取り訓練	職員 利用者*2 関連施設	年1回
	法人連絡訓練・学習	法人連絡網	法人施設	年2回
	地域対応（福祉避難所）訓練・学習	地域からの避難者（含、帰宅困難者）への避難場所や避難所等の案内と一時休憩の提供 （福祉避難所開設・運営）	職員 地域の住民 関係者	年1回

モデル事業・BCP作成研修等からの 参考事例

＊1 避難訓練の回数が多い施設では、1/3から半分程度を机上訓練として、課題と対策を話し合い、当計画の見直しをすることが有効です。

＊2 記入例の「利用者」について、保育園では「子ども・保護者」と表現されています。

＊3 記入例の「緊急連絡・引き取り訓練・学習」は、保育園など通所系の事業所で多く行われています。

5.2　更新方法と更新履歴

【検討手順】

①「記入例」を一読する。

②「記入例」や自事業所の状況を踏まえて記入する。

【参考・留意点】

⑴**更新方法**

①更新を中心となって行う組織・担当者を明記しておきましょう。

②更新が必要となる機会として、「ヒト（職員）やモノ（建物や設備、備蓄品など）の変更があったとき」「訓練・学習での気付き」「外部情報の変化（自治体のハザードマップの変更など）」「実際の災害体験」などが考えられます。

⑵**更新履歴**

①更新の経緯が分かるように、更新に合わせて「バージョン」「日付」「更新理由」を記入していきましょう。

5.2　更新方法と更新履歴

⑴**更新方法**

〈更新組織・担当者：▲▲、▲▲、▲▲、▲▲〉

情　報　源	検　討　対　象	実　施　時　期
「人事異動・備蓄品整備」情報	防災組織、職員参集リスト、主要備蓄品目リストなど	毎年3月と9月
「訓練や学習（参加者アンケートなど）」での気付き	当計画の方針・行動手順の改善 次回の訓練や学習のテーマなど	基礎学習・訓練終了直後
国・自治体等の災害危険度指標（ハザードマップ等）の変更、周辺環境の変化（道路・建造物）情報	当計画の方針（災害想定）・行動手順など	年1回または左記情報を入手した時
災害発生後の振り返り	当計画全体	災害発生後

⑵**更新履歴**

バージョン	日　付	更　新　理　由

5.3　「事業継続計画作成と活用」を通して確認された課題

（検討手順）

①「記入例」を一読する。

②災害対応力を向上するために、「何を（課題：今後の取組み）」「誰が（担当者）」「いつまでに（完了予定日）」行うかを記入する。

（参考・留意点）

①課題（今後の取組み）を記入し、継続して充実を図っていきましょう。

②課題を確認するタイミングとして、「当計画作成・更新時（定期的・被害想定の変更時など）」「訓練時」「災害発生時」などが考えられます。

③課題が多岐にわたる場合は、別紙として整理するなどの工夫をしましょう。

 記入例

5.3　「事業継続計画作成と活用」を通して確認された課題

No.	課題（今後の取組み）	担当者	完了予定日
1	（例）備蓄品の保管場所を分かりやすく整備*	施設長	R●.●.●
2	（例）人員配置の見直しが必要。新たに確認された業務に対応できる体制づくり*	施設長 主任	R●.●.●

モデル事業・BCP作成研修等 からの **参考事例**

＊ 課題の発見と対策の実施はBCPのレベルアップにおいて最も重要です。BCPを作成しながら、さらに充実が必要なことをメモし、ここに整理して記入しましょう。記入したことに変化があった場合（終了した、延期するなど）には、順次修正していきましょう。

5.4 配布先・保管場所

（検討手順）

①「記入例」を一読する。
②「記入例」や自事業所の状況を踏まえて記入する。

（参考・留意点）

①非常時にすぐ使えるように、しかもしっかり保管・管理できるようにしておきましょう。

5.4 配布先・保管場所

配布先	配布番号	保 管 場 所
事業所全職員	No.1〜No.●	各自、いざというときに取り出せる所
事業所事務室	No.●〜No.●	非常持ち出し袋内、書類棚
法人本部	No.●〜No.●	非常持ち出し袋内、書類棚

6　関連情報・リスト

（検討手順）

①「記入例」（表の様式や項目など）を一読する。
②「記入例」や自事業所の状況を踏まえて、当計画に関連した資料を作成する。

（参考・留意点）

①記載している様式は1つの案です。自事業所にあった様式を工夫し、作成しましょう。
②既に作成している資料がある場合は、コピーなどして引用しましょう。
③事業所で不要の場合は「削除」、別の情報が必要な場合には「追加」しましょう。
④**6**「⑧利用者関連リスト」、**6**「⑨非常時職員参集リスト」（125頁参照）など、個人情報に関しては取扱いに十分注意しましょう。
⑤「避難確保計画」に関連する項目が当計画のどこに記載されているかを分かりやすくするために**6**「⑩『避難確保計画・非常災害対策計画の項目例』と当計画での関連か所」（126頁参照）を掲載しています。
⑥当原稿執筆中の2020（令和2）年4月新型コロナウイルスへの対応が世界的な課題となっています。そこで新型コロナウイルスにも適用可能な参考資料として、

⑥「⑪『新型インフルエンザ等発生時における業務継続計画』と当計画の関連性」を掲載（127頁参照）しています。「感染症の発生段階」「対応ステージと対応概要」「当事業継続計画（BCP）で関連性が強い項目」を一覧できるようにしていますのでより効果的・効率的な運用につながることを期待しています。

⑦法人内に複数の事業所がある場合は、フォーマットを統一しておくと、「職員の異動」や「日常的な職員の行き来」などがあっても、スムーズな災害対応につながりやすいでしょう。

⑧第5章「資料編」には、この「関連情報・リスト」の参考事例が掲載（190～198頁、201～204頁参照）されています。併せて活用していきましょう。

①避難場所・避難所地図

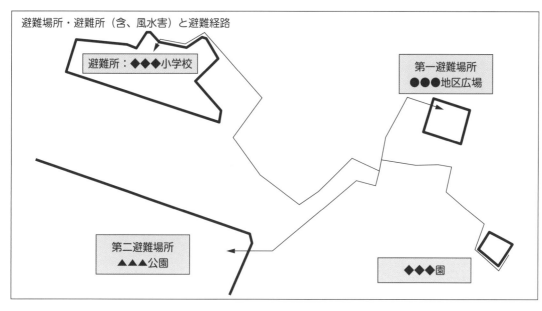

②**非常時持出品リスト**　◎第５章「資料編」（201〜204頁参照）

No.	区　分	品　目	個　数	保管場所	備　考

③**非常時備蓄品リスト**　◎第５章「資料編」（195〜197頁参照）

チェック担当者	チェック時期		チェック実施日	
		の時	年　　月	日

No.	区　分	品　目	個　数	保管場所	備　考
	テント・シート				
	テーブル・椅子				
	照明・電源 （停電対応）				
	燃料・電池 （停電対応）				
	飲食品				
	調理機器・用品				
	寝具（寝袋・毛 布・マットなど）				
	雑貨				
	その他				

④被害状況チェックシート
◎第4章 4 2 「⑴ 施設の安全点検のためのチェックリスト（例)」（164頁参照）

No.	区　分	チェックか所	チェック方法	チェック状況
	建物			
	設備			
	ライフライン			
	IT			

⑤緊急連絡先リスト　◎第5章「資料編」（198頁参照）

当事業所 ◎先方に伝える際の参考	●●保育園 電話：▲▲－▲▲▲▲－▲▲▲▲ 住所：◆◆◆ 近隣の目標物：「◆◆◆の東側」	
火事・救急		１１９
警察		１１０
救急病院	◆◆◆病院	○○－○○○○－○○○○
当事業所	施設長携帯	○○○－○○○○－○○○○
	●●携帯	○○○－○○○○－○○○○
法人内	法人本部	○○－○○○○－○○○○
	▲▲園	○○－○○○○－○○○○
	◆◆園	○○－○○○○－○○○○
行政	●●●●	○○－○○○○－○○○○
建物管理会社	▲▲▲▲	○○－○○○○－○○○○

第1章

第2章

第3章

第4章

第5章

⑥協力先（事業所・者）リスト　◎第５章「資料編」（198頁参照）

No.	区　分	協力先（事業所・者）	電話番号	住　　　所
	電気			
	ガス			
	給水（水道）			
	下水			
	警察			
	消防署			
	建物保守サービス			
	ITネットワーク			
	PCなど事務機器			
	食料品購入先			
	医薬品購入先			

⑦関連して活用する資料リスト・保管場所（別冊）

No.	資料名	主な内容	保管場所
1	利用者関連リスト	利用者（家族）連絡方法	非常時持ち出し袋・書類棚
2	非常時職員参集リスト	対策本部要員の参集と一般職員の安否確認用	非常時持ち出し袋
3	当BCP（事業継続計画）	災害対応関連情報（組織体制、予防対応・初動対応・大災害対応など）	書類棚
4	消防計画	消防関連の基礎資料（組織体制、対応方法など）	書類棚

⑧利用者関連リスト　◎個人情報でもあり保管に配慮

No.	利用者名	家族(保護者)名	連絡方法	住　　所	備　考

⑨非常時職員参集リスト　◎個人情報でもあり保管に配慮

No.	氏　名	通常時役　割	非常時参　集レベル	非常時役　割	住　所	非常時通　勤方　法	非常時通　勤経　路	非常時通　勤時　間	連絡先	要配慮者状　況
			C							有
			A							無
			B							無

《 職員参集リストの補足 》

- 「⑨非常時職員参集リスト」は災害時職員参集（**1**「1.2　⑶職員の参集」（96頁参照））を検討する際の有効な情報となります。職員名簿などを活用して作成しましょう。
- 「要配慮者状況（災害時に支援を必要な家族がいるかなど）」については、「有」「無」など個人情報に配慮しつつ、関係者には分かるようにしておきましょう。
- 「非常時参集レベル」については、「A：非常時に必ず参集、B：状況をみて参集、C：参集困難」等の表現も考えられます。各事業所で工夫しましょう。

⑩「避難確保計画・非常災害対策計画の項目例」と当計画での関連か所

1）避難確保計画：避難行動を直感的に理解しやすくするために設定された「警戒レベル1～5」（内閣府政策統括官（防災担当）、2019（平成31）年3月改正）を踏まえ、下記非常災害対策計画における「避難を開始する時期・判断基準（予防対策）」を明確にした計画。市区町村への提出が求められている。

2）非常災害対策計画：風水害・土砂災害等地域で想定される災害に対し、「第一に人命を守ること」を目的として、「災害発生時（初動対応）」の職員の役割分担・行動を定めた計画。（厚生労働省各課からの通知、2017（平成29）年9月）

3）当計画における上記計画の位置付け：BCPは最も甚大な被害が想定される地震を中心に、「初動対応（消防計画）」「大災害対応」という流れで構成されている。そこで上記2つの計画で記載が求められている項目を加味し、「避難確保計画（非常災害対策計画）・BCP（予防対応・初動対応・大災害対応）」の一体化を図り、使いやすさの向上を図っている。

避難確保計画 項目例	非常災害対策計画 項目例	当計画での関連か所
・計画の目的		P●：※2「(1)計画の目的」 P●：**1**「1.1　事業継続計画の構成と目的」
・計画の適用範囲		表紙：「施設名」 P●：**1** 1.1「(2)目的」（適用範囲）
	・施設の立地条件	P●：※2　「(2)所在地の風水害と避難場所」 P●：**1**「1.3　災害想定（立地条件）」
・情報収集及び伝達 ・避難確保を図るための施設の整備	・災害に関する情報の入手方法 ・災害時の連絡先及び通信手段の確認	P●：※2「(3)警戒レベルに応じた対応：判断に必要な情報」 P●：※2「(4)必要な情報の入手方法（例）」 P●：**2** 2.1　「(2)防災組織の担当と任務：通報連絡担当」 P●：「②非常時備蓄品リスト」
・避難の誘導	・避難を開始する時期、判断基準 ・避難場所 ・避難経路 ・避難方法	P●：※2「(2)所在地の風水害と避難場所」 P●：※2「(3)警戒レベルに応じた対応」 P●：**1**「1.4　避難場所・避難所」 P●：「①避難場所・避難所地図」
・防災体制 （自衛水防組織の業務）	・災害時の人員体制、指揮系統（災害時参集方法、役割分担、命令・指揮系統の整備、避難に必要な職員数） ・関係機関との連携体制	P●：「(2)防災組織の担当と任務：通報連絡担当・地域担当」 P●：**1** 1.2　「(3)職員の参集」 P●：「⑨非常時職員参集リスト」
防災教育及び訓練の実施		P●：**5**「5.1　基礎学習と訓練」
	・食料、防災資機材等の備蓄	P●：「③非常時備蓄品リスト」

⑪「新型インフルエンザ等発生時における業務継続計画」と当計画の関連性

1）活用の視点

- 「新型インフルエンザ等対策特別措置法（2013（平成25）年４月施行）」は、その後改正され、国・都道府県・市町村が既に定めている「新型インフルエンザ等行動計画」が「新型コロナウイルス感染症」にも適用できるようになった（2020（令和２）年３月に改正・施行）。
- 「新型インフルエンザ等対策特別措置法」では「サービスの停止等が利用者の生命維持に重大・緊急の影響がある介護・福祉事業所」には、住民接種に先立つ「特定接種」の事前登録のために、「新型インフルエンザ等発生時における業務継続計画」の策定が求められている。
- ここでは「新型インフルエンザ等発生時における業務継続計画」と「地震を中心とした当事業継続計画当計画（BCP）」の関連性を確認し、より効果的・効率的な運用を促進する。

2）「新型インフルエンザ等発生時における業務継続計画」の構成概要と当事業継続計画の関連一覧

対応項目	感染症の発生段階						当事業継続計画（BCP）で関連性が強い項目
	未発生期	海外発生期	国内発生早期／国内感染期			小康期	
			地域未発生期	地域発生早期	地域感染期		
	発生していない	海外で発生	当該都道府県では発生していない	当該都道府県で発生（感染経路全て確認）	当該都道府県で発生（感染経路追えない）	発生が減少し、低水準にとどまっている	
	対応ステージと対応概要						
	ステージ0	ステージ1		ステージ2	ステージ3		
体制	役割分担（統括、情報収集・提供　等）	計画策定・管理計画周知事前準備	情報収集感染予防・事業継続対応の事前アナウンス	継続	継続		P●4 4.1 「(2)防災組織の担当と任務（大災害時）」P●5「事業継続計画の運用管理」
感染予防対応	• 施設内感染者未発生（マスク・手洗い、検温等体調チェック、外出・来所者対応）• 施設内感染者発生（情報収集、発症者対応、空間隔離、消毒、濃厚接触者対応、情報開示）		感染予防対応準備	感染予防対応の本格実施	感染予防対応の継続	段階的縮小	P●4「4.2　重要業務の継続（利用者対応）：衛生確保・管理（感染予防・拡大防止）」
業務継続対応	• 業務の絞り込み・手順変更• 経営資源（ヒト・モノ・カネ）の確保・やりくり• 他（協力先・備蓄品確保、メンタル対応）			事業継続対応の準備	事業継続対応の本格実施		P●1 1.2 「事業継続計画の作成方針：(3)職員の参集」P●4「4.2　重要業務の継続（利用者対応）」

注：（株）インターリスク総研「社会福祉施設・事業所における新型インフルエンザ等発生時の業務継続ガイドライン」（2015（平成27）年）（https://www.mhlw.go.jp/file/06-Seisakujouhou-10900000-Kenkoukyoku/0000108618.pdf）を踏まえて整理

◎参考

<別表> 新型インフルエンザ等BCP構成モデル（詳細版）　高齢者入所施設 ［対応実施ステージ］

対応項目				ステージ⇒ 発生段階⇒	ステージ0 未発生期
主な対応事項					・計画メンテナンス ・計画の周知 ・各種対応の事前準備
3－2－1 体制	組織				・主管部門による統括 ・緊急時体制の在り方検討
	役割分担	全体統括			・役割分担・代行者の検討
		情報収集			
		利用者家族等への情報提供			・連絡方法等の整備
		感染予防対応に関する業務（業務B）の統括			
		業務継続対応に関する業務（業務A、C、D）の統括			
3－2－2 感染予防対応	施設関係者に感染（疑）者が発生していない時から対応※ ※発生後も継続して対応	個人対応の依頼	マスク・手洗い等の対策実施を依頼		・事前教育
		組織として対応	備蓄品（感染予防対応用）の配備		・備蓄管理
			業務B①施設来所に関するルール	来所時のマスク使用	
				入口／トイレでのアルコール使用	
				公共交通機関による来所禁止	
				不要不急の来所禁止	
				来所者への施設入口での検温実施	・管理ルールの整備
				体調不良者の立ち入り禁止	
				ハイリスク職員の出勤禁止	・該当者の把握
				行政措置による受入への対応	・健康状態確認
				（可能な限り直行・直帰）	
			業務B②その他ルール	検温・体調のデイリーチェック	・管理ルールの整備
				状況に応じてワクチン接種	・方針整備／事前登録等
			業務Dの縮小・休止	実習生・ボランティアの受け入れ休止	
				不要不急の行事休止	
				不要不急の外出・会議の休止	
			業務A・C・Dの業務体制縮小	最低限の人数で業務を遂行するようシフト検討	・人員と対応能力等の分析
	施設関係者に感染（疑）者が発生した場合の緊急対応	組織として対応	施設内で発症	情報収集・報告	
				発症者にマスクを装着させる	
				空間的隔離を実施	
				施設からの退出を依頼	
				病院に搬送	・病院との事前連携
				消毒	
				濃厚接触者の来所禁止	
				情報開示	
			施設外で発症	情報収集・報告	
				感染者の来所禁止	
				消毒	
				濃厚接触者の来所禁止	
				情報開示	
3－2－3 業務継続対応	業務の絞り込み	業務Dの縮小・休止			・業務分類の整理
		業務Cの縮小・休止			・業務分類の整理
	業務手順の変更（省力化等）	業務Aの業務手順変更			・業務手順変更の検討
	ヒトのやりくり	出勤情報の集約管理・欠勤可能性の検証・シフト変更			・人員と対応能力等の分析 ・クロストレーニング
		法人内での人繰りの検討			
		OB・OG活用			
		地域応援要請			・近隣施設等との事前連携
	その他	委託業者の確保			・委託業者との事前連携
		備蓄品（業務継続用）の確保			・備蓄管理
		過重労働・メンタル対応			・病院との事前連携

| ステージ1 | | ステージ2 | ステージ3 | |
海外発生期	国内発生早期 地域未発生期	国内発生早期 地域発生早期	国内感染期 地域感染期	小康期
・情報収集 ・感染予防対応の準備 ・感染予防対応／事業継続対応の事前アナウンス		・感染予防対応の本格実施 ・業務継続対応の準備	・感染予防対応の継続 ・業務継続対応の本格実施	・段階的縮小
・各担当者による役割遂行		・対策本部を組成した組織一丸対応		
・実施				
・実施				
	・実施			
		・実施		
			・実施	
・実施				
・配備（また、不足分を見越して調達）				
・職員／利用者／利用者家族／委託業者等に事前案内		・実施・受付掲示・予備用意		
・職員／利用者／利用者家族／委託業者等に事前案内		・実施・受付掲示		
・職員／利用者家族／委託業者等に事前案内		・実施		
・利用者家族／委託業者等に事前案内		・実施		
・利用者家族／委託業者等に事前案内		・実施・受付掲示		
・職員／利用者家族／委託業者等に事前案内		・実施・受付掲示		
・該当職員に事前通知		・実施		
		・実施		
（実施せず）		（実施せず）		
・職員／利用者に事前案内		・実施		
・職員／利用者に事前案内		・同意とりつけ	・接種（体制が整い次第）	
・職員／利用者に事前案内		・実施		
・職員／利用者に事前案内		・実施		
・職員／利用者／委託事業者等に事前案内		・実施		
・職員に事前通知		・同上		
・職員／利用者家族／委託業者等に事前案内		・実施（施設内で発症者が出た場合）		
・職員／利用者家族／委託業者等に事前案内		・実施（施設内で発症者が出た場合）		
・職員／利用者家族／委託業者等に事前案内		・実施（施設内で発症者が出た場合）		
・職員／利用者家族／委託業者等に事前案内		・実施（施設内で発症者が出た場合）		
・職員／利用者／利用者家族／委託業者等に事前案内		・実施（施設内で発症者が出た場合）		
・職員に事前通知		・実施（施設内で発症者が出た場合）		
・職員／利用者家族／委託業者等に事前案内		・実施（施設内で発症者が出た場合）		
・職員／利用者／利用者家族／委託業者等に事前案内		・実施（施設内で発症者が出た場合）		
・職員／利用者家族／委託業者等に事前案内		・実施（施設外で発症者が出た場合）		
・職員／利用者／利用者家族／委託業者等に事前案内		・実施（施設外で発症者が出た場合）		
・職員に事前通知		・実施（施設外で発症者が出た場合）		
・職員／利用者／利用者家族／委託業者等に事前案内		・実施（施設外で発症者が出た場合）		
・職員／利用者／利用者家族／委託業者等に事前案内		・実施（施設外で発症者が出た場合）		
・職員／利用者／利用者家族／委託業者等に事前案内			・実施	
・職員／利用者／利用者家族／委託業者等に事前案内			・実施	
・関係者（職員・利用者・家族）に事前連絡			・実施	
・情報集約開始			・実施	
・OB／OGへのアプローチ			・実施	
・近隣施設等との情報共有			・実施	
・委託業者との情報共有			・実施	
			・配備	
			・実施	

出典：（株）インターリスク総研「社会福祉施設・事業所における新型インフルエンザ等発生時の業務継続ガイドライン」P16、17 2015

※3 初動チェックリスト（地震等想定）

検討手順

①「記入例」を一読する。

②「記入例」や自事業所の状況（「**2** 初動対応」（102〜106頁参照）など）を踏まえて記入する。

参考・留意点

①初動対応時に、より落ち着いて、着実な行動ができるように、当計画の裏表紙に「※3　初動チェックリスト（地震等想定）」の掲載を考えました。

②初動時に使えるように工夫しましょう。

※3 初動チェックリスト（地震等想定）

発災直後〜３日後の初動対応のチェックリストです。進行状況の確認にご使用下さい。

◎第５章「資料編」（192頁参照）

段　階	実　施　す　る　こ　と	参照リスト・シート
発災直後	□初期消火 □避難誘導 □車椅子使用者等の移動支援 □閉じ込め者の救出 □利用者の安否確認・声かけ・不安解消 □応急救護 □医療機関への連絡・搬送	緊急連絡先リスト
発災〜数時間	□通信手段の確保 □内外職員の安否確認 □職員参集 □緊急点検と応急措置 □「事業を通常通り継続できるか」の判断 　（NOの場合、「大災害対応」発動） □大災害時「防災組織」への再整備 　（翌日になることもあり）	非常時職員参集リスト 被害状況チェックシート 非常時備蓄品リスト
発災当日	□安否確認（利用者・家族・職員）の継続 □重要業務（緊急度SA〜Aクラス）の継続 □利用者・家族、法人本部、行政等への連絡 □施設・設備被害状況の確認（写真撮影・記録等） □自家発電、トイレ対策、防寒・避暑対策 □要配慮者の受入れ（通行中の帰宅困難者への休憩 　の提供、避難方法や道の案内など） □情報収集・発信 □利用者・家族・職員の宿泊対策	利用者関連リスト 非常時備蓄品リスト
翌日〜３日後	□安否確認と問合せ対応（職員・家族）の継続 □重要業務（緊急度SA〜Bクラス）の継続 □地域ニーズ・ボランティアの受入れ対応 □職員の健康管理（ケア・業務ローテーション） □防犯・警備対策 □関係団体・他学校との協力 □被災事業資産リストの作成 □被災現場の後片付け □施設建物の点検・修理・修復手配 □電気・電話回線の点検・復旧手配 □水道・ガスの構内配管の点検・復旧手配 □LAN・ネットワーク関係の復旧手配 □OA機器・備品類の買替え手配	協力先（事業所・者）リスト 非常時備蓄品リスト

第１章
第２章
第３章
第４章
第５章

第 4 章

福祉避難所

撮影場所：石巻市桃生町農業者トレーニングセンター福祉避難所
写真提供：認定NPO法人災害福祉広域支援ネットワーク・サンダーバード

1 福祉避難所の重要ポイント

　福祉避難所を考えるときにまず大切なのは、福祉避難所は避難所の一種だということです。避難所は自宅等で生活ができない被災者が、一時的に身を寄せる場所です。災害の被害の大きさや広がりによって、自宅に戻れるまでが、わずか数日の場合から数ヶ月、1年、数年などにわたる場合まであります。

　日本の一般の避難所は、生活環境としての水準が非常に低いという問題があり、人によっては一般避難所では過ごすことができなかったり、体調が悪化したり、命にかかわる状態になることもあります。この問題を解決していく方法は、いくつかありますが、避難所での生活の質に着目した場合には、福祉避難所を設け、そこで避難生活をしてもらうという方式も有効、と考えられています。

1 福祉避難所の意義、目的

　「福祉避難所」とは内閣府政策統括官（防災担当）の「福祉避難所の確保・運営ガイドライン」によると、「主として高齢者、障害者、乳幼児その他の特に配慮を要する者（災害時要配慮者（以下、「要配慮者」という））が宿泊する避難所で、基準に適合するもの」とありますが、基準自体は柔軟なものとなっています。

　自治体や、協定によって運営する福祉法人等は、避難所（や自宅）などで、困る要配慮者が出ないようにすることを第一の目的として、柔軟な運用で「確保・運営」することが必要です。

　また、上記のガイドラインは、あくまでも国として最低限これは行ってもらいたい事柄を示していることから、その内容は自治体ごとに柔軟に考えないと、困る人たちが出てしまいます。

　大切なことは、要配慮者自身や直接支援者（家族、保護者など）が困らないことです。要配慮者は、社会のどこにでもいて、一般の人も負傷・疾病等によりいつでも要配慮者になる可能性があります。

　「国のガイドラインにこのように書いてあるから」や、方針、例えば「開設は〇日後」「介護度〇以上の人」というような定めはありません。被災者の状況に応じて軌道修正・柔軟対応を可能にするのが、災害救助法の精神と運用実態です。

2 福祉避難所ができるまで

　「阪神・淡路大震災」における取組みを総括した「災害救助研究会」（厚生労働省1995（平成7）年）が、「大規模災害における応急救助 のあり方」において「福祉避難所の指定」について初めて言及しました。

　現在では、災害時に要配慮者を収容する避難所は「福祉避難所」という言い方で表されることが多くなりました。阪神・淡路大震災以降、今でも一部で名称が残っている場合がありますが「二次避難所」指定や、指定先の運営主体との間で「災害時協力協定」を結ぶ

ことが一般的になりました。

　実際には、その後の災害で予定通りにならないことも多かったのです。「二次避難」の意味は、大災害が起きてまず避難所に集まった（一次避難）人のなかから、「ここの避難所では対応が難しい」と思われる人を、福祉施設等に設けた「特別な避難所」に移ってもらうということです。しかし、災害が起こった場所による実態はさまざまですので、福祉避難所の開設・運営に関して、「二次避難」にこだわる理由はありません。

　「平成16年７月新潟・福島豪雨」では急な増水に避難が遅れ、「新潟県中越地震」では避難所の環境などの改善が十分ではなかったことにより、高齢者の被災が多くなりました。新潟・福島豪雨災害のときには、新潟県三条市を中心に、亡くなった人のうち、65歳以上の高齢者が非常に高い割合を占めていました。このため、内閣府政策統括官（防災担当）が「災害時要援護者の避難支援にかかる検討会」を設置し、その頃から「健常者に照準を合わせた災害対策」から「要配慮者」にも十分配慮した災害対策に転換していくこととなりました。

　阪神・淡路大震災の起きた1995（平成７）年から新潟県中越地震の起きた2004（平成16）年の約10年間、国は「要援護者の避難支援」「仮設住宅のサポートセンター」「福祉避難所」等を、自治体に対し、「こんな風にしたらどうですか」というような問題提起を始めました。

3 「福祉避難所」がスタートしてから

　わが国の災害で「福祉避難所」が初めて運営されたのが、2007（平成19）年３月25日に発生した、「能登半島地震」です。

　能登半島地震で福祉と防災の関係で有名なのは、輪島市門前地区（旧門前町）での、高齢者の安否確認です。日頃から民生委員と協力員による高齢者の見守り活動が行われていたことが、災害時に効果を発揮して、短時間のうちに高齢者の安否確認が完了しました。

　その後、内閣府から輪島市に福祉避難所の設置について、口頭で依頼があり、輪島市の介護保険の担当者が福祉避難所の設置を主導しました。もともと県や市の計画にはありませんでしたが、10日間ほどで福祉避難所を立ち上げ、63日間にわたり運営しました。

　ここでは「輪島市の介護保険の担当者が福祉避難所の設置を主導した」というのが重要なポイントです（4どうしたらうまくいくか（行政担当者の役割を中心に）（136頁参照））。

　その翌年、厚生労働省は「福祉避難所開設・運営に関するガイドライン」（初版2008（平成20）年６月）を発行して、普及を図っていくのですが、国が提起し、都道府県がそれを受け止めて市区町村に提起し、市区町村が自らガイドラインを作成するなどして、自治体内部や協定先の福祉事業者等に伝播する、というルートで普及していきます。市区町村や福祉事業者等は日々の業務に忙殺されているため、このような事柄の重要性が理解されるまでには、とても時間がかかる場合があります。福祉避難所についての知識を普及させるには、まず長い時間をかけて理解してもらわなければなりません。

　2011（平成23）年に発生した「東日本大震災」の被災地では、福祉避難所が設けられ

ましたが、甚大な被害のなかで開設までに時間がかかりました。また自治体によっては、準備できていなかったために、福祉避難所の開設が遅れる、活用が図られないなどの問題が起きています。

「平成28年（2016年）熊本地震」においては、準備していた福祉避難所が開設できない、一般の避難者が福祉避難所に指定された施設に殺到してしまうなど、多くの問題に直面しました。そのような状況のなか、福祉避難所で収容すべき被災者が避難できず、福祉避難所になる予定のなかった大学や施設などで、要配慮者の受入れが、一般の避難者と一緒に行われるなど、今後に向けて検討しなればならない事例も発生しました。（要配慮者と一般避難者が一緒に避難しても困らないならば、それはユニバーサルな良い避難所です）

４ どうしたらうまくいくか（行政担当者の役割を中心に）

災害時の自治体行政活動の例となりますが、ふだん福祉の仕事のなかの高齢者対策や介護の仕事をしている人たちが、災害時には同種の福祉的業務の総合調整を行い、障害者支援サービスを担当する人が災害時の障害者支援を総合調整します。土木の担当者は河川の対応や復旧、道路の修理などを担い、建築の担当者たちは応急危険度判定*や仮設住宅の建設というように、地域防災計画などによって、日常の仕事の延長線上に災害対策の担当が決まっています。実際、地域防災計画の書きぶりがそうでない場合や、それが自覚されていないと、災害対策が円滑に機能しません。

その自治体の全職員が、災害対策本部の一員だということを理解していないと、その自治体は大災害時に硬直した対応しかできないと思います。災害対策の仕事は、ふだんの仕事の延長線上にあるということが理解できていないと、（福祉避難所を含む）自治体の各種災害対応はうまく機能しません。

福祉部局が主導して福祉避難所を運営した輪島市は、翌年以降福祉避難所のマニュアルを作成したり、訓練を行ったりと、それまでの災害時の対応の反省に基づき、しっかりとした対策をとっています。各自治体は輪島市の例などを見習い、福祉避難所の運営を進めていく必要があります。

自治体の対応でみられるのが、要配慮者、家族への福祉避難所のホームページやパンフレットを通じた普及啓発活動です。そうした活動も必要なことですが、それだけでは不十分であり、仮にそれだけをもって要配慮者対策とするならば、ほとんど効力のない対策といわなければなりません。

要配慮者に限らず、災害対策の「上策」は「避難しないですむ立地、建物の耐震性などの安全確保、数日から10日程度の『籠城』に耐える備蓄など」です。特に要配慮者といわれる人の場合には、健康上の問題などを考慮して、できればこの「上策」を目指したいものです。遠方への（自宅付近の日常生活圏を大きく離れての）避難訓練や、避難所の開設訓練は、言葉は過ぎるかもしれませんが、これに比べると「下策」ということになります。

＊一般財団法人日本建築防災協会HP（http://www.kenchiku-bosai.or.jp/assoc/oq-index/）参照

　しかしながら、全ての人々がすぐにこのような「上策」がとれるとは限りません。さまざまな対策をしても、災害の被害の大きさに追いつかない場合もあるでしょう。したがって、避難訓練や、福祉避難所を含む避難所の開設訓練などは、どうしても必要なこととなります。

　また、福祉避難所の開設・運営に向けての事前対策の推進（備蓄、通信手段整備、訓練等）は行政の責務です。安全確保や事業継続にもかかわる話ですが、福祉避難所を指定するだけでなく、行政内部と福祉事業全体の従事職員教育（防災の基礎、BCP、福祉避難所の開設・運営など）や訓練の指導、勧奨に努めて下さい。

　行政担当者は、専門職や介護・障害福祉の職員が日々事業を続けていることの専門性・継続性を尊重しつつ、災害時にはその力を「活用させて頂く」という立場、態度でないと、災害時の要配慮者対応や福祉避難所の開設は、うまくいきません。

　そして、災害時には、形式的手続き論を持ち出さず、被災者の支援のために動いている福祉事業者等とともに取り組んで下さい。

　2000（平成12）年に、介護保険制度が始まりました。「阪神・淡路大震災」（1995（平成7）年）はそれ以前、「東日本大震災」（2011（平成23）年）はそれ以降です。阪神・淡路大震災の年は、要配慮者を支える社会資源がまだ乏しい時代でしたが、介護保険開始以降、高齢者などを支えることを仕事とする社会福祉法人や企業などの事業者が、少しずつ育ってきていました。それから約15年経たった2011（平成23）年の段階では、要介護・要支援の高齢者等を支える人材や、社会福祉法人、株式会社などの事業者の数も、大幅に増えました。そして福祉避難所の開設・運営や、仮設住宅サポートセンターの開設・運営などにおいても、社会福祉法人、福祉事業者などが活躍しています。

5　災害救助全体のなかでの福祉避難所

　福祉避難所は、災害救助法による避難所の一種です。

　災害対応するときの、主要な法的根拠として、災害対策基本法と災害救助法があります。災害対策基本法は、災害時に市長などが避難勧告や避難指示を出す根拠で、幅広い職務を規定しています。一般には、避難勧告、避難指示や、警察・消防・自衛隊などによる直接的「救助」のイメージが強いかもしれません。

　一方、被災者の生活を支えることは、最初の避難所の設置などを含めて、災害救助法に基づいて行われます。「被災者にこういうものを給付します」とか、「仮設住宅を建設します」といったことが定めてあります。事態を複雑にしているのは、この2つの法律の実施主体は、災害対策基本法に基づく救助などの被災者対応は市区町村長、災害救助法に基づく被災者救援は都道府県知事となっています（法改正により、一部政令指定市長も含まれます）。市区町村も都道府県もしっかりしていないと、大変なことになります。災害救助法に基づく救助の実施主体は、都道府県知事と書きましたが、都道府県からの受託によって現場に立って実務を行っているのは、市区町村の職員の場合が多いのが実情です。都道府県は、広域行政自治体であるため、域内の一部の市区町村が災害で混乱し甚大な被害を受けた状態であっても、広域的には被災していない地域もあるので支援が可能だろうとい

う考え方です。都道府県と市区町村との関係のなかで、よく連絡をとり合い、調整し合っていかなければ、被災者の救援活動全体も、福祉避難所もうまくいきません。

　福祉避難所の話に戻りますが、要配慮者対策の決定打とばかりに福祉避難所の開設運営だけを単独で考えていては、そこにだけ負荷がかかって結局、適切な運営ができなくなってしまいます（図表4－3）。

　要配慮者というと、高齢者、障害者と考えがちですが、年齢や健康状態、抱えている事情もさまざまです。災害時には、そういった人たちが被災地のなかに広く散らばっているので、福祉避難所だけで対処するには限界があります（図表4－1、図表4－2）。

図表4－1　被災者の避難先のイメージ

- **避難所・福祉避難所**
　災害救助法による避難所。事前に指定している避難所と、災害発生により事実上の避難所となり、事後に指定されるものも。
　福祉避難所は、一般の避難所で過ごすことが困難な方々（と家族等）のために設けられるバリアフリーなどに配慮した避難所（避難所に「福祉避難室」を設けることも）

- **疎開・縁故避難**
　被災地外への避難や、親戚・友人宅などへの避難

- **在宅避難**
　被災地のなかで、無事だった自宅（の一部）に避難している状態
　避難所等で物資、情報などの提供を受ける必要がある場合も。

図表4－2　被災者のイメージ

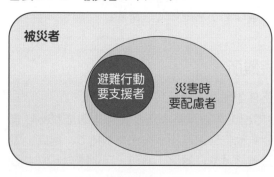

- **被災者**
　災害により被害を受けている方全員
　自宅などが大丈夫でも、電気・ガス・水道・通信・物流が阻害されている期間は、その影響を受けている人も、被災者

- **災害時要配慮者**
　障害、高齢等により、災害時に特別な配慮を必要とする方々
　妊婦、乳幼児連れなど、言葉が良く分からない外国人なども。

- **避難行動要支援者**
　災害時要配慮者のうち、災害時の避難行動が難しい人。災害対策基本法により、自治体に名簿の作成が義務付けられ、個別支援計画の作成も推奨されている。

図表4－3　要配慮者の避難先のイメージ

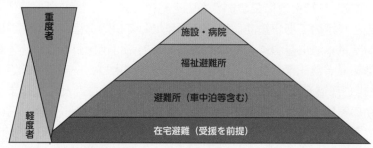

（一社）福祉防災コミニュティ協会©

　過去の災害の経験から、単一モデルの避難所、仮設住宅だけではうまくいかないことが、分かってきました。そこで、バリアフリーの仮設住宅などをつくり、そこに支援を必要とする人だけを集めると、コミュニティが成立しづらい、という課題が見えてきます。いろいろな経験から、福祉避難所、仮設住宅サポートセンターというものが工夫されるなど、少しずつ運営の経験などが積み上げられてきました。国は「災害時にはこういうものをつくることが望ましい。なるべく早目に準備して下さい」といった指示を出します。そうした指示を受ける前から早々に取り組んでいるところもある一方で、都道府県がなかなかそれを受け止めきれない、市区町村はさらに受け止めきれないということで、対応がスムーズに進みません。ふだんから、災害に備えて勉強していれば、うまくいくと思うのですが、なかなかそうはいかないのです。

　災害時の要配慮者の受け皿が、福祉避難所だけではそこに負荷がかかり過ぎてしまいます。災害後も、必要な人はそれまでにいた施設にとどまるので、全ての要配慮者が福祉避難所に行くのではないのです。そのため、福祉施設にはBCP（事業継続計画）が必要で、福祉の分野でも、もっとBCPの導入を進める必要があります。

　このような件については、厚生労働省が「事務連絡」によって伝達しています。詳しくは、第５章「資料編」の①「２　災害時の取組み」の⑴から⑺をご覧下さい（183〜189頁参照）。

　これらの「事務連絡」は、災害時において、早いものでは災害発生から３日後に出されています。

　ここには、介護施設等は「定員超過で利用して構わない」と書いてあります。ふだん、定員超過をすると「減算」といって、介護保険からの支出が減らされるのですが、「減らしませんよ。超過人数分に対応した介護サービス費等が支出されます」と言っているのです。さらに、「介護保険の居宅サービスは、避難所を居宅とみなして使ってください」と書いてあります。

　このような被災者支援は、ボランティアで実施するよりも、可能であれば地域のプロが報酬を得て行う方が、地元の経済にも雇用継続にもプラスになります。高齢者の介護で「ふだんから介護サービスを利用している人は、介護保険で支援を受けて下さい」と言っているのです。そのため、介護保険の事業者がBCPで大災害に備え、実際に災害が起こってもいち早く業務を行えるようになることが大切です。そうすれば、高齢者を支え続けることができ、福祉避難所に来る人も減らすことができます。他の要配慮者についても、基本的な考え方は同じです。

　厚生労働省は、災害時にこうした意識を持っています。まだ県や市区町村が現状を十分に受け止めきれず、介護保険等の事業者は先がよく分からない状況のなかで、要配慮者にサービスが行き届かない、という問題が無いようにしたいものです。

　一般の避難所でも、福祉避難室などをつくることが大事です。福祉避難室には、さまざまなパターンがあります。例えば、東日本大震災のある避難所では、乳幼児を連れた人や妊婦などを集めて、避難所のなかに部屋を１室用意しました。乳幼児を抱えた母親、父親が、支え合いました。赤ちゃんは夜泣きもしますし、おむつを換えるときは臭いがします。しかし、部屋を１つ用意することによって、同じ状況の人たちで支え合い、一般の避

難所にいる人もお互いに助かったのです。要配慮者は皆、似たような状況に陥ります。

　新潟県中越地震の際に、発達障害のある子どもを抱えて、避難所にいられず、車のなかで寝泊まりをせざるをえなかったという母親がいました。車中泊は、健康上の問題があるために、原則禁止されています。そういう子どもが滞在できる部屋を、避難所のなかにつくれば良かった、ということです。

　忘れてはならないのは、在宅避難者への対応をどうするかです。避難所に来ないというのは、被災した地域全体にとって大事なことです。とりあえず自分の家にいられる人が、自宅にいてくれるのは、避難所に来るしかない人（家がつぶれた人、燃えてしまった人、流されてしまった人）の避難生活のクオリティを保つ意味で、とても大切なのです。

　一方で、自宅にいられることはいられるが、助けがないと生活が成り立たない人をどう支えるかを考えておかなければなりません。その対応がないと、なんとか自宅で過ごせる人も、大勢避難所に来てしまいます。前述した、高齢介護を受けている人は、自宅で暮らせれば自宅にいて、ヘルパー等が来れば、その方がよいかもしれません。

　要配慮者というのは、さまざまな人がいます。ふだん生活している環境とあまり変わらない方が助かる人もいます。そういう人は、自宅にいられるのであればいた方がいいですし、いられる工夫をする必要があります。そういうことを、行政も自主防災活動の参加者やボランティア等、行政以外で支えているグループも意識しなければいけないのです。

　要配慮者は在宅、あるいは在宅ではなくても、日常の場にいられることが大切です。「日常の場で、災害救助ができないだろうか、やりましょう」という問題提起です。避難所の環境では、軽度であっても認知症の人や知的障害の人などは適応しきれないことがあるので、現にいる場所で過ごせるとよいです。そのためには準備が必要です。

　このようなことを一つひとつ準備することで、福祉避難所の負荷が減り、運営が円滑に進みます。行政や事業者は是非、積極的に呼びかけて、事前準備に取り組んで下さい。

2 訓練

1 福祉避難所防災訓練の概要

　福祉避難所に限らず、物事を進めるには、やる気ももちろん大切ですが、精神論（気持ち、建前）だけでは十分ではありません。そのため防災訓練では、「ヒト・モノ・カネ」という物質的よりどころに加え、情報収集や、実際に取り組むことを大切にして、進めるようにしましょう。

　最終的には、事業所ごとの単独実施では不十分です。情報が行き交う、人が移動する、物資が運ばれてくる等々、他の組織（役所、避難所、地域、業者等）との関係で、物事は進みます。関係する他の組織と一緒に訓練ができると、ようやく「災害時に動くことができるかもしれない」という水準に到達するのです。

　訓練の最終目的は、「福祉避難所をうまく立ち上げて運営する」ことではなく、「要配慮者ができるだけ困らないようにする」ということです。その最終目的を忘れないようにしましょう。

　このような問題提起をしますと、まだ想定された日常的な火災を対象とした防災訓練・避難訓練を実施するのに精一杯で、福祉避難所どころか大地震や津波の対応訓練などまで実施するのは難しいという意見もあるでしょう。しかしながら、地震や津波、水害などの大災害は、日本全国、どこでも起こりえます。一方、そこに住む我々が一気に難しいことができるわけはないのは当然です。起こりえる大災害に備えて、できるところから順次手を付けて、だんだん応用問題に進んで下さい。

　災害は、忘れなくても、必ずやってくるからです。

2 福祉避難所の開設、運営訓練

　福祉避難所の開設・運営訓練は、以下のようなものがあります。これ以外にも、工夫が可能ですので是非、取り組んで下さい。図表4-4　「福祉避難所訓練の方法や考え方」（142頁参照）に、訓練の利点、有用性、不十分なところなどを整理してありますので参考にして下さい。

図表4－4　福祉避難所訓練の方法や考え方
（この表にあるのは、あくまでも例です）

訓練種別	主な参加者	訓練の実施目的	メリット	デメリット
①職員による手順等の確認訓練	施設職員	必要事項の共有（リーダー不在でも始めることができるようにする）	手順、物品等の確認ができる（毎年行うことが望ましい）。	実際の状況に沿ったものとはなりづらい。
②行政等との連携訓練（多数か所同時訓練など全体での情報伝達訓練も）（行政主導で行う）	行政職員\n施設職員	実際の災害の規模感や情報伝達法に習熟する。	全体状況の把握が難しいことが分かる。\n情報伝達法に習熟できる。	人や物が動くわけではない点を踏まえる必要有
③施設内での総合的実動訓練	施設職員\n当事者（要配慮者）	実際の災害の大変さ、複雑さを想像する。	臨場感が持てる。	実際は施設単独で動くわけではないことを忘れがち。
④地域等連携訓練	施設職員\n地域住民\n当事者（要配慮者）\n関連組織\n納入会社等	災害時の様相に近付け、「福祉避難所」への理解を促す。	地域や関連団体、会社等との相互協力を意識するようになる。\n当事者（要配慮者）が参加する。	関係先が多く、打合せが大変（ただし、それが実際の災害時に力になる）
⑤頭脳の防災訓練（ワークショップ、防災ゲーム等）	施設職員\n行政職員\n関係住民\n当事者（要配慮者）等	防災のセンスを養う。関係者間の相互交流ができる。	会議室で机上の訓練ができる。	行う訓練の種類により、効果が違う。適切な手段の選択が必要

①職員による手順等の確認訓練（「福祉避難所訓練イメージ」中の「ミーティング」「建物安全点検」「発電機」（146頁参照））
<**実施目的**：必要な事柄、物を職員で共有する。災害が起きたときにリーダーがいなくても、必要なことを始めることができる>
　この訓練は、実動訓練としては、最も基本的なものです。今まで福祉避難所の立上げや運営の訓練をしてこなかったところでは、まずこれから取組みを始めて下さい。
　ある程度の手間と時間をかけて、多数の人が参加する大規模な訓練を行うことも大事ですが、小さな訓練を毎年積み重ねるという手法も、実現する目標を設定して評価して行う場合には、決して無駄な努力ではありません。
　福祉避難所の立上げや運営のマニュアルに基づいて、順次行動してみましょう。物を動かす必要性がある場合は、本当に動かしてみましょう。人が移動する必要があるときは、リアルに動いてみましょう。防災担当とか、防災委員だけが知っていればよいことではないので、人を変え、時間を変えて行うことも大切です。
　「実際の災害のときに、このままで大丈夫だろうか」という疑問がわいたら、話し合っ

142

て改善に結び付けましょう。

その際、大災害が起きたときに使う物品が、決められた場所にあるか、備蓄食料の保管状況は大丈夫かなどを確認しましょう。棚や物置のなかなどに「あるはず」の品物が見当たらない場合には、至急探して元に戻す、買い足すなどの必要があります。

②行政等との連携訓練（多数か所同時訓練（「福祉避難所訓練イメージ」中の「震災総合訓練実施」「通信訓練」（146頁参照））など、全体での情報伝達訓練も）

＜実施目的：実際の災害時の「規模感」や情報伝達に慣れておく＞

この訓練は、行政（福祉部局主体、防災部門関与）が主導で行いましょう。

防災訓練は、できるだけ実際の災害でありそうな状況を想像して、それに沿った訓練を繰り返すと、だんだん本番で通用する水準に近付いていきます。

福祉避難所が多数指定されている場合は、理想を言うならば全ての施設で同時に何らかの防災訓練を行い、行政側と施設側との通信連絡を行うなどの、訓練を実施することが望ましいです。（もちろん、避難所や関係事業所等も加えて、同時に多種類、多数の同時訓練が一番望ましいでしょう）同時に多数の施設で訓練を行う場合は、個々の施設等での訓練自体は、手順確認程度のものであっても、複数の施設間での情報連絡や、混乱の収拾がいかに大変なのか、肌で理解できる訓練となります。

通信手段が防災行政無線であれば、その方法に慣れていないと、混乱のもととなります。また電話やファックスであれば、行政から同時に多数の施設に円滑に連絡ができるか、あるいはその逆は大丈夫か、あらかじめ特定の通信内容を封筒に入れて届けておき、訓練時に開封して伝達するように依頼しておけば、いかに情報が伝わりにくいか、ということが身に染みて理解できます。

③施設内での総合的実動訓練

＜実施目的：実際の災害の大変さを想像する。職員全員で、やるべきことを体で覚える。可能であれば、当事者（要配慮者）参加も＞

施設全体で、総合的防災訓練に取り組んでみることも大切です。また、当事者の参加が可能であれば、さらに実際の災害の状況に近い訓練となります。注意してもらいたいのは、火災に対する訓練、大地震に対する訓練、水害に対応する訓練は、それぞれ注意するところが違うという点です。

火災に対応する訓練は、消防の指導の下で、まずは人命を優先して屋外避難となります。火災が発生し、消火活動が行われた場合は、元の建物には戻れないことがあるので、その際の避難場所等まで実際に行って見ておくなどの訓練が実践的です。

大地震への対応訓練は、突然起こる大地震から身を守るところから開始して、安全な場所への退避、状況によって避難所や避難場所への緊急避難などをやっておきましょう。特に、大地震後の津波の襲来が想定される場合は、速やかに「高い所」に避難できるかどうかが、生死の分かれ目となります。その方法を、実際に体験しておきましょう。

水害の場合は、どんな気象情報で、どういう対応をするのかを確認しておきましょう。また日常的な災害対策は、主として火災に対応しています。体の状態が悪い人は１階など

第１章

第２章

第３章

第４章

第５章

にいる場合が多いのですが、水害の場合は安全のために上階などに避難することとなります。具体的にどんな避難方法をとるのか、エレベーターが使えるときと、使えないときによっても対応が異なりますので、工夫する必要があります。

　備蓄用の食料品などは既に、賞味期限が切れる前に日常の給食等で消費していると思います。このような大規模な訓練の場合は、栄養・調理の担当者が、災害時のメニューや調理方法を試す機会とすることも大変有効です。

　全体で訓練を行うと、手順等の確認訓練だけでは、見つけられない問題も浮かび上がるので、マニュアル等の改善に結び付けるとよいでしょう。

④地域等連携訓練（「総合的福祉避難所訓練イメージ」（147頁参照））
＜実施目的：実際の災害時の様相に近付ける。「福祉避難所」への理解を促す。当事者の参加も重要。災害時に、地域等からの助力を得やすくする＞
　災害時を想定すると、単独の施設だけで訓練をしていても、不十分ということになるでしょう。そこで、先ほどの行政との連携訓練があるわけですが、それに勝るとも劣らない大事な訓練が、地域等との連携訓練です。当事者の参加も大切です。

　連携訓練の重要な意味は、いくつかあります。災害が発生すると、自分たちだけではなく、地域も困ります。そこで、助け合えないかという話になります。地域住民の福祉避難所への理解が進んでいると、誤解が生じないことで、皆が助かります。というのは、その施設は地域で最も立派で安全そうな建物で、少なくとも小・中学校の体育館に避難するより良いのではとなり、結果として地域の「避難先」と見なされます。さらに、「避難所」なら「私たち避難者の面倒を見て下さい」と一般の人が集まってくることになりかねません。

　そうした事態を避け、「施設と地域は、互いに助け合いましょう。緊急時に一時的に滞在することは可能でも、この施設は福祉避難所になるので、地域の一般の人は指定されている避難所にお願いしたい。ただし、福祉避難所でボランティアをしてくださる方は、そこで協力して欲しい」といったことを、事前に伝えることができるかもしれません。

　当事者が参加していると、より一層、要配慮者のための「福祉避難所」であることが、理解されやすくなるでしょう。

　また施設と行政、施設と地域というだけでなく、日常から施設運営を支えている各種事業者、出入り業者、福祉関係者（各地の地域包括支援センターやさまざまなサービス提供事業者等）などとも、連携訓練を行っておくと、互いの役割が確認できます。

⑤頭脳の防災訓練（ワークショップ、防災ゲーム等）
＜実施目的：防災のセンスを養う。別の組織の職員と行うと互いに交流ができる＞
　現段階では、実動訓練はすぐには難しいとか、防災のセンスを養っておく必要があるという場合には、次のようなワークショップタイプ、ゲームタイプの「頭脳の防災訓練」も有効です。（以下に紹介するもの以外にもあります）

　防災ゲームでは、クロスロード（災害対応カードゲーム）やHUG（ハグ：避難所運営疑似体験ゲーム）なども活用でき、福祉施設バージョン、福祉避難所バージョンなどもあります。

このタイプの訓練は、一定の場所や人数が必要であり、できるだけ行政が関与して、必要な用具を揃えて開催することが大切です。また異なる組織の人が一緒に行うと、お互いの交流にもなります。当事者が参加できれば、一層理解が深まるでしょう。

福祉人材の教育・訓練機関や防災教育機関を有している自治体は、そこで実施するなど、自治体行政の福祉部門、防災部門との連携で、実施できることが望ましいです。

3　当事者（と直接支援者）の訓練参加で意見反映

福祉避難所の訓練では、当事者が参加しないと、訓練のあり方や成果として必ずしも十分でなく、場合によっては当事者に対して「不都合」な状況が改善しないままになることがあります。

そのためには、どうしたらよいでしょうか。計画は、必ず見直しが伴います。福祉避難所の立上げや運営の計画をつくったら、それで本当に実施できるのかどうか、当事者や直接支援者にも参加してもらい、ワークショップや実動訓練をやってみます。やってみると、必ず具合の悪いところ、うまく行かないところが分かります。そこで分かったことを考慮して、徐々に計画をブラッシュアップしていくという方法をとります。そうすれば、当事者や直接支援者の意見を反映したものに変えていけるのです。（可能なら、計画段階から入ってもらった方がよいことは、言うまでもありません）

福祉避難所は、二段階避難が原則となっている自治体も多いため、実動訓練の機会に、当事者や直接支援者に、二段階避難であることを周知できます。そして「災害のときはなにがなんでも避難所へ」という誤解も、払しょくする説明があるとよいでしょう（例えば、水害等の事前避難の励行と、大地震後に自宅が大丈夫であれば、自宅にとどまる方がよい場合もあること等）。ここでいう二段階避難は「まず一般避難所に避難して、その後必要に応じて二次避難所または福祉避難所に移る」ことです。

また仮に、「原則」となっている二段階避難が当事者の困難をかえって増してしまうという状況があれば、柔軟な対応計画に直す（例外的な取扱いを設ける）などの対応改善に役立ちます。

4　機会をとらえて実質的防災訓練を

自分たちの自治体や事業所のある地域で、災害の注意喚起をされたとき（注意報、警報発令など）は、絶好の訓練・検証の機会ととらえて、災害時にとるべき行動を「おさらい」して下さい。避難行動要支援者（図表4－2「被災者のイメージ」（138頁参照））の事前避難や、福祉避難所の事前開設と要配慮者の受入れを実施してみると、とても良い防災訓練となるでしょう。

また、他の災害被災地を応援することも、そのような災害が自分たちの所で起こったとき、何をしたらよいかということを学べるという意味で、大事な「訓練」となります。

福祉避難所訓練イメージ

多数か所同時訓練と手順確認等の例

震災総合訓練実施

福祉施設A
福祉施設B
福祉施設C
福祉施設D

N区役所

福祉部

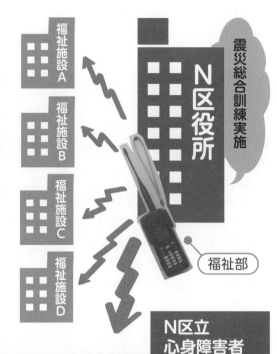

ミーティング

建物安全点検

発電機

N区立 心身障害者 福祉センター

通信訓練

協定業者

車椅子・ベッド搬入

避難室セット

協力：練馬区福祉部・練馬区立心身障害者福祉センター
撮影：高橋　洋、岡野谷　純

総合的福祉避難所訓練イメージ

地域等参加型福祉避難所訓練の例　地域も行政も当事者（要配慮者）も参加が望ましい。

初動

施設職員ミーティング

訓練前半

参加者・見学者説明　見学者も真剣

地域防災拠点（一般避難所）からも参加

地域防災拠点
責任者も参加

給水訓練（水道局）

地域防災拠点表示

通報連絡

トイレ点検

トイレ貼紙

訓練後半　要配慮者の受入れ

写真提供：横浜市ひかりが丘地域ケアプラザ

訓練終了後、参加者全員で反省会を行う。→マニュアル等の改善へ

第1章

第2章

第3章

第4章

第5章

3 福祉避難所開設・運営マニュアル（例）

　これまでの福祉避難所運営の記録*、本章の「□福祉避難所の重要ポイント」「②訓練」などを踏まえ、以下に「福祉避難所開設・運営マニュアル（例）」を示します。

　マニュアルをたたき台にして、職員の話し合いや、教育・訓練を行い課題を発見しましょう。そして福祉避難所の課題を事前の準備によりできるだけ解消するとともに、人材育成を進め、併せて災害時の事業継続を目指します。

＊ これまでの災害の際に書きとどめてきた福祉避難所の運営の記録

1 事前準備

⑴ 連携・協力体制

　福祉事業所職員と自治体の要配慮者班は平常時から連携し、メンバー間の顔の見える関係を築きます。また、福祉事業所、福祉関係者、地域団体、関係業者等が連携して、災害時の協力体制を構築します。

⑵ 福祉避難所のレイアウト、受入れ可能人数の把握

　□　避難者の一時的な受入れのレイアウトをつくります。
　　①　支援室、レクリエーションルーム、作業室、会議室等
　　②　人数が多い場合は、相談室、廊下、食堂などのオープンスペースの設置を検討
　　　　床に座るだけでなく、椅子の活用も検討
　　③　一般避難者は、状況によって一般の避難所に移動してもらうことも考えながら、
　　　　対応していきます。
　□　就寝可能場所のレイアウトをつくります。
　　①　支援室、レクリエーションルーム、作業室、会議室等
　　②　人数が多い場合は、相談室、廊下、食堂などオープンスペースを検討
　□　受入れスペースは避難者１人当たりの面積をおおむね3.3㎡（畳２畳分）とし、受入れ可能人数を把握します。
　　なお、立入禁止場所と福祉避難所として使用する場所を明確にします。

⑶ 連絡先

　福祉避難所運営関係機関の連絡先をリスト化します（第５章「資料編」（198頁参照））。

⑷　備蓄

　福祉避難所の備蓄品をリスト化します。施設訓練の機会等も利用して、備蓄品を確認しましょう（第5章「資料編」（195〜197頁参照））。

⑸　地理情報

　福祉避難所周辺の地理情報を把握します。

　避難者や帰宅困難者等から道案内や指定避難所の場所を聞かれることがあります。自治体発行の防災マップを一定数用意しておきましょう。

⑹　スタートボックス

　福祉避難所開設・運営に必要な物資・書類などを箱にまとめて「福祉避難所スタートボックス」（159〜169頁参照）をつくります。最初に参集した人が箱を開け「指示書」通りの対応から開始します。

⑺　事前の取り決め

　福祉避難所の活動について、福祉事業所職員、自治体の要配慮者班、地域住民を交えて事前の取り決め、協議をしましょう。

- □　福祉避難所長、副所長、職務代理者を指定します。
- □　災害の発生が休日夜間だった場合、職員が施設に到着するのに要するおおむねの時間（徒歩のときと自転車のとき。本人や家族にけががなく、自宅の被害を確認し、当面の対応を家族に指示するなどの時間を考慮した到着時間）を把握します。
- □　福祉避難所開設・運営訓練を行う際に、地域の町会・自治会等にも参加してもらい、受入れ可能数、施設内の使用範囲や使用方法について近隣住民と話し合います。

⑻　マンパワーの確保

　この「福祉避難所開設・運営マニュアル」を使用する施設と同一法人の施設及び福祉事業所、他の福祉事業者、委託業者、納入等の業者、ボランティア、行政への支援要請方法や要請する内容を決めておきます。

⑼　移動手段の確保

　車のガソリンは常に半分以上にしておきます。

　施設保有車両のみでなく、車や二輪車を持つ従業員、委託業者、出入り業者等の関係者にも、同様の要請をしておきます。

第1章

第2章

第3章

第4章

第5章

2　発災直後の初動対応

(1)　災害初動対応

　人命を第一に、利用者と職員の安全確保、安否確認、救助、避難、初期消火、施設点検など「BCP（事業継続計画）」、「消防計画」や「防災計画」に定めた災害対応を行います。

(2)　避難者の一時的な受入れ

　一般の避難者も一時的に受け入れる場合があります。このとき、要配慮者以外の避難者が就寝場所などを占有しないように、可能なら別室を用意して、椅子に腰かけてもらうなどの対応をします。

3　福祉避難所の開設

(1)　開設の判断

　　☐　自治体災害対策本部からの開設の指示
　　☐　配慮の必要な避難者からの受入れの要望
　　　　この場合には、運営に当たり市区町村と締結する協定の内容を「施設の自主判断により福祉避難所を開設し、できるだけ速やかに自治体災害対策本部（要配慮者班）に報告する」としておくことが望ましい。
　　　　そして開設した場合は、使用可能な通信手段により活動の開始を自治体の要配慮者班へ報告します。
　　　　◎使用可能な連絡手段の例：災害時優先電話、FAX、電子メール、近隣小中学校・避難所・自治体施設等のデジタル防災無線機、臨時電話等
　　　　◎報告項目：開設の旨、開設時間、避難者数の推移・傾向、施設の被害状況、福祉避難所のスタッフとして活動可能な人数等

> 【報告例】
> 　■■園（施設名）に福祉避難所を開設しました。開設時間は●●時●●分です。避難者は、●●名程度、今後増加していく傾向あり。施設の一部でガラス窓が割れ、ガラスが飛散しています。現在、職員●名、町会・自治会●名で活動しています。

> 【報告例】
> 　●●時●●分現在、■■園（施設名）に避難者●名がいます。建設関連事業者の参集がないため、避難所建物の安全が確認できていません。現在、施設職員●名、町会・自治会●名で活動しています。対応について指示をお願いします。

　　　　◎自治体の要配慮者班と連絡がとれない場合は、事後報告とします。

⑵　建物の安全確認

　避難者を敷地内に入れますが、原則として、建築関連事業者による建物の安全確認が行われるまで避難者を建物内に入れず、敷地内に待機してもらいます。

　雨天、猛暑・寒冷など社会通念上、外での待機がふさわしくない場合は、明らかに使用できると判断できる部分のみ応急的に使用します。

　□　建物の安全を確認する場合は、東京都福祉保健局作成の 4 2 「⑴　施設の安全点検のためのチェックリスト（例）」（164頁参照）を活用します。

　　　◎建物内を点検する場合は、ヘルメット、軍手等を着用し、余震等による二次災害の防止を図ります。備蓄倉庫内にある「避難所開設用物資（ベスト・防塵マスク・ヘルメット・軍手等）」を事前に準備しておきます。

　□　建物の安全確認ができた場合は、福祉避難所であることから要配慮者とその家族を優先して建物内に入れます。

⑶　【準備】受付の設置、避難者名簿の準備、アナウンス、水道・トイレの準備

　□　受付の準備

　　①　福祉避難所となる建物の入口に、長机を1つ以上使って受付を設置します。

　　②　「福祉避難所スタートボックス」（159頁参照）に入っている封筒「福祉避難所関係書類」から、「避難者カード」（165頁参照）及び「避難者名簿（一覧表）」（165頁参照）を取り出し、受付準備を行います。

　　③　防災倉庫などから毛布、ブルーシートを避難所建物に移動します。他の物資は必要により準備します。

　　④　あらかじめ決めておいた避難受入れスペースにブルーシートを敷きます。

　　　◎担当者の配置例

　　　　㋐　避難者へのアナウンス→1名以上（避難者数が多い場合は、複数名）

　　　　㋑　受付対応→3名以上

　　　　㋒　毛布等備蓄物資の搬送→2名以上

　　　　㋓　受付を終了した避難者の誘導、避難所内の占有場所の指示、備蓄物資の配布→2名以上。少なくとも1名は、建物内にて避難者にアナウンスを行う。

　　　　㋔　仮設トイレの設置等→2名以上（㋒と兼務可能）

　□　水の確保は原則として水道水ですが、断水も想定されるため、各施設の水のペットボトルを活用します。飲料・トイレとも、節水を積極的に呼びかけます。水道が使用不可能なときは、受水槽、井戸を確認します。近隣の公共施設や、小・中学校内に防災用深井戸などがある場合は、井戸を確認します。

　□　トイレの使用

　　①　施設のトイレが使える場合

　　　　排水管などが破損せず、水洗トイレが使えるときはこれを使い、節水に努めるよう周知します。断水時には、川や池の水、近隣小・中学校のプールの水等を汲み置きし、便器に流す水として活用する等、対応を図ります。

　　②　施設のトイレが使えない場合

仮設トイレ、マンホールトイレがあれば設置します。要配慮者用というよりは、むしろ職員や要配慮者家族用です。仮設トイレが使えない要配慮者には、主としてポータブルトイレで対応します。

⑷　受付開始

　受付は、避難者と福祉事業所職員の初めての出会いの場です。避難者は大きな不安を抱えながら来ていますので、落ち着いて対応することが大切です。

□　一般避難者には原則として小・中学校などの指定避難所に行くように要請します。（一時的な滞在を許可する場合もあります）

□　「避難者カード」（165頁参照）による受付を行います。

□　多数の避難者がいるときや受付スタッフの人数が少ないときは、名前を聞いて「つり下げ名札」にカタカナで名前を書いて、首にかけてもらいます。

　◎避難者に「避難者カード」を記入してもらいますが、難しい場合は施設職員が聞き取りをしながら記入します。

　◎名簿作成時には、食事に関する特別な配慮（アレルギーがある、乳幼児でミルクや離乳食が必要など）、医療的な配慮・介助が必要か否か、持病や障害、どんな薬を飲んでいるか可能な限り申告してもらいます。

　◎避難者の安否照会、食料や物資の必要量は、避難者数をもとに行うので、避難者名簿は非常に重要です。

　◎福祉避難所の専有面積は、3.3㎡（畳2畳分）当たり1名を目安に1名の占有場所とします。

⑸　指定避難所等からの要配慮者の受入れ

□　福祉避難所を開設したときは、福祉事業所職員はもとより、要配慮者及びその家族、地域住民、支援団体等に速やかにその場所を周知します。

□　受入れ体制が整い次第、指定避難所等から福祉避難所の対象となる要配慮者を受け入れます。

　◎福祉避難所の開設期間

　　災害救助法に基づく福祉避難所を設置した場合の開設期間は、原則として、災害の発生の日から最大限7日以内です。しかし、大災害の場合など、閉鎖することが困難なときは、厚生労働大臣へ協議し延長します。

⑹　状況報告

　自治体の要配慮者班へ避難者数の推移・傾向、物資の残量、活動状況等、状況報告を行います。

4　福祉避難所の運営

【被災1日目】

⑴　福祉避難所担当職員の配置、施設との調整

□　自治体が福祉避難所を開設したときは、原則として自治体の要配慮者班から福祉避難所担当職員を派遣し、施設との調整を行います。なお、災害発生当初は、自治体が福祉避難所担当職員を確保できないことが想定されるため、施設管理者等が対応します。（自治体の要配慮者班は、職員を配置できるまでは、担当者の巡回などにより状況の把握に努めます）

⑵　福祉避難所運営協議会の設置・福祉避難所運営の検討

□　「福祉避難所運営協議会」を設置し、避難所長、各活動班の班長、支援者で構成します。協議会が設置されるまでは、福祉避難所長またはその職務代理者（職務代理者も不在の場合は、参集している者）が指揮をとり当面の運営をします。（このような運営協議体を、事前に準備し、会議・訓練参加できることが望ましい）

□　福祉避難所の運営体系

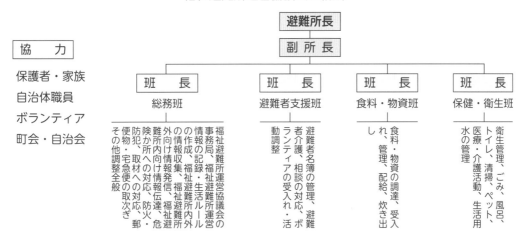

福祉避難所運営協議会の構成

□　福祉避難所運営の活動班
　①　活動班の設置
　　　特定の人に重い負担がかからないようにするため、活動班を設置し、保護者・家族やボランティア等と協力して福祉避難所運営を行います。ただし、福祉避難所の規模や作業量によっては活動班を統合するなど、福祉避難所に最適な状態をつくります。

② 班長の選出

③ 班長補助者の設置

☐ 備蓄倉庫の管理方法・避難所の共通のルールづくり・班編成

　　④「**5**生活ルール（例）」（168〜169頁参照）

☐ 相談窓口の設置

　　要配慮者の悩みや相談に対応する窓口を、福祉避難所に設置します。相談窓口では、専門職による総合的な福祉、健康相談等を行います。

(3) 要配慮者の支援

☐ 受付終了後、毛布など備蓄資器材を手渡します。

☐ 要配慮者の健康状態、必要なサービスの状況などを把握します。

☐ 福祉避難所において、要配慮者が生活するうえでの支障をできる限り取り除き、環境整備に努めます。

☐ 福祉サービスの提供

　　要配慮者が災害発生前に受けていた福祉サービスや医療を、災害後も継続的に受けられるよう努めます。保健師やケアマネジャー、他福祉事業者等と連携を図り、避難している要配慮者に対して必要な福祉サービスを提供します。

　　◎避難者と施設利用者をできるだけ公平に扱うように配慮します。そのため、「事業所のBCP（事業継続計画）」の「重要業務の継続」の枠組みを活用し、要配慮者支援に必要な業務を、優先順位をつけて整理しておきます（第3章**3 4**「4.2　重要業務の継続（利用者対応）」（112頁参照））。

☐ 福祉避難所では、以下のように要配慮者それぞれの配慮事項に応じた対応を図ります。

① 高齢者

・避難生活で活動力が低下し、寝たきり状態になりやすいので、健康状態に十分配慮し、可能な限り運動のできる場所を確保します。

・認知症高齢者は、生活環境の変化で問題行動が現れやすいので、生活指導等を行い精神的な安定を図ります。

・トイレに近い場所に避難スペースを設け、おむつをしている人のためには、おむつ交換の場所を別に設けます。

② 視覚障害者

・福祉避難所のトイレや配給場所の配置等の、状況の変化などを適切に伝えます。

・放送やハンドマイク等を使用し、最新の情報を音声で確実に伝えます。

③ 聴覚障害者

・伝達事項は、紙に書いて手渡すか貼り出すかして知らせます。

・放送の内容も紙に書いて貼り出し、掲示板等を使用し、場所や使用方法、施設内の配置等の変化など、最新の情報を適切かつ確実に伝えます。

・手話通訳者や要約筆記者等を派遣してもらいます。

④ 肢体不自由者

・車椅子が通れる幅を確保します。車椅子の移動の妨げになる段差が解消できてい

ないところは移動支援します。
⑤　内部障害者
- 医療機材の消毒や交換のため、清潔な治療スペースを設けます。
- 医療機関等の協力により巡回診療を行います。
⑥　知的障害者
- 環境の変化を理解できずに気持ちが混乱したり、精神的に不安定になる場合があるので、気持ちを落ち着かせるよう配慮します。
⑦　精神障害者
- 孤立してしまうことがないよう、知人等と一緒に生活できるよう配慮します。
⑧　乳幼児
- 退行現象、夜泣き、不眠などの症状に留意し、精神的安定が図られるよう配慮します。
- 乳児に対して、ミルクの湯を提供、哺乳瓶の消毒、沐浴等ができるよう手配します。（液体ミルクの備蓄、調達物があれば、希望により配布してもよいでしょう）

⑷　緊急入所、医療搬送等の実施

□　福祉避難所での避難生活が困難な要配慮者について、緊急入所、緊急ショートステイ等により適切に対応します。自治体外に福祉避難所を移設する場合は、同行支援します。

□　要配慮者に症状の急変等により医療処置や治療が必要になった場合は、医療機関に移送します。
①　自力で歩ける場合　　家族等の付添いのもと、医療機関へ向かいます。
②　自力で歩けない場合　ストレッチャー、担架ベッド、車椅子、リヤカー等を活用します。

⑸　健康管理・インフルエンザ等の感染症対策

□　咳込むなど特有の症状がある場合は、インフルエンザ等を疑って、個室に移すなど適切な対応をとり、集団感染が起こらないようにします。

□　病院に移送しても診察後、避難所に戻ることがあり、その場合は感染の危険がなくなるまで、り患者を別の場所等に移し、集団感染を防ぎます。

□　避難者には、丁寧な手洗い、アルコール消毒を励行してもらいます。

⑹　付添いの家族・保護者への福祉避難所運営協力依頼

付添いの家族・保護者にも協力を求め、建物内への誘導、食事の準備、清掃等や、当番・要配慮者の介助などを担ってもらいます。

⑺　物資・食料の配給

□　発災3日までは、原則として施設の備蓄（クラッカー、アルファ化米、保存しているペットボトルや受水槽の水）等で提供します。

□ 道路状況にもよりますが、通常3日目以降、自治体が調達した食料が届きます。状況を判断し、それでも余裕がない場合は、備蓄食料を長くもたせる工夫をします。
　備蓄食料・水・資器材が不足する場合は、自治体の要配慮者班に連絡します。

□ 【報告】不足物資の要求等

> 【報告例】
> 　○○○福祉避難所から緊急連絡です。受水槽の破損により飲料水を早急に確保する必要が生じています。給水をお願いします。避難者数は現在○○名です。また、毛布○○枚、備蓄物資クラッカー○○食の追加提供をお願いします。

⑻　ごみの臨時集積所の設置

□ 福祉避難所の衛生環境を良好に保つため、ごみの臨時集積所を設置し、避難者に周知します。分別収集を行います。

⑼　環境管理等

□ 季節により、防寒・避暑対策が必要です。ライフライン停止時には、特に温度管理、換気に配慮します。必要により暖房器具・扇風機等を自治体の要配慮者班に要請します。

⑽　ペット

□ ペットと避難してきた場合は、持参した専用のケージに入れてもらい、ペット専用の区画（屋外）にケージを置きます。世話は、できるだけ避難者の家族・関係者、要請したボランティアにしてもらうようにします。（避難時に専用のケージを持参できない人もいます）

□ 動物救護センターが設置されたときは、できるだけ移ってもらいます。

⑾　マスコミの取材

□ マスコミや各種調査団の対応窓口を一本化し、必ず窓口を通じて行います。

□ 取材の受付時は、氏名・所属・取材目的・発表内容・発表日時を確認し、記録に残します。

□ 福祉避難所内の居住スペースへの立入取材は、原則として断ります。

□ 取材時には必ず、身分が分かるものを身に付けさせ、担当者が付添います。

⑿　避難者への来客対応

□ 福祉避難所の入口付近に面会場所を設置し、避難所に居住している人以外は原則として居住空間に立ち入らないよう配慮します。

□ 所在確認は、避難者名簿等により、福祉避難所運営組織が行います。その際、プライバシー保護には十分配慮します。

【被災2日目以降】

前述の(1)～(12)及び次の内容を主に行います。

(13)　福祉避難所運営協議会

□　「福祉避難所運営協議会」を開催します。
- 1日2回、朝食前及び夕食後に開催します。
- 朝の会議は前夜以降の伝達事項を主に、問題点の協議は夕方に行います。
- 避難所の状態が落ち着いている場合は、朝の会議を省略します。
- 特に連絡事項がない場合でも、1日1回は会議を開催し、問題点の有無を確認します。

(14)　ボランティアの受入れ

□　福祉避難所の運営状況から判断し、専門ボランティアの派遣を法人、関係団体、行政に、専門・一般も含めたボランティアの派遣を、災害ボランティアセンターに要請します。（災害ボランティアセンターには、有資格の専門ボランティアが来る場合もあるため）

□　一般ボランティアの分担する仕事は、避難所生活の支援とし、的確にボランティアの配備を行います。
① 　要配慮者介護、看護活動の補助
② 　清掃及び防疫活動への応援
③ 　災害応急対策物資、資器材の輸送及び配分活動への協力
④ 　手話・筆談・外国語などによる情報伝達への支援協力
⑤ 　その他、危険を伴わない軽易な作業への協力

(15)　ライフラインの回復後、要配慮者・家族・保護者の状況を見て自立の支援を図る

要配慮者自身や家族・保護者ができることは、できるだけやってもらうようにしながら、徐々に自立の支援を図ります。

(16)　長期対応の場合の交代

福祉避難所運営業務が長期に及ぶ場合には、運営スタッフの勤務をシフト制に移行します。

5 閉鎖に向けた環境づくり

避難者数が減少してきたら、自治体の災害対策本部の指示により順次、福祉避難所の統廃合が行われます。
(1) 　福祉施設の利用者・要配慮者の自宅、親族宅、他避難所、病院、仮設住宅、復興住宅への移動を支援します。必要に応じ、帰宅前の自宅片付け等のため、災害ボランティアセンターを紹介するなど、移動の条件を整えるためのアドバイスを行います。
(2) 　自治体と協力して利用者、要配慮者及び保護者等への福祉避難所以外への移動や、

福祉避難所の統廃合や廃止への理解を進めます。

(3) 福祉避難所機能を縮小し、通常業務を拡大していきます。

6 閉鎖

自治体の災害対策本部から特別の指示がある場合を除き、避難者全てが福祉避難所を出た時点で、主な活動は終了します。

(1) 福祉避難所を閉鎖し、施設の原状回復を行います。

(2) 通常業務を回復し、徐々に平常時の体制へ移行します。

(3) 災害経験を活かして、他の施設や福祉避難所の支援を検討します。

(4) 「BCP（事業継続計画）」は、BCP教育、防災教育、防災訓練、避難訓練を見直して、レベルアップを図ります。

【施設閉所中（土日、夜間）の福祉避難所の開設・運営】

(1) 参集

災害対応要員、施設長など「防災計画」や「BCP（事業継続計画）」により、あらかじめ決められた担当者が参集します。

(2) 防災スタートボックス、福祉避難所スタートボックス

最初の参集者は施設を開錠し、「防災スタートボックス」、「福祉避難所スタートボックス」を開け、その指示に従います。

施設の災害対策本部の開設準備、施設の安全確認、避難所の開設準備、利用者・職員の安否確認、参集の呼びかけなどを行います。

(3) 福祉避難所開設

以降は、前述の「**3**福祉避難所の開設〜**6**閉鎖」（150〜158頁参照）と同様です。

4 福祉避難所スタートボックス（例）

　福祉避難所の開設時に、必ずしも施設長や幹部職員がいるとは限りません。しかし、地域の避難者や帰宅困難者は、安全と思われる福祉事業所に押し寄せてくるかもしれません。そこで、福祉避難所のマニュアルを熟知していない職員でも、最低限の対応ができるように「福祉避難所スタートボックス」を準備しておくことを提案します。

　スタートボックスの内容は「指示書」「関係書類」「物資」「生活ルール」に大別されます。必要なら班ごとに作成したり、福祉避難所内に掲示する貼物（各種表示）もあらかじめつくって入れておくことが望ましいです。（スーツケース等の丈夫なケースを使う場合もあります（右記写真参照））

福祉避難所スタートボックスのなか（例）

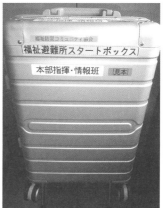

福祉避難所スタートボックス外形（例）

1 指示書（例）

⑴ 指示書の様式

　Ａ４用紙１枚に、福祉避難所開設時にやるべきことを１項目ずつ順番に記載します。表面に指示項目、裏面に本マニュアルの該当部分を記載すると迅速な対応ができます。

（表面）

指示書（その１）

【自衛消防隊長（代理含む）：人命を守る】
地域住民が、この施設を頼ってきています。
ふんばりどころですね。

【隊長：福祉避難所開設の判断】
□「施設の安全状況」と「自治体からの福祉
　避難所開設指示の有無」を確認します。

□・・・・・・

□・・・・・・

【隊長：福祉避難所の指揮者を決めます】

□・・・・・・

□・・・・・・

（裏面）マニュアル抜粋

⑴　開設の判断
　□　自治体災害対策本部から開設の指示
　□　要配慮の避難者から受入れの要望
→使用可能な通信手段により活動の開始を自
　治体の要配慮者班へ報告します。
　　　◎使用可能な連絡手段の例
　　　　・・・・・・
　　　◎【報告項目】
　　　　・・・・・・・

⑵　建物の安全確認
　　　・・・・・・

　□・・・・・・
　　　◎建物内を点検する場合は、ヘルメッ
　　　　ト、軍手等を着用し、二次災害の防
　　　　止を図ります。

指示書（その1）

【自衛消防隊長（代理を含む）：人命を守る】

　地域住民が、この施設を頼ってきています。

　ふんばりどころですね。

【隊長：福祉避難所開設の判断】

□ 「施設の安全状況」と「自治体からの福祉避難所開設指示の有無」を確認します。

□ 「施設が安全」で、「自治体からの福祉避難所開設指示が『ある』」場合は、すぐに開設します。

□ 「自治体からの指示は『ない』」が、「地域の要配慮者からの受け入れ要望がある」場合は、おおよその人数を確認し、開設をします。

【隊長：福祉避難所の指揮者を決めます】

□ 自衛消防隊長は、管理職・その場にいる職員のなかから、地域担当リーダー（福祉避難所長）を決めます。

□ 地域担当リーダー（福祉避難所長）に「指示書（その2以降）」と「福祉避難所開設・運営マニュアル」を渡します。

指示書（その2）

【地域担当リーダーの行動】

□ 「指示書」（その2以降）を用いて、指揮します。

□ 困ったときは、渡された「福祉避難所開設・運営マニュアル」を参考にします。

【自治体への「福祉避難所開設」の連絡】

□ 報告例に従って、「災害時優先電話、配備されている場合は防災無線機」で自治体に報告します。つながらない場合は、後で報告します。

【報告例】（避難所建物の安全確認ができている場合）

　■■園（施設名）に福祉避難所を開設しました。開設時間は●●時●●分です。避難者は、●●名程度、今後増加していく傾向あり。施設の一部でガラス窓が割れ、ガラスが飛散しています。現在、職員●名、町会・自治会●名で活動しています。

【報告例】（避難所建物の安全確認ができていない場合）

　●●時●●分現在、■■園（施設名）に避難者●名がいます。建設関連事業者の参集がないため、避難所建物の安全が確認できていません。現在、施設職員●名、町会・自治会●名で活動しています。対応について指示をお願いします。

指示書（その3）

【「福祉避難所」の体制づくり】

- □　地域担当リーダー（福祉避難所長）は、下の表を参考にして、「福祉避難所運営協議会」の各班長（主に職員）及び班員（避難者・ボランティアなど）を任命し、担当者名を記入します。

- □　班長及び班員に、下記の「当面の役割」を伝え、班ごとの「指示書」（162〜163頁）・腕章を渡します。

「福祉避難所運営協議会」の体制・役割・人数

班	当面の役割	人　　数
総務班 　班長： 　班員：	・避難者へのアナウンス ・受付対応	2名以上
避難者支援班 　班長： 　班員：	・受付終了者の誘導 ・避難所の設営・居場所の指示、安心の声かけ ・備蓄物資の配布	2名以上
食料・物資班 　班長： 　班員：	・毛布等備蓄物資の搬送・移動 ・トイレの使用可能性確認と簡易トイレの設置等（保健・衛生班兼務）	3名以上
保健・衛生班 　班長： 　班員：	・けが人等の救護 ・衛生の保持	2名以上 ※班長は、事業所本部の救護班から選出

第1章

第2章

第3章

第4章

第5章

(3) 総務班の指示書

指示書：総務班（1/3…班長）

【受付準備】

- ☐ 班長：受付準備を指示します。
  「福祉避難所の受付場所（●●付近）に、長机を１つ以上で設置して下さい」
  「スタートボックスにある封筒『福祉避難所関係書類』から、『避難者カード』と『避難者名簿（一覧表）』『筆記具』を取り出し、机の上に置いて下さい」
- ☐ 班長：総務班を案内担当と受付担当に分け、それぞれに「指示書」を渡し、受入れ可能人数は●名と伝えます。
- ☐ 班長：案内担当・受付担当に、そのときの受入れ人数を確認し、受入れを継続するか、ストップして他の福祉避難所を案内するかを判断し、班員に伝えます。

指示書：総務班（2/3…案内担当）

【他の避難所への誘導と受付への案内】

- ☐ 比較的元気な人は「近くの指定避難所（●●小学校など）」へと案内し、要配慮者とその付添いの人を受付へと案内します。同時に、その旨貼り出します。

  「皆様にご案内します。
  ここは、高齢者、障害者など特に支援の必要な方用の福祉避難所です。
  元気な方は、恐れ入りますが「近くの●●小学校」へとお進み下さい。
  支援の必要な方と付添いの人は、順番に受け付けますので、少しお待ち下さい」

  （福祉避難所受入れ満杯の場合）
  「皆様にご案内します。
  この福祉避難所は受入れ可能数に達しています。恐れ入りますが、支援が必要な方も、ひとまず●●小学校へとお進み願います」

指示書：総務班（3/3…受付担当）

- ☐ 常に落ち着いて、避難してきた人が少しでも安心できるような声かけをしながら受付をします。（声かけは「福祉避難所のふわふわことば」（170～172頁）を参考にしましょう）
- ☐ 避難してきた人から聞き取りをしながら、「避難者カード」（165頁参照）に記入します。

  「大変だったですねぇ…。受付ができましたら、避難場所へご案内しますので、いくつかお答え下さい」

- ☐ 受付が終了した人を「避難者支援班のいる方」へ案内します。
- ☐ 記入後の「避難者カード」は、整理番号順に並べます。
- ☐ 一段落したところで、速やかに「避難者名簿（一覧表）」に記入します。

(4)　避難者支援班の指示書

指示書：避難者支援班（班長）

☐　常に落ち着いて、避難してきた人が少しでも安心できるような声かけをしながら支援をします。（声かけは「福祉避難所のふわふわことば」（170～172頁）を参考にしましょう）

☐　班長：避難所設営準備を指示します。
　　要配慮者用に、避難スペースに敷物などを敷くように指示します。
　　避難スペースの周囲に椅子を置きます。
　　一時的に健常者を受け入れる場合は、別室を用意するなどして、できるだけ椅子に座ってもらいます。

☐　班長：受付後の要配慮者の誘導を指示します。
　　要配慮者を居場所に誘導します。
　　毛布や水、食料などの物資を渡すように指示します。

☐　班長：一般の避難者にボランティアとして働いてもらえるよう、要請します。

☐　班長：要配慮者の体調、不安感に配慮します。
　　「この建物は、震度7の地震にも耐えられる強さをもっています。安心して、お過ごし下さい。また、体調の悪い方、ご気分のすぐれない方は、近くの職員に申し出て下さい」

(5)　食料・物資班の指示書

指示書：食料・物資班（班長）

☐　常に落ち着いて、避難してきた人が少しでも安心できるような声かけをしながら支援をします。（声かけは「福祉避難所のふわふわことば」（170～172頁）を参考にしましょう）

☐　班長：毛布、ペットボトルの水、ビスケットを、防災倉庫から搬入するように指示します。

☐　班長：水道や施設のトイレが使えるか、使えないかを確認させます。トイレの水洗が使えない場合は、仮設トイレ、ポータブルトイレの準備を指示します。

☐　班長：避難者支援班の依頼や、避難者の状況を見て、必要な物資を倉庫から搬入します。

(6)　保健・衛生班の指示書

指示書：保健・衛生班（班長）

☐　常に落ち着いて、避難してきた人が少しでも安心できるような声かけをしながら支援をします。（声かけは「福祉避難所のふわふわことば」（170～172頁）を参考にしましょう）

☐　班長：けが人がいるか、いないかを確認させます。
　•けが人がいる場合は応急手当を行い、必要に応じて救護所、あるいは災害対応病院に搬送します。

☐　班長：福祉避難所内外の衛生を保ちます。
　•外履きのまま避難所に入らないように注意させます。
　•避難所入口に手指消毒用アルコールを置かせます。

☐　班長：要配慮者の体調、不安感に配慮します。
　　「この建物は、震度7の地震にも耐えられる強さをもっています。安心して、お過ごし下さい。また、体調の悪い方、ご気分のすぐれない方は、近くの職員に申し出て下さい」

第1章
第2章
第3章
第4章
第5章

2 福祉避難所関係書類

(1) 施設の安全点検のためのチェックリスト（例）

	点検項目	点検内容	判定	該当する場合の 対処・応急対応等
施設全体				
1	建物 （傾斜・沈下）	傾いている。沈下している。		建物を退去
		傾いているように感じる		要注意 →専門家へ詳細診断を要請
2	建物 （倒壊危険性）	大きなX字状のひび割れが多数あり、コンクリートの剥落も著しく、鉄筋がかなり露出している。壁の向こう側が透けて見える。		建物を退去
		斜めやX字形のひび割れがあるが、コンクリートの剥落はわずかである。		要注意 →専門家へ詳細診断を要請
3	隣接建築物・ 周辺地盤	隣接建築物や鉄塔等が施設の方向に傾いている。		建物を退去
		周辺地盤が大きく陥没または隆起している。		建物を退去
		隣接建築物の損傷や周辺地盤の地割れがあるが、施設への影響はないと考えられる。		要注意 →専門家へ詳細診断を要請
施設内部（居室・通路等）				
1	床	傾いている、または陥没している。		立入禁止
		フロア等、床材に損傷が見られる。		要注意／要修理
2	壁・天井材	間仕切り壁に損傷が見られる。		要注意／要修理
		天井材が落下している。		立入禁止
		天井材のズレが見られる。		要注意 →専門家へ詳細診断を要請
3	廊下・階段	大きなX字状のひび割れが多数あり、コンクリートの剥落も著しく、鉄筋がかなり露出している。壁の向こう側が透けて見える。		立入禁止
		斜めやX字形のひび割れがあるが、コンクリートの剥落はわずかである。		点検継続 →専門家へ詳細診断を要請
4	ドア	ドアが外れている、または変形している。		要注意／要修理
5	窓枠・窓ガラス	窓枠が外れている、または変形している。		要注意／要修理
		窓が割れている、またはひびがある。		要注意／要修理
6	照明器具・ 吊り器具	照明器具・吊り器具が落下している。		要注意／要修理
		照明器具・吊り器具ズレが見られる。		要注意／要修理
7	什器等	什器（家具）等が転倒している。		要注意／要修理／要固定
		書類等が散乱している。		要注意／要復旧
設備等				
1	電力	外部からの電力供給が停止している。（商用電源の途絶）		代替手段の確保／要復旧 →（例）非常用電源を稼働
		照明が消えている。		
		空調が停止している。		
2	エレベータ	停止している。		要復旧 →メンテナンス業者に連絡
		警報ランプ、ブザー点灯、鳴動している。		
		カゴ内に人が閉じ込められている。		→メンテナンス業者または消防機関に連絡
3	上水道	停止している。		代替手段の確保／要復旧 →（例）備蓄品の利用
4	下水道・トイレ	水が流れない（溢れている）。		使用中止／代替手段の確保／要復旧 →（例）災害用トイレの利用
5	ガス	異臭、異音、煙が発生している。		立入禁止／要復旧
		停止している。		要復旧
6	通信・電話	停止している。		代替手段の確保／要復旧 →（例）衛星携帯電話、無線機の利用
7	消防用設備等	故障・損傷している。		代替手段の確保／要復旧 →消防設備業者に連絡
セキュリティ				
1	防火シャッター	閉鎖している。		要復旧
2	非常階段・ 非常用出口	閉鎖している（通行不可である。）		要復旧 →復旧できない場合、立入禁止
3	入退室・ 施錠管理	セキュリティが機能していない。		要復旧／要警備員配置 →外部者侵入に要注意（状況により立入禁止）
総合評価				

出典：東京都福祉保健局「避難所管理運営の指針（平成30年3月版）避難所運営委員会用様式集」2018

(2)　避難者カード（例）

避難者カード				福祉避難所名		
フリガナ				介護の必要	有　・　無	
氏　　　名					（詳細は、備考欄に お書き下さい）	
性　　　別	男　・　女	年　　齢				
住　　　所						
家族等の 連　絡　先	氏　　名　　　　　　　　　住　　　所 電話番号					
備　　　考	※配慮が必要な場合、体調不良の場合、病院の薬を服薬中の場合等は具体的に記入して下さい。 ※その他					
入　所　日	年　　　　月　　　　日		退　所　日	年　　　　月　　　　日		

(3)　福祉避難所開設・運営マニュアル（本マニュアル）

(4)　地図、ハザードマップ等

　近隣の災害状況を記入したり、避難所を案内したりするために住宅地図などをコピーして準備しておきます。自治体発行の防災地図も入れておきます。

(5)　連絡先名簿、自治会名簿等

　自治体、ライフライン関係、福祉関係者、自治会などの連絡先名簿を準備します。

(6)　避難者名簿（一覧表）

　避難者を受け入れる際に使用します。これをもとに、調達する支援物資数（食料、物資等）を算出します。避難者カードが、避難者数算出の根拠となりますが、増減もあるため、カードデータによる避難者数の再算出が頻繁になり、データを電子化する作業が欠かせません（個人情報に配慮しつつ、ボランティアなどに避難者データの入力を依頼することが大切です）。

避難者名簿（一覧表）（例）

番号	氏　　名	年齢	性別	郵便番号	住所または居所	電話番号 その他の連絡先	その他

⑺ つり下げ名札

受入れ可能人数分を用意します。高齢者、障害者、傷病者、ボランティア等の色分けをしたり、ナンバーを振っておくと管理しやすくなります。

⑻ 物品受払簿

施設内の備蓄物資を使用した際、もしくは、外部から物資を受け取った際に使用します。物資の在庫・残りを把握するうえで必要な書類になるので、物資を使用した際には、必ず記入します。

⑼ 福祉避難所開設日誌

福祉避難所での出来事を記入します。具体的には、起床から消灯までを記入し、その日に起こった問題などを記入します。

⑽ 福祉避難所受入れ状況報告書

避難者の受入れ者数を記入します。

⑾ 福祉避難所勤務状況表

福祉避難所に勤務した施設職員・自治体職員を記入します。

⑿ 救援物資受領書

他から救援物資を受領した際に記入します。

3 福祉避難所開設用物資

⑴ 情報

ラジオ、携帯電話・スマートフォン用乾電池式充電器、乾電池
◎「福祉避難所スタートボックス」に入れる必要はありませんが、情報系では、防災無線機、衛星電話、MCA無線、トランシーバーなどがあればなおよいです。また、パソコン、プリンター、コピー機が使えるようにパソコン予備バッテリー、非常用電源や非常用発電機を備えるのが望ましいです。

⑵ 事務用品

ホワイトボード用マーカー（青と赤）、太文字ペン、Ａ３用紙一冊（●●枚入り）、模造紙一冊（●●枚入り）、ガムテープなど。（ホワイトボードの書き込みが一杯になったときは、コンパクトデジタルカメラなどで記録してから、消去します）

(3)　その他

　水のペットボトル、カイロ、軍手、ビニール手袋、ポリ袋、マスクなど

4 福祉避難所活動班（例）

(1)　福祉避難所内で作業を行う活動班

　福祉避難所内で発生するさまざまな作業を行うために、次の通り活動班をつくります。避難所の規模や作業量によって、これらの活動は統合することもできます。

- 総　　務　班：福祉避難所運営協議会の事務局、福祉避難所運営情報の記録、生活ルールの作成、その他調整全般
- 避難者支援班：避難者名簿の管理、避難者の介護、相談への対応、ボランティアの要請・受入れ
- 食料・物資班：食料・物資の調達、受入れ、管理、配給、炊き出し
- 保健・衛生班：衛生管理、ごみ、風呂、トイレ、清掃、ペット、医療・介護活動、生活用水の管理

(2)　活動班の構成

　各活動班には班長及び副班長を置きます。

役　割　名	役　　職	氏　　名	携帯番号
避難所長	施設長	福祉　花子	▲▲▲－▲▲▲▲－▲▲▲▲
副避難所長	副施設長	●●　●●	▲▲▲－▲▲▲▲－▲▲▲▲
総務班長	管理課長	●●　●●	▲▲▲－▲▲▲▲－▲▲▲▲
総務班副班長			
避難者支援班長	事業課長	●●　●●	▲▲▲－▲▲▲▲－▲▲▲▲
避難者支援副班長			
食料・物資班長	管理課●●係長	●●　●●	▲▲▲－▲▲▲▲－▲▲▲▲
食料・物資副班長			
保健・衛生班長	●●看護師	●●　●●	▲▲▲－▲▲▲▲－▲▲▲▲
保健・衛生副班長			

5 生活ルール（例）

多くの避難者が避難所で共同生活をするため、下記のようなルールを設定します。

(1) 生活時間

起床時間：	●時●分
消灯時間：	●時●分
食事時間：	朝食●時●分
	昼食●時●分
	夕食●時●分
福祉避難所運営協議会：	●時●分

(2) 生活空間の利用方法

- 居住空間は、基本的には屋内とし、室内をほぼ世帯単位で区画を区切り、区画は世帯のスペースとして使用します。できるだけ段ボールベッド、折り畳みベッドなどを配置します。必要に応じて、介護用ベッドなども手配します。
- 居住空間は、土足厳禁とし、脱いだ靴は各自が保管します。
- 共有空間は、使用する用途によって屋内外に確保します。
- 来訪者の面会は共有空間や屋外とします。
- 屋内は禁煙とします。
- 必要に応じて、更衣室や着替えのスペースなどを設けます。
- ペットは居住空間に持ち込みを認めないようにします。

(3) 食事

- 食事の配給は、家族・保護者やボランティア等の協力を得て行います。
  （並ばないですむように、工夫して配給します）

(4) 清掃

- 世帯の居住空間は、可能な限り各世帯で清掃を行いますが、単身の要配慮者はボランティア等の協力を得て行います。
- 共通の通路などは協力して清掃します。
- 避難者全員で使用する共用部分については、活動班の指示に従って、全員が協力して清掃します。

(5) 洗濯

- 洗濯は世帯や個人で行いますが、単身の要配慮者はボランティア等の協力を得て行います。
- 洗濯機や物干し場など、避難者全員で使用するものについては、各人が良識ある使い方をし、独占しないようにします。女性用を別にするなど、プライバシーを確保でき

る物干し場を確保するようにしましょう。

⑹　ごみ処理

- 世帯ごとに発生するごみは、それぞれの世帯の責任で、共有のごみ置き場に捨てますが、単身の要配慮者はボランティア等の協力を得て行います。
- 共同作業で発生したごみは、その作業を担当した人が責任を持って処分します。
- ごみは、必ず分別して捨てるようにします。

⑺　プライバシーの確保

- 世帯の居住空間は、平常時の「家」同様、その占有する場所と考え、部外者や来訪者等がみだりに立ち入らないようにする必要があります。避難所運営に携わる者、郵便・宅配便業者は例外とします。
- 居住空間での個人所有のテレビやラジオは周囲の迷惑になる可能性があるため、視聴する場合は、イヤホンを使用します。
- 必要に応じて、男女別の着替えスペースや、赤ちゃんルームなども用意しましょう。

⑻　携帯電話・スマートフォンの使用

　居室での携帯電話等での通話は禁止します。通話は屋外や定められたスペースでのみ可能とします。また居室ではマナーモードに設定し、他の避難者に迷惑にならないようにします。

⑼　火災予防

- 屋内での喫煙は厳禁とします。喫煙は定められたスペースでのみ可能とします。
- ストーブなど暖房器具を使用する場合は、使用か所と時間などを取り決め、責任者を決めて火の元の管理を行います。

⑽　優しさあふれるコミュニティづくり

- 災害時には、不安が増したり気持ちが荒れたりしやすくなります。
- 配慮を必要とする人がともに過ごす福祉避難所内で、「優しいあいさつ」「優しい一言」「優しさの積み重ね（微笑みの会話、良かったことを思い出す、できることを見つけて助け合う）」を皆で行い、優しさあふれるコミュニティを目指しましょう。

⑾　その他

　新しい生活ルールが必要となった場合や、ルールの変更が必要となった場合は、適宜、福祉避難所運営協議会で検討を行います。

　災害時に配慮を必要とする人がともに過ごす福祉避難所内で、気持ちが和らぐ「ふわふわことば」が聞こえてきたら、不安感や寂しい思いから少しでも解放されるのではないかなぁ～と、思います。

スタッフチーム発の「ふわふわことば」で、「優しさあふれるコミュニティ」に。

同じ方向を向いて、力を合わましょう

受　付

●「受付をいたします。どうぞ、こちらへ」
　⇒「ありがとうございます、よろしくお願いします」

●「介助者以外のご家族の方には、避難所のお手伝いをお願いすることになるかもしれませんが、よろしいですか」
　⇒「はい、喜んで」

●「具合の悪い方、けがをされている方はいらっしゃいますか。歩けますか。車椅子を用意しますね。大丈夫ですよ、こちらにどうぞ」
　⇒「ありがとうございます」

●「息子には知的障害があり、突然大きな声を出してしまうので、皆さんと一緒にいられないんじゃないかと…」
　⇒「心配いりません。個別にお話をうかがいますので、少しの間こちらで休んでいて下さい」

●「視覚障害がある方なので、安全な所で休ませてあげて下さい」
　⇒「情報保障も考え、不安や危険がないように準備いたします。可能でしたら、一緒に考えて頂けますか」

●「聴覚障害がある方なので、手話通訳者を付けてもらえますか」
　⇒「避難所内に手話ができる方を確認いたしますが、すぐに対応することは難しいので、今は筆談でお願いできますか」

●「車椅子で通れない所があって大変だった」
　⇒「そうですか、どの場所か教えて下さい。応急処置をしたいので、協力して頂ける方がいると助かります」

‖‖

食　事

●「食事の支度ができました。ご家族ごとにとりに来て頂けますか」

　「並んで待っていることが難しい方には、整理券をお渡しいたします。あとで、お持ちしますので、ご希望の方は手を挙げて下さい」

　　⇒「ありがとうございます、お世話になります」

●「おいしかった。ごちそうさまでした。お陰様で気持ちも満たされました」

　　⇒「そうですか、そう言って頂けると、私もうれしいです」

●「どなたか、片付けを手伝って頂けますか」

　　⇒「はい、わたし、一緒にやります」

就　寝

●「消灯は○○時です。何かお困りごとがありましたら、スタッフは○○室に待機しておりますので、ご相談下さい」

　　⇒「ありがとうございます。おやすみなさい」

●「（しくしくすすり泣く声とため息が…）」

　　⇒「大丈夫ですか。救護室に行きましょうか。私でよろしければ、お話をうかがいますよ」

朝

●「皆さん、おはようございます。体調はいかがでしょうか」

　　⇒「おはようございます。大丈夫です」

●「あいさつできる気分じゃないんだよ」

　　⇒「（優しい眼差しで、微笑む）」

その他

●「親せきが今日、迎えに来てくれるという連絡がありましたので、ここを出ていきます」

　　⇒「そうですか。では、受付で退所名簿に記入して下さい。どうぞ、お気をつけて」

ふわふわことばで、優しさあふれる
コミュニティに。

**「ありがとう」　「どうぞ」　「いれて」
「ごめんなさい」　「いいよ」
優しい気持ちになりますね**

優しいあいさつ
●朝ならば「おはようございます」お昼ならば「こんにちは」そして、無理に言葉を交わさなくても、すれ違うときに笑顔を交わせたら、お互いに気持ちが安らぎます。

優しい一言
●「横を通らせて頂きます」「ちょっとすみません」
　⇒「はい、どうぞ」

●「よろしかったら、お先にどうぞ」
　⇒「ありがとうございます、**助かります**」「ご親切に、どうもありがとう」

●不安そうな方を見かけたら、「大丈夫ですか」と優しく言葉をかけましょう。
●「ご無理なさらないで下さい。よろしければ、お手伝いいたします」

皆で優しさの積み重ね
●言葉を交わせなくても、微笑みで会話しましょう。
●元気が出ないときこそ、良かったことを思い出し合いましょう。
●互いにできることを見つけて助け合いましょう。

ふわふわ言葉対話集：（一社）福祉防災コミュニティ協会　石塚由江・小眞紀

イラスト：社会福祉法人武蔵村山育成会　瑞穂町立石畑保育園　津久井順子

第 5 章

資 料 編

大規模災害が発生すると、福祉施設は緊急の対応を迫られます。このため、国や自治体は福祉施設に対して事前に法的に、あるいは通知等により防災に関する各種計画の作成、訓練を求めています。それでも、大規模災害は非日常の状況なので、福祉施設は混乱に陥る事態が生じます。そのとき、国は各種の通知を発出して、災害対応を支援しようとします。しかし、災害時は自治体も混乱に陥るため、その通知が福祉施設に届かなかったり、十分な解説がなかったりします。

そこで、これらの通知等*を、平常時に理解しておくことで、災害時の混乱をできるだけ少なくできます。それが、利用者や職員、地域住民を守ることにつながります。

＊ 以下、網かけがない部分は発出された通知。下線は筆者による。

1 平常時の取組み

自治体に関する厚生労働省の重要情報は、都道府県政令指定都市への主管課長会議資料に示されます。ここでは、2019（平成31）年3月、災害対応について中心的に取りまとめている社会・援護局関係資料を示します。福祉施設においても、毎年、必ずチェックして頂きたい資料です。

(1)平成31年3月5日社会・援護局関係主管課長会議資料抜粋

■掲載アドレスは次の通り
https://www.mhlw.go.jp/content/12201000/000484793.pdf

社会・援護局関係主管課長会議資料（平成31年3月5日（火）厚生労働省社会・援護局福祉基盤課）

第1　（略）
第2　社会福祉施設等の防災対策等について
1　社会福祉施設等の耐震化等の推進について
(1)社会福祉施設等の耐震化等関係予算について

昨年は、平成30年7月豪雨や台風21号、北海道胆振東部地震など、多くの自然災害が発生し、災害そのものによる直接的な被害に加え、インフラの毀損による二次被害が生じた。

このことを踏まえ、政府においては、国民の生活・経済に欠かせない重要インフラがその機能を喪失し、国民の生活や経済活動に大きな影響を及ぼすことのないよう、昨年、重要インフラ等の機能維持の観点から「防災・減災、国土強靱化のための3か年緊急対策」（平成30年12月14日閣議決定）を取りまとめている。（官邸ホームページ：https://www.kantei.go.jp/jp/singi/jyuyouinfura/index.html参照）

この緊急対策において、社会福祉施設等については、建物・ブロック塀の倒壊や電力のブラックアウト等の発生リスクを踏まえ、緊急的に耐震化整備・ブロック塀等の改修整備及び非常用自家発電設備の整備を行うこととし、平成30年度第2次補正予算及び平成31年度予算（案）において、所要の財源を確保したところである。

また、独立行政法人福祉医療機構による耐震化等の優遇融資についても引き続き実施することとしている。

<u>以上を踏まえ、各都道府県、指定都市、中核市（以下「都道府県等」という。）におかれては、これらの予算等を有効に活用し、社会福祉施設等の防災・減災力の強化を着実に進めていただきたい。</u>

（参考1）

> （社会福祉施設等の耐震化整備、非常用自家発電設備整備等）
>
> 平成30年度第2次補正予算（案）　　172億円
> 平成31年度予算（案）　　　　　　343億円
>
> ・児童福祉施設、障害者福祉施設、高齢者福祉施設等における耐震化整備や倒壊の危険性のあるブロック塀の改修等に加え、大規模停電時に医療的配慮が必要な入所者等の安全を確保するための非常用自家発電設備の整備等に必要な経費を補助する。

（参考2）独立行政法人福祉医療機構の優遇融資

	社会福祉施設
融資率	（通常）70～80% 　→（耐震化・スプリンクラー等）95% 　　　　　　（高台移転）95%
利率優遇	（耐震化・スプリンクラー等）基準金利同率 （措置期間中無利子） （高台移転）無利子

※　高台移転に係る二重ローン対策（返済猶予や償還期間延長等）も実施。

(2)社会福祉施設等の耐震化状況等について

　　社会福祉施設等の耐震化状況については、平成30年9月に公表した「社会福祉施設等の耐震化状況調査」の結果（厚生労働省ホームページ：https://www.mhlw.go.jp/stf/seisakunitsuite/bunya/hukushi_kaigo/seikatsuhogo/shakai-fukushi-shisetsu1/index.html 参照）、平成29年3月時点の耐震化率は90.3%（20.0万棟／22.2万棟）であり、未だ耐震化されていない施設が見受けられるところである。

※　なお、次回調査については、平成30年度末時点について調査する予定であるので、引き続き御協力をお願いする。

　　特に、社会福祉施設等については、自力避難が困難な方が多数利用されており、利用者の安全を確保する観点から、できる限り早期に全ての施設の耐震化を完了する必要がある。

　　こうした中、「防災・減災、国土強靱化のための3か年緊急対策」において、社会福祉施設等の耐震化を着実に推進していくことを明記（※）するなど、厚生労働省としても、今後、想定される南海トラフ地震や首都直下地震等に備え、引き続き、未耐震施設の耐震化整備を早急に進めていくことが喫緊の課題であると考えている。各都道府県等におかれては、未耐震施設や津波による被害が想定される施設等の把握（対象施設の種別や場所のみならず、耐震化計画の有無や内容、それぞれが抱えている耐震化等に向けた課題など）に努めていただくとともに、当該施設に対しては、積極的に補助制度や融資制度等の情報提供や助言を行うなど、計画的に耐震化等の整備を進めていただきたい。

※　「防災・減災、国土強靱化のための3か年緊急対策」においては、社会福祉施設等の耐震化率について、2020年度までに約95%まで向上させることを達成目標としている。

2　社会福祉施設等の土砂災害対策等の徹底について

　　社会福祉施設等の土砂災害対策については、「土砂災害のおそれのある箇所に立地する「主として防災上の配慮を要する者が利用する施設」に係る土砂災害対策における連携の強化について」（平成27年8月20日付け27文施企第19号文部科学省大臣官房文教施設企画部施設企画課、同省スポーツ・青少年局学校健康教育課、科発0820第1号等厚生労働省大臣官房厚生科学課、国水砂第44号国土交通省水管理・国土保全局砂防部砂防計画課長連名通知。以下「土砂災害対策連携通知」という。）により、民生部局と砂防部局との連携による土砂災害対策の推進をお願いしてきたところである。

　　こうした中、平成28年台風10号に伴う水害など、

　　近年の水害・土砂災害の発生等を踏まえ、平成29年5月に水防法及び土砂災害防止法が改正され、洪水等の浸水想定区域内又は土砂災害警戒区域内にあり、市町村地域防災計画に定められた要配慮者利用施設の所有者又は管理者に対し、避難確保計画の作成及び避難訓練の実施が義務付けられたところである。

　　各都道府県等におかれては、同法の施行も踏まえ、土木（砂防・河川）部局・危機管理部局や管内市町村との連携体制を一層強化し、水害・土砂災害のおそれがある地域に立地する社会福祉施設等の避難確保計画の作成状況及び訓練の実施状況等を的確に把握するとともに、「要配慮者利用施設管理者のための土砂災害に関する避難確保計画作成の手引き」や「要配慮者利用施設（医療施設等を除く）に係る避難確保計画作成の手引き（洪水・内水・高潮編）」、「水害・土砂災害に係る要配慮者利用施設における避難計画点検マニュアル」を参考に、あらゆる機会を通じて指導・助言等を行っていただくようお願いする。

　　厚生労働省においては、「土砂災害のおそれのある箇所に立地する「主として防災上の配慮を要する者が利用する施設」に係る土砂災害対策における連携の強化について」（平成29年11月24日付け厚生労働省子ども家庭局子育て支援課長ほか連名通知）を通知しており、各都道府県等におかれては、同通知を踏まえ、土砂災害対策連携通知の内容の再確認、関係部局の情報共有、管内市区町村への周知等についても、併せて適切な対応をお願いする。

　　また、平成28年台風10号に伴う水害により、高齢者施設において多数の利用者が亡くなったことを受けて、「介護保険施設等における非常災害対策計画の策定及び避難訓練の実施の点検及び指導・助言について」（平成29年1月31日付け老総発0131第1号、老高発0131第1号、老振発0131第1号、老老発0131第1号）により、非常災害計画の策定状況や避難訓練の実施状況等について点検し、必要に応じ指導・助言を行うとともに、当該点検結果の集約をお願いしていたところである。

　　今般、これらの集約結果を踏まえ、厚生労働省各施設所管課より、各都道府県あて、改めて指導・助言の徹底をお願いしているところであるので、各都道府県におかれては、社会福祉施設等に対して、

①　非常災害計画や避難訓練の必要性等に関する周知
②　施設の立地に応じて起こりうる災害に対応した計画の策定等について、一層の指導・助言をお願いする。

3　社会福祉施設等の被災状況の把握等について

　　災害発生時における社会福祉施設等の被災状況については、「災害発生時における社会福祉施設等の被災状況の把握等について」（平成29年2月20日付け雇児発0220第2号、社援発0220第1号、障発0220第1号、老発0220第1号）に基づき、各都道府県等から情報提供をいただき、当該情報を元に、災害情報取りまとめ報の作成、必要な支援策の検討等に活用させて

いただいているところである。各都道府県等におかれては、厚生労働省として必要な支援を迅速に行うため、これらの情報が非常に重要であることから、災害発生時には、引き続き同通知に基づき、可能な限り迅速な情報提供をお願いする。

　また、同通知においては、災害発生時に速やかに社会福祉施設等の被害情報を収集することができるよう、あらかじめ各都道府県等において対象施設種別の施設リストを整理の上、厚生労働省に提出していただくこととしているが、未だに当該リストを未整備の自治体が見受けられるところである。

　これに該当する自治体におかれては、災害時における被害情報の収集を円滑にできるよう、早急に御対応をお願いする。

　なお、今年度中を目途に、昨年の災害時の対応を踏まえ、情報収集項目の追加等、同通知における情報収集様式の見直しを検討することとしているので、御了知いただきたい。

4　災害福祉支援ネットワークの構築の推進について

　近年の災害では、少子高齢化や核家族化などにより、地域のつながりの希薄化が進む中で、被災者に対して医療や保健的側面からの支援に加え、福祉的側面からの支援を確保していくことが求められている。

　こうした中、「災害福祉支援ネットワーク」については、災害時において、高齢者や障害者、子どもといった配慮を必要とする者（以下「災害時要配慮者」という。）の福祉ニーズに的確に対応し、避難生活中における生活機能の低下等の防止を図るため、一般避難所で福祉支援を行う「災害派遣福祉チーム」を組成・活動させるなどの取組を進めるためのネットワークとして、現在までのところ、24の都府県（平成30年5月現在）において構築されている。

　平成30年7月豪雨の際には、岡山県内の避難所において、6府県の災害派遣福祉チームが、被災者に対する相談支援や避難所内の環境整備などの支援活動を行い、大きな成果を上げていただいたところであるが、今後、南海トラフ地震等大規模災害の発生のおそれがあることを踏まえれば、単独の都道府県での対応では困難な場合も想定されることから、全国においてネットワークの構築を図るとともに、都道府県間の広域的な相互支援体制を構築していくことが重要である。

　こうした観点から、厚生労働省においては、各都道府県が取り組むべき内容について標準化を図りつつ、取組の周知、促進を図る観点から、昨年5月に「災害時の福祉支援体制の整備に向けたガイドライン」（平成30年5月31日付け社援発0531第1号厚生労働省社会・援護局長通知。参考資料4　参照。）を策定したところである。

　各都道府県におかれては、当該ガイドラインを参考としつつ、早急に災害派遣福祉チームの組成・派遣が可能となるよう、関係団体間の調整、チームの組成・派遣に係る詳細な仕組みの構築等具体的取組の一層の

促進をお願いしたい。

　なお、平成30年7月豪雨の際に、災害派遣福祉チームが支援活動を展開した青森県、群馬県、静岡県、岡山県においては、下表のとおり県内のネットワーク構築を進めている。これらの県から御提供いただいた設置要綱等を参考資料として掲載しているので、こうした取組を進める上での参考とされたい。（参考資料5～8参照）

　また、各都道府県において、関係団体によるネットワーク会議の開催、災害派遣福祉チームの組成に向けた訓練・研修など、災害福祉支援ネットワークの構築に向けた取組を行う場合には、「災害福祉支援ネットワーク構築推進事業」（生活困窮者就労準備支援事業費等補助金のメニュー事業。「災害福祉広域支援ネットワークの構築支援事業」から改称予定。）の補助対象となるので、積極的な活用をお願いする。

　さらに、厚生労働省においては、平成31年度予算（案）に、災害派遣福祉チームの活動内容の標準化、質の確保を図るため、「災害派遣福祉チームリーダー養成等研修事業」の実施に必要な経費を計上しているところであるが、研修の日程や内容等の詳細は今後検討の上、お知らせするとともに、今後、受講者の推薦を依頼する予定であるので、各都道府県におかれては、御了知の上、御協力をお願いしたい。

（参考）青森県、群馬県、静岡県、岡山県における災害福祉支援ネットワークの構築状況概要
（略）

5　福祉避難所の役割・機能に関する周知について

　近年、多くの自然災害が発生する中で、災害時要配慮者に対する支援体制の確保の重要性が増してきている。

　災害時要配慮者の支援体制については、前述の災害福祉支援ネットワークの下での災害派遣福祉チームによる応急的な支援だけではなく、一定期間、継続的に必要な支援を提供できる体制を有する福祉避難所の確保も求められる。

○　福祉避難所とは、災害対策基本法施行令（昭和36年法律第223号）第20条の6第5号において、避難所の種類の一つとして、次のように定義されている。

※　主として高齢者、障害者、乳幼児その他の特に配慮を要する者（以下この号において「要配慮者」という。）を滞在させることが想定されるものにあっては、要配慮者の円滑な利用の確保、要配慮者が相談し、又は助言その他の支援を受けることができる体制の整備その他の要配慮者の良好な生活環境の確保に資する事項について内閣府令で定める基準に適合するものであること。

○　具体的な福祉避難所の機能については、災害対策基本法施行規則（昭和37年総理府令第52号）

において、次の基準が定められ、これに適合するものを市町村長が指定することとされている。

・高齢者、障害者、乳幼児その他の特に配慮を要する者の円滑な利用を確保するための措置が講じられていること。

・災害が発生した場合において要配慮者が相談し、又は助言その他の支援を受けることができる体制が整備されること。

・災害が発生した場合において主として要配慮者を滞在させるために必要な居室が可能な限り確保されること。

○ さらに、福祉避難所の運営の詳細については、平成28年4月に、福祉避難所に対する理解の促進、設置の推進等を図る観点から、内閣府において、「福祉避難所の確保・運営ガイドライン」(http://www.bousai.go.jp/taisaku/hinanjo/pdf/1604hinanjo_hukushi_guideline.pdf)が策定されている。

こうした中、社会福祉施設等については、市区町村から福祉避難所の指定を受けている場合や、福祉避難所への介護職員等の派遣に関して、市区町村との協定等を締結している場合など、地域における福祉避難所の確保に当たっても、重要な役割を担っている。

このため、各都道府県におかれては、地域において災害時要配慮者に必要な支援体制の構築を図るため、福祉部局としても、平時の段階から、防災部局及び管内市区町村とも連携を図りつつ、福祉避難所の所在や役割、機能について、社会福祉施設等に対し、積極的に周知を図るとともに、「福祉避難所の確保・運営ガイドライン」も踏まえつつ、関係団体に対し、福祉避難所の設置に向けた協力を依頼するなど、必要な助言又は支援に努められたい。

6 社会福祉施設等における事業継続計画(BCP)について

社会福祉施設等においては、高齢者や障害者など、日常生活上の支援が必要な者が多数利用していることから、災害等により、電気、ガス、水道等のライフラインが寸断され、サービス提供の維持が困難となった場合、これらの利用者の生命・身体に著しい影響を及ぼすおそれがある。

このため、災害等にあっても、最低限のサービス提供が維持できるよう、緊急時の人員の招集方法や飲料水、食料、冷暖房設備や空調設備稼働用の燃料などの確保策等について、あらかじめ検討しておくことが必要である。

こうした観点からは、社会福祉施設等の事業継続に必要な事項を定める「事業継続計画」を策定することが有効であることから、各都道府県等におかれては、管内の社会福祉施設等に対して、当該計画の策定に向けた積極的な取組について、御指導をお願いしたい。

なお、BCPの策定に当たっては、北海道胆振東部

地震による大規模停電等を踏まえ発出した「社会福祉施設等における災害時に備えたライフライン等の点検について」(平成30年10月19日付け厚生労働省子ども家庭局子育て支援課等関係各課連名通知。参考資料9 参照。)における点検項目なども参照されたい。
(以下略)

(2)災害時の福祉支援体制の整備について

■掲載アドレスは次の通り
https://www.mhlw.go.jp/file/06-Seisakujouhou-12000000-Shakaiengokyoku-Shakai/0000209712.pdf

前記(1)の資料中の「4 災害福祉支援ネットワークの構築の推進について」で参考にするように示されたガイドラインは本通知により発出されています。

災害時の福祉支援を全国ネットワークの力で支えるように構想されていて、極めて貴重なガイドラインです。このなかで、費用負担について、「チームの派遣に当たっては、(中略)『災害救助法』(昭和22年法律第118号)が適用される災害の場合には、同法に基づく避難所の設置経費として災害救助費の対象となる場合も考えられるので、都道府県防災担当部局とも事前に十分に相談しておくこと」とされており、災害福祉が救助法の対象となりえることを示しています。

全国において、災害時における福祉支援体制の構築を推進するため、各都道府県において、一般避難所で災害時要配慮者に対する福祉支援を行う「災害派遣福祉チーム」を組成するとともに、一般避難所へこれを派遣すること等により、必要な支援体制の確保を目的として、各都道府県が取り組むべき基本的な内容について、別添の通り、「災害時の福祉支援体制の準備に向けたガイドライン」を策定しました。

災害時の福祉支援体制の整備について(平成30年5月31日社援発0531第1号 厚生労働省社会・援護局長通知)

近年、東日本大震災や熊本地震、台風による土砂災害など、多くの自然災害が発生し、各地に甚大な被害をもたらしている。

こうした災害を受け、高齢者や障害者、子どものほか、傷病者等といった地域の災害時要配慮者が、避難所等において、長期間の避難生活を余儀なくされ、必要な支援が行われない結果、生活機能の低下や要介護度の重度化などの二次被害が生じている場合もある。

これらの者が、避難生活終了後、安定的な日常生活へと円滑に移行するためには、避難生活の早期の段階から、その福祉ニーズを的確に把握するとともに、可能な限りそのニーズに対応し、生活機能の維持を支援していく体制の構築が喫緊の課題となっている。

これまで、一部の都道府県においては、こうした観点から先進的な取組が進められているところであるが、全国において、このような災害時における緊急一

時的な福祉支援体制の構築を一層推進するため、各都道府県が取り組むべき基本的な内容について、別添のとおり、「災害時の福祉支援体制の整備に向けたガイドライン」を策定したので、各都道府県におかれては、本ガイドラインを参考に、地域の実情にあった災害時の福祉支援体制の構築に努めるとともに、管内市区町村や関係団体等に対し、周知を図られたい。

なお、本通知は、地方自治法（昭和22年法律第67号）第245条の４第１項の規定に基づく技術的助言として発出するものであることを申し添える。

（別添）
災害時の福祉支援体制の整備に向けたガイドライン

１．各都道府県における災害福祉支援ネットワーク構築の目的について

都道府県において、局地的であって、一定期間、避難所の設置を継続するような規模の災害の発生を想定した場合、指定避難所のうち、福祉避難所を除く、一般的な避難所（以下「一般避難所」という。）に避難する高齢者や障害者、子どものほか、傷病者等といった地域における災害時要配慮者（以下「災害時要配慮者」という。）の福祉ニーズに的確に対応し、その避難生活中における生活機能の低下等の防止を図りつつ、一日でも早く安定的な日常生活へと移行できるよう、必要な支援を行うことが求められている。

このため、各都道府県は、一般避難所で災害時要配慮者に対する福祉支援を行う災害派遣福祉チーム（以下「チーム」という。）を組成するとともに、一般避難所へこれを派遣すること等により、必要な支援体制を確保することを目的として、都道府県、社会福祉協議会や社会福祉施設等関係団体などの官民協働による「災害福祉支援ネットワーク」（以下「ネットワーク」という。）を構築するものとする。

なお、ネットワークは、都道府県を中心に、政令指定都市、中核市を含め、管内市区町村の協力を得て、可能な限り一元的な都道府県内のネットワークの構築を図るものとする。

２．各都道府県におけるネットワーク主管部局の選定について

各都道府県は、ネットワークの企画、運営及び庁内関係部局や関係団体等との連絡調整を円滑に行うため、災害福祉支援ネットワーク主管部局（以下「主管部局」という。）を定めること。

なお、都道府県庁内の体制整備に当たっては、災害発生時に設置される都道府県災害対策本部との関係性及び連携の在り方についても併せて整理を行っておくこと。

３．平時におけるネットワーク事務局の設置等について
(1)ネットワーク事務局の設置

主管部局は、直接又は都道府県社会福祉協議会等

の関係団体との協定の締結等により、ネットワークの運営に係る事務処理を行うネットワーク事務局（以下「事務局」という。）を設置すること。

また、事務局を設置した場合には、管内市区町村を始めとする関係者に対して、その連絡先及びネットワークの活動内容等について広く周知を図ること。

(2)ネットワークの構成員

事務局は、チームを円滑に組成し、活動をさせるため、各都道府県の実情に応じて、次に掲げる者等を構成員として選定し、ネットワーク会議を組織すること。

なお、ネットワーク会議を組織するに当たっては、既存の会議体に、分科会を設置する又は審議事項を追加するなどの方法も考えられること。

① 主管部局及び都道府県防災部局、保健医療部局
② 都道府県社会福祉協議会
③ 社会福祉施設等関係団体
④ 福祉職による職能団体
⑤ 保健医療関係者及び関係団体
⑥ 都道府県民生委員児童委員協議会

また、上記の構成員に加え、大規模な被害が想定される市区町村の関係者やボランティア団体等地域の実情に応じた多様な社会資源の参画を求めることも考えられること。

(3)平時における災害福祉支援ネットワークの活動内容

事務局は、構成員の出席の下、ネットワーク会議を開催し、災害発生時に円滑な活動が行えるよう、次に掲げる内容について協議を行い、業務フローを整理しておくこと。

なお、ネットワークの活動内容の検討に当たっては、関係団体等が行っている既存の取組を事前に把握し、ネットワークの活動と、これらの取組の役割分担・連携が十分に図られるようにすること。

① チームの組成の方法、災害時のチームの活動内容等

ネットワークに参画する社会福祉施設等関係団体等と連携し、チームを構成する人員の推薦を募り、これらをチーム登録者名簿として整理しておくこと。

この際、チームの組成に当たっては、災害時要配慮者の多様な福祉ニーズに対応する必要があることから、性別及び社会福祉士等の相談援助職や介護福祉士等の介護職等の職種構成のバランスにも配慮するとともに、チームの派遣が複数回に亘る可能性があることを踏まえ、４～６名のチームを複数編成できるようにしておくほか、派遣先に対してどのような順番でチームを派遣するか等についても併せて検討しておくこと。

また、チームの派遣時期は、災害発生後の初期

段階（救命救急が完了するなど、チームが活動する上での安全が確認された時点）から概ね１カ月間程度までを、１チーム当たりの派遣期間は、派遣元施設等の負担も考慮し、５日間程度を目安に、具体的な取扱いについて定めておくこと。

なお、チームの名称については、本通知において「災害派遣福祉チーム」を正式名称とするが、これとは別に、地域住民に親しみやすい呼称やその役割を理解しやすい呼称を設定することも考えられること。

さらに、土日・夜間を含め、チーム登録者への連絡体制を整備しておくこと。

このほか、社会福祉法人については、社会福祉法（昭和26年法律第45号）第24条第２項に基づき、「地域における公益的な取組」を実施する責務が課されていることから、当該取組の一環として、ネットワークに積極的に関与し、チームへの人員の登録とともに、事務局への協力、災害時のチーム員の派遣を通じた支援活動等を積極的に行うことが期待されること。

② チームの派遣決定及び情報収集の方法

チームの派遣の可否に係る意思決定の主体や方法を整理しておくこと。

また、チームの派遣の可否を判断するためには、まずは災害による被害の規模や災害時要配慮者のニーズ、一般避難所及び福祉避難所の設置状況等の実情を把握することが必要であることから、それらの情報収集の内容・方法についても整理しておくこと。

③ 災害時における構成員の役割分担

チームの円滑な活動のため、災害発生時に、ネットワークに参画する構成員に求める役割や協力の内容等について、整理しておくこと。

④ 災害時における本部体制の構築

災害発生時において、情報の集約及びチームの派遣調整、指揮命令等を行う「ネットワーク本部」（以下「本部」という。）の体制の在り方を検討しておくこと。

この際、事務局をそのまま本部へと改組することも考えられるが、災害の規模によっては事務処理に支障が生ずるおそれもあることから、あらかじめ構成員との協定の締結等により、災害発生時に必要な人員体制を適切に確保できるようにしておくなど、本部の体制強化の方法についても併せて検討しておくこと。

⑤ 費用負担

チームの派遣に当たっては、チーム員の活動に係る旅費・宿泊費等の費用が発生することから、当該費用負担の在り方について検討しておくこと。

なお、「災害救助法」（昭和22年法律第118号）が適用される災害の場合には、同法に基づく避難所の設置経費として災害救助費の対象となる場合も考えられるので、都道府県防災担当部局とも事

前に十分に相談しておくこと。

⑥ 保健医療関係者との連携

チームの活動が円滑となるよう、災害時派遣医療チーム（DMAT）や保健師チーム、災害派遣精神医療チーム（DPAT）等との情報共有の方法、連携の内容等について、検討しておくこと。

⑦ チーム員に対する研修・訓練

災害時において求められる心構えや行動、多様な福祉ニーズへの応用的な対応等チームの活動内容について、一定以上の水準を確保する観点から、研修・訓練の実施に努めること。

⑧ 受援体制の構築

自らが被災した場合に備え、他の地域のチームや、福祉以外の関連領域の専門職、NPO、ボランティア等の民間団体等による多様な支援活動が円滑に受け入れられるよう、②により収集した情報に基づき、活動場所に係る情報提供や団体間の活動内容の調整を行うなど、必要な受援体制の在り方について検討しておくこと。

⑨ 住民に対する広報・啓発

住民に対し、チームの活動内容について周知を図るとともに、一般避難所及び福祉避難所の指定状況や所在、これらの機能の相違点等についても、併せて周知を図ること。

また、災害時の協力関係の醸成、活動環境の整備を図るためには、地域の防災訓練へのチームの参加等、地域とチームとが共に活動する機会を確保することが重要であること。

４．災害発生時における活動内容等について

(1)本部の機能・役割

① 本部の設置

主管部局は、一定期間、避難所の設置の継続を要する規模の災害が発生した場合、事務局と調整し、速やかに本部を立ち上げること。

また、都道府県災害対策本部や市区町村災害対策本部、関係団体等からの情報収集又は本部及びチームの人員による現地視察等により、被害の規模や一般避難所及び福祉避難所の設置状況、災害時要配慮者に対する支援の実施状況、物資供給の状況等について情報収集を行うこと。

② チームの派遣要否の検討

本部は、ネットワーク会議の招集などにより、構成員との間で収集した情報を共有し、必要に応じ被災市区町村とも連絡・調整の上、チーム派遣の要否について検討を行うこと。

その結果、チーム派遣の可能性がある場合には、チーム員に待機を指示すること。

なお、ネットワーク会議の開催に当たって、構成員の招集が困難な場合には、電子メールその他の多様なネットワークサービス等の活用により、臨機応変に対応すること。

第１章

第２章

第３章

第４章

第５章

③　チームの派遣決定

　　本部は、被災市区町村からの依頼又は本部が把握した情報に基づき、チームの派遣の必要性が認められた場合、把握した情報等を元に、派遣対象となる一般避難所のリストを作成するとともに、当該一般避難所ごとに、派遣するチームのリスト、各チームの派遣可能期間等を取りまとめ、あらかじめ定められた手順に従って派遣を決定し、派遣に向けた調整を行うこと。

④　活動計画の策定

　　本部は、チームの派遣決定を行う場合には、現地視察等により、被災地域の実情を把握するチーム員等の協力を得て、派遣回数や派遣先、活動内容等に関する活動計画を策定し、ネットワークの構成員間で共有すること。

　　なお、活動計画の策定に当たっては、被災地域の自立性を損なうことのないよう、派遣の終了段階において、チームから被災地域における社会資源による活動への橋渡しが円滑に行われることを目標とすること。

　　また、活動計画の内容は、チームからの活動の実施状況についての報告を受け、必要に応じて見直しを行うこと。

⑤　チームの活動支援

　　本部は、チームの活動期間中、チームに対する必要な指揮命令を行うとともに、必要な情報及び物資の提供、都道府県災害対策本部等との調整その他の後方支援を行うこと。

⑥　チームの派遣終了の決定

　　本部は、派遣したチームからの報告や地域の社会資源の復旧の状況、関係団体の活動状況等を勘案し、被災市区町村及び一般避難所の管理者等と協議の上、チームの派遣終了を決定すること。

　　なお、派遣終了に当たっては、被災地域の自立性を尊重する観点から、当該地域における社会資源による活動への橋渡しが円滑に行われるよう、配慮すること。

⑦　活動終了後の振り返り等

　　本部又は事務局は、チームの活動終了後、派遣されたチーム員を招集し、活動の振り返りを行うとともに、そこでの成果や課題を他のチーム員やネットワークの構成員等の間で共有すること。

(2)チームの活動内容

　　チームは、一般避難所において、災害時要配慮者に対し、次に掲げる活動を行うこと。

　　なお、チームの活動に当たっては、災害時要配慮者の安心を確保するため、災害派遣福祉チーム等の名称を記したビブス等の着用により、都道府県を中心とした活動であることが外形上明確になることが望ましいものであること。

①　福祉避難所等への誘導

　　まずは災害時要配慮者へのスクリーニングを行い、その結果、一般避難所内で必要な支援を行うことが著しく困難な者がいる場合には、必要に応じて当該一般避難所の管理者等とも協議の上、災害時要配慮者の理解を十分に得て、必要な体制が確保されている福祉避難所等への誘導を行うこと。

②　災害時要配慮者へのアセスメント

　　一般避難所において災害時要配慮者に必要な支援の内容を把握するとともに、適切な環境の確保を図りつつ、必要な支援を行うため、その家族構成や要介護度、病歴、服薬の状況その他の日常生活上の留意事項等に関するアセスメントを実施すること。

　　ただし、既に保健師等がアセスメントを実施している場合など、災害時要配慮者に対し、重複してこれが行われることにより、その負担を増大させることのないよう、事前に関係者間での情報共有・調整が行われていることが必要であること。

③　日常生活上の支援

　　災害時要配慮者の避難生活に伴う生活機能の低下等の二次被害を防止し、安定的な避難生活が確保されるよう、その食事、トイレ、入浴の介助等の日常生活上の支援を行うこと。ただし、避難生活後の自立した生活に円滑に移行できるようにするため、過度な支援を行うことのないよう、必要に応じチームにおいてケース会議を実施すること等により、支援対象者ごとに必要な支援内容を検討・検証すること。

　　また、生活不活化病予防のための体操や散歩、子ども等への支援など、災害時要配慮者の状況を踏まえた幅広い支援を工夫すること。

④　相談支援

　　災害発生からの時間の経過に応じ、災害時要配慮者の福祉ニーズは変化していくことが見込まれることから、これらを把握し、その抱える課題を適宜解決していくため、一般避難所内に相談スペースを設置するなどにより、必要な相談支援を行うこと。

⑤　一般避難所内の環境整備

　　災害時要配慮者の良好な生活環境を確保するため、生活スペースや車いすの通路の確保、段差の解消、トイレ環境の改善、子どものリフレッシュのためのキッズスペースや乳幼児を抱える母親に対する授乳スペースの設置等一般避難所内の必要な環境整備を行うこと。

⑥　本部、都道府県との連絡調整、状況等の報告

　　一般避難所内で解決が困難な福祉ニーズがある場合等には、本部を通じて、都道府県災害対策本部に対応を依頼するなど、必要な連絡調整を行うこと。

　　また、定期的に本部に対して、活動の実施状況について報告を行うこと。

⑦　後続のチームへの引継ぎ

　　後続のチームがある場合には、アセスメントの

結果や必要な支援内容等について、適切に引継ぎを行うこと。

⑧　被災市区町村や避難所管理者との連携

チームの活動に当たっては、被災市町村災害対策本部や一般避難所の管理者から活動内容の承認を得るなど、当該市区町村等と十分に連携を図ること。

⑨　他職種との連携

チームは、災害時要配慮者のアセスメント等に係る負担にも配慮し、保健医療関係者が保有する情報と、チームの保有する情報等とを共有するため、一般避難所等における情報共有のための会議への参加又は当該一般避難所の管理者等と協議の上、開催の呼びかけを行うこと。

⑩　被災地域の社会福祉施設等との連携

被災地域の自立性を尊重する観点から、当該地域における社会福祉施設等との連携、協働を可能な限り積極的に図ること。

５．市区町村の責務について

管内市区町村は、平時から、地域住民及び社会福祉施設等に対し、一般避難所及び福祉避難所の所在や機能等について、積極的に周知を図るとともに、必要な物品の確保等速やかに避難所を運営できる体制を整えること。この際、都道府県は、管内市区町村のこうした取組を把握しつつ、その状況に応じ、助言その他の必要な支援を行うこと。

また、災害時要配慮者に対する支援を適切に行う観点から、都道府県を中心に構成されるネットワークに積極的に関わりを持ちつつ、3の(3)の⑦に規定する研修・訓練への参加や市区町村が行う防災訓練へのチームの招聘、情報の提供その他の必要な協力を行うこと。

さらに、災害発生時においては、一般避難所及び福祉避難所の運営状況を適切に把握し、福祉支援の必要性が認められた場合には、ネットワークを介して必要な支援の要請を行うこと。特に被災市区町村にあっては、本部と緊密に連携し、チームが一般避難所において円滑に活動できるよう、関係者との橋渡しを行うなど必要な協力を行うこと。

６．その他の留意事項について

(1)保健医療分野を含めた一体的な支援体制の整備等

本ガイドラインは、まずは福祉・介護分野を中心とした都道府県内のネットワークを整備し、保健医療分野における支援体制と連携して、必要な福祉支援を行うことを想定しているが、当初の段階から保健医療分野を含めた一体的な支援体制の整備を行う方法も考えられること。

また、本ガイドラインによる全ての機能を同時に整備することが難しい場合には、機能ごとに優先順位を付けて段階的に整備を進めていくことも考えられること。

(2)広域的な災害の場合の取扱い

本ガイドラインは、都道府県内での局地的な災害を前提としているため、広域的な災害の場合、単独の都道府県では対応が困難な場合も想定される。

このため、都道府県内の体制整備に加え、隣接する都道府県等とも連携の上、ブロック単位での体制整備も併せて進めていくことが望ましいこと。

なお、必要な場合には、国が広域的な調整を行うので、厚生労働省社会・援護局福祉基盤課あて相談されたい。

その際、厚生労働省としても、災害の状況や被災地域のニーズ把握を行うため、都道府県のチームに同行するなど必要な協力をお願いする場合がある。

(3)被災した社会福祉施設等の事業継続

本ガイドラインによる一般避難所への対応に加え、被災した社会福祉施設等が適切に事業継続を行えるような体制整備も併せて重要である。

災害時にあっても最低限のサービス提供が維持できるよう、緊急時の人員の招集方法や飲料水、食料、冷暖房設備や空調設備等の稼働用燃料の確保策等について、あらかじめ事業継続計画を策定するなど、各施設等基準を踏まえつつ、個々の社会福祉施設等における取組についても、ネットワークの整備と併せて推進すること。

また、災害発生時における福祉避難所の運営等により、一時的に人員が不足するような場合に備え、各社会福祉施設等関係団体による支援や社会福祉施設等を運営する法人間で相互に人員を融通する協定を締結するなど、法人間の相互支援体制を構築することも必要であることから、これらについて、ネットワークの場を活用し、その具体的な方法等について併せて検討することも有効であること。

(4)「災害福祉広域支援ネットワークの構築支援事業」の活用

都道府県による本ガイドラインを踏まえた取組に係る費用のうち、災害時のチームの活動費用を除き、ネットワークの立ち上げ・運営に係る費用等については、「災害福祉広域支援ネットワークの構築支援事業」（生活困窮者就労準備支援事業費等補助金のメニュー事業）の補助対象となるので、これを活用されたいこと。

(5)「災害時の福祉支援の在り方と標準化に関する調査研究事業報告書」の参照

災害福祉支援ネットワーク構築の背景や一部の都道府県における具体的な取組事例等については、平成29年度社会福祉推進事業（厚生労働省国庫補助事業）を活用し、（株）富士通総研が「災害時の福祉支援の在り方と標準化に関する調査研究事業報告書」及び関連資料を取りまとめているので、本ガイドラインに併せてこれを参照されたいこと。

(https://www.fujitsu.com/jp/group/fri/report/elderly-health/2017saigaifukushi.html)

(3)防災情報を5段階の「警戒レベル」により提供することの社会福祉施設等への周知（依頼）

社会福祉施設等における災害時の避難が確実に行われるよう、これまでの「避難準備」が「警戒レベル3」（高齢者等避難）と表記され、伝達されるようになること等を周知するものです。

防災情報を5段階の「警戒レベル」により提供することの社会福祉施設等への周知（依頼）（令和元年6月6日事務連絡　厚生労働省子ども家庭局子育て支援課、厚生労働省社会・援護局福祉基盤課、厚生労働省社会・援護局障害保健福祉部障害福祉課、厚生労働省老健局高齢者支援課通知）

平素より福祉・防災行政の推進について格別なる御高配を賜り厚く御礼申し上げます。
社会福祉施設等は、自力避難が困難な高齢者・障害者等も多く利用されており、災害時には避難に時間を要することから、利用者の安全を確保するためには、豪雨・地震・洪水・土砂災害・高潮・内水氾濫等の各種災害に備えた十分な避難対策が必要です。
このため、社会福祉施設等については、運営基準省令や通知に基づき非常災害対策計画を作成しており、避難を開始する時期・判断基準などについては、「避難準備」情報の発令を目安としていると承知しています。（※1）
本年3月29日に「避難勧告等に関するガイドライン」（内閣府（防災担当）策定）が改定され、避難勧告等の発令について、住民等が情報の意味を直感的に理解できるよう、防災情報を5段階の警戒レベルにより提供し、とるべき行動の対応が明確化されました。
具体的には、これまでの「避難指示」「避難勧告」「避難準備」といった発令では多様かつ難解であったとされているのを、「警戒レベル」を数字で表記し、「警戒レベル3」を高齢者等避難、「警戒レベル4」を全員避難とし、避難のタイミングが明確化されました。また、社会福祉施設等の管理者等は、気象庁から「警戒レベル2」の情報が発表された場合など、リアルタイムで発信される防災気象情報を自ら把握し、早めの避難措置を講じる必要があるとされました。（※2）
このことを踏まえ、各都道府県・指定都市・中核市におかれては、社会福祉施設等における災害時の避難が確実に行われるよう、今般改定した「避難勧告等に関するガイドライン」では、これまでの「避難準備」が「警戒レベル3」（高齢者等避難）へと表記・伝達が変更されていること等について、管内市町村、社会福祉施設等、関係機関及び関係団体等に広く周知徹底していただきますようお願いいたします。
あわせて、社会福祉施設等の避難を開始する時期・判断基準が、利用者の状態、職員数や設備等の施設の

状況（日中と夜間では対応できる職員数が違う等も留意）を踏まえて算出（※3）した避難にかかる時間に照らして、適切なものかどうか、管内施設に対し、今一度確認をお願いいたします。
なお、今般の「警戒レベル」の運用開始に伴う、社会福祉施設等の非常災害対策計画上の避難を開始する時期・判断基準の記載は、これまでの避難情報を「警戒レベル」と読み替えることで足り、直ちに修正を求めるものではありません。ただし、次回の計画見直しの機会などに適宜修正をお願いいたします。

※1　利用者の避難を含む非常災害対策計画の関係規定（指定介護老人福祉施設（特別養護老人ホームの例））
○　指定介護老人福祉施設の人員、設備及び運営に関する基準（平成11年3月31日厚生省令第39号）
（非常災害対策）
第二十六条　指定介護老人福祉施設は、非常災害に関する具体的計画を立て、非常災害時の関係機関への通報及び連携体制を整備し、それらを定期的に従業者に周知するとともに、定期的に避難、救出その他必要な訓練を行わなければならない。
○　介護保険施設等における利用者の安全確保及び非常災害時の体制整備の強化・徹底について（平成28年9月9日老総発0909第1号、老高発0909第1号、老振発0909第1号、老老発0909第1号　厚生労働省老健局総務課長他通知）
2　非常災害対策計画の策定及び避難訓練について【具体的な項目例】
・介護保険施設等の立地条件（地形等）
・災害に関する情報の入手方法（「避難準備情報」等の情報の入手方法の確認等）
・災害時の連絡先及び通信手段の確認（自治体、家族、職員等）
・避難を開始する時期、判断基準（「避難準備情報発令」時等）
・避難場所（市町村が指定する避難場所、施設内の安全なスペース等）
・避難経路（避難場所までのルート（複数）、所要時間等）
・避難方法（利用者ごとの避難方法（車いす、徒歩等）等）
・災害時の人員体制、指揮系統（災害時の参集方法、役割分担、避難に必要な職員数等）
・関係機関との連携体制　等

※2　内閣府（防災）のホームページ
「避難勧告等に関するガイドラインの改定（平成31年3月29日）」
http://www.bousai.go.jp/oukyu/hinankankoku/h30_hinankankoku_guideline/index.html

※3　内閣府（防災）のホームページ
「要配慮者利用施設における避難に関する計画作成の事例集（水害・土砂災害）」
http://www.bousai.go.jp/oukyu/hinankankoku/pdf/hinanjireishu.pdf

2　災害時の取組み

⑴令和元年台風第19号による福祉避難所等に対する福祉関係職員等の派遣に係る費用の取扱いについて

福祉避難所等に対する福祉関係職員等の派遣にかかる人件費、旅費等について災害救助費から支弁される旨を周知したものです。

令和元年台風第19号による福祉避難所等に対する福祉関係職員等の派遣に係る費用の取扱いについて
（令和元年10月21日事務連絡　厚生労働省子ども家庭局子育て支援課、厚生労働省社会・援護局福祉基盤課、厚生労働省社会・援護局障害保健福祉部障害福祉課、厚生労働省老健局総務課通知一部改正令和元年11月11日）

1　福祉避難所への派遣
⑴費用支弁対象について
ア　人件費
福祉避難所への福祉関係職員等の派遣に要する人件費は、概ね要配慮者（原則として、身体等の状況が社会福祉施設等へ入所に適する程度の者（要介護者等）は除く。）10人につき1人の相談等に当たる相談員等の配置に要する経費として、災害救助費から支弁されます。要配慮者の状況等に応じて相談員等の配置数については、柔軟に対応して差し支えありません。なお、支弁対象となる避難所は、あらかじめ福祉避難所として指定されている避難所に限らず、当該要配慮者が避難している場合でも、福祉避難所として扱うことが可能です。
イ　旅費等
福祉避難所に対する福祉関係職員等の派遣に要する旅費及び宿泊費は、被災地都道府県と内閣府との協議の上、災害救助費から支弁されます。

⑵支給・精算の方法について
災害救助法に基づき、福祉関係職員等の派遣後に、派遣元の事業者、社会福祉施設等、福祉関係団体等（以下「派遣元事業者」という。）がその所在する都道府県（以下「派遣元都道府県」という。）を通じて被災地都道府県に請求し、精算することになります。このため福祉避難所への派遣に要する人件費及び旅費等については、派遣元事業者で立替払いをしていただくことを原則とします。
なお、災害救助費の求償は都道府県間で行われることになるため、可能であれば、派遣元都道府県において立替負担をしていただくほか、精算に関しても、派

遣元都道府県において一括して被災地都道府県との協議を行う等、派遣元事業者の過度な負担とならないよう、特段の配慮をお願いいたします。

⑶留意点
福祉避難所に避難している要配慮者のうち身体等の状況が社会福祉施設等への入所に適する程度の者（要介護者等）に対して、緊急に入所できる施設等が確保できない場合や在宅サービスの提供体制が整わない場合は、上記で避難所に配置された福祉関係職員等により対応することが可能となります。この場合、早期に社会福祉施設等への入所や在宅サービスの利用等への支援を行うようお願いします。

2　社会福祉施設等への派遣
⑴費用支弁対象について
ア　人件費
介護職員等の派遣要請を行った社会福祉施設等（以下「派遣要請施設」という。）に対しては、施設種別毎に介護サービス費、自立支援給付又は措置費（運営費）（以下「介護サービス費等」という。）が支弁されています。定員を一時的に超過して要介護者等を受入れた場合、当該超過人数分に対応した介護サービス費等が支弁されることになります。
そのため、派遣職員に係る人件費については、派遣要請施設が介護サービス費等から支払うことを原則とします。
イ　旅費等
介護職員等の派遣に要する旅費及び宿泊費は、当該都道府県と内閣府との協議の上、災害救助費から支弁されます。

⑵支給・精算の方法について
ア　人件費
派遣要請施設の当面の負担を軽減するため、介護職員等を派遣した施設（以下「派遣元施設」という。）が立替払いをすることを原則とします。
なお、人件費の金額及び精算方法等については、派遣元施設と派遣要請施設間の協議により、決定することとなります。
イ　旅費等
災害救助法に基づき、介護職員等の派遣後に、派遣元施設がその施設の所在都道府県を通じて派遣要請施設の所在被災県に請求し、精算することになります。このため、派遣元施設で立替払いをすることを原則とします。
なお、災害救助費の求償は都道府県間で行われることになるため、可能であれば、派遣元施設の所在都道府県において立替負担をしていただくほか、精算に関しても、派遣元施設の所在都道府県において一括して派遣要請施設の所在被災県との協議を行う等、派遣元施設の過度な負担とならな

いよう、特段の配慮をお願いいたします。

3　その他
　福祉避難所として避難者（社会福祉施設等の入所者は除く。）を受入れている社会福祉施設等は、避難者に対して食事等の提供、被服・寝具等の支給等を行った場合、これらの経費についても災害救助費の対象となります。費用の請求については、所在地の都道府県又は市町村に行うことになります。

(2)災害時における授乳の支援並びに母子に必要となる物資の備蓄及び活用について
■掲載アドレスは次の通り
https://www.mhlw.go.jp/content/10200000/000561611.pdf
　各都道府県等に対して、災害時における授乳の支援などに関する取扱として、断水や停電等によりライフラインが断絶した場合に、水等を使用せずに授乳できる乳児用液体ミルクを母子の状況等に応じて活用してもらうこと、平時から育児用ミルク（粉ミルクまたは乳児用液体ミルク）等の授乳用品など、母子に必要となる物資の備蓄を進めること等を周知したものです。

災害時における授乳の支援並びに母子に必要となる物資の備蓄及び活用について（令和元年10月25日事務連絡　内閣府政策統括官（防災担当）付参事官（被災者行政担当）、内閣府男女共同参画局総務課、厚生労働省子ども家庭局母子保健課通知）

　防災に関する施策、男女共同参画社会及び母子保健行政の推進につきましては、かねてより格段の御配慮をいただいているところであり、深く感謝申し上げます。
　災害時には、避難所等や自宅での慣れない生活環境により、心身の健康に影響が生ずることが想定されます。特に、妊産婦及び乳児については心身の負担が大きくなることとあわせて、断水や停電等により、授乳に当たっての清潔な環境等が確保できない可能性も考えられます。
　国においては、被災者の命と生活環境を守るために不可欠な物資として、育児用ミルク（粉ミルク又は乳児用液体ミルク）や哺乳瓶等をプッシュ型で支援することとしていますが、各自治体におかれましては、「災害時における育児用ミルクの備蓄に関する自治体及び民間団体の取組事例」（別添）を参考に、授乳に当たっての環境の整備や授乳中の女性への支援について関係部局間で連携して進めていただきますよう、お願いいたします。とりわけ、ライフラインが断絶された場合においても水等を使用せずに授乳できる乳児用液体ミルクを母子の状況等に応じて活用いただくとともに、平時から育児用ミルク及び使い捨て哺乳瓶や消毒剤等の授乳用品などの母子に必要となる物資の備蓄も進めていただきますよう、お願いいたします。

　なお、その際、災害のために備蓄した育児用ミルクについては、ローリングストック（＊）等により有効に活用することが可能であり、例えば、賞味期限が間近になった育児用ミルクを保育所等施設での給食等の食材として活用すること、防災に関する訓練や啓発活動において災害への備えとして正しい使用方法等を説明した上で活用することなどが考えられます。
　各都道府県におかれましては、管内市町村に対し広く周知いただきますようお願い申し上げます。

＊ローリングストックとは、物資を特別に備えるのではなく、日頃から食べているものや使っているものを少し多めに購入し、食べた分を補充しながら日常的に備蓄すること。消費期限切れなどの無駄のない備えができる。

（別添）
　災害時における育児用ミルクの備蓄に関する自治体及び民間団体の取組事例（略）
（参考資料）
　プッシュ型物資支援の実施（液体ミルク等の支援実績について）（略）

(3)令和元年10月に発生した台風19号により被災した要援護高齢者等への対応について
■掲載アドレスは次の通り
https://www.mhlw.go.jp/content/10200000/000557131.pdf
　各都道府県に対し、要援護高齢者等について、関係機関が連携して、安否確認及び課題の把握を行うなど適切な支援に配慮するよう要請したものです。

令和元年10月に発生した台風19号により被災した要援護高齢者等への対応について（令和元年10月13日事務連絡　厚生労働省老健局振興課通知）

　令和元年10月に発生した台風19号により被災した要援護高齢者等について、被災地市町村においては、その状況の把握に努めていただいているところでありますが、引き続き関係団体等と連携を図りながら、ひとり暮らし高齢者をはじめとする要援護高齢者等については、地域包括支援センターが中心となり、居宅介護支援事業者等と連携して、安否確認及び課題の把握（アセスメント）を行うなど適切な支援にご配慮いただきますようお願い申し上げます。

(4)令和元年10月に発生した台風第19号により被災した要援護高齢者等への対応について（その2）
■掲載アドレスは次の通り
https://www.mhlw.go.jp/content/10200000/000558873.pdf
　各都道府県に対し、要援護高齢者等について、関係機関が連携して、安否確認及び課題の把握を行うなど

適切な支援に配慮するよう要請したものです。

令和元年10月に発生した台風第19号により被災した要援護高齢者等への対応について（その２）（令和元年10月18日事務連絡　厚生労働省老健局振興課通知）

令和元年10月13日付事務連絡「令和元年10月に発生した台風第19号により被災した要援護高齢者等について」において、関係機関が連携して、安否確認及び課題の把握（アセスメント）を行うなど適切な支援に配慮いただきたいことについて通知したところですが、被災地域が広域に及び、避難生活の長期化が想定されますので、引き続き関係団体等と連携を図りながら、下記の事項に留意され、適切な支援にご配慮いただきますようお願い申し上げます。

記

1　要援護高齢者等の安否確認と適切な支援の実施について

被災地市町村においては、地域包括支援センター等が中心となり、居宅介護支援事業者及び介護サービス事業者等と連携して、次のとおり要援護高齢者等について安否確認及び課題の把握（アセスメント）を行い、必要なサービス提供につながるよう支援をお願いいたします。

(1)地域包括支援センターと居宅介護支援事業者等の連携による安否確認等

地域包括支援センターは、居宅介護支援事業者等と連携しつつ、ひとり暮らし高齢者をはじめとする要援護高齢者等について安否確認及び課題の把握（アセスメント）を行うこと。

(2)避難所等に避難している高齢者に対する必要なサービスの提供

避難所に避難している高齢者に対し、居宅介護支援事業者や介護サービス事業者等の協力も得ながら、相談支援、課題の把握等を行うとともに、個々のケースに応じて在宅福祉サービスの提供を行うなど、必要な支援を行うこと。

また、「高齢者、障害者等の災害時要配慮者への緊急的対応及び職員の応援確保について」（令和元年10月15日厚生労働省子ども家庭局子育て支援課、社会・援護局福祉基盤課、社会・援護局障害保健福祉部障害福祉課、老健局総務課事務連絡）においてお示ししたとおり、必要に応じて緊急的措置として社会福祉施設等（介護老人保健施設を含む）へ受入れを行うことにより、避難者の対応に万全を期すこと。

(3)在宅要援護高齢者等に対する支援

介護サービスを利用している在宅の要援護高齢者等について、引き続き必要な介護サービスが確保できるよう介護サービス事業者等と連携を図るとともに、被災に伴い新たな課題やニーズを把握した場合には、居宅サービス計画（ケアプラン）等に新たなサービスを追加するなど必要なサービスの利用につなげること。

なお、居宅サービス計画（ケアプラン）等の変更については、やむを得ずサービス変更後にケアプラン等を作成することやサービス担当者会議を電話や文書等の照会により行うことも可能であること。

また、高齢者の家屋の状況や身体の状況等を踏まえ、必要に応じ、緊急的措置として社会福祉施設等（介護老人保健施設を含む）への受け入れを行って差し支えないこと。

2　介護支援専門員等の広域的な確保について

被災地市町村において上記の対応を実施するに当たり、介護支援専門員等を確保することが困難な場合には、都道府県は、被災地市町村と被災地周辺市町村との連携により、介護支援専門員等の広域的な確保が図られるよう、必要な支援をお願いします。

(5)令和元年台風第19号による被災者に係る利用料等の介護サービス事業所等における取扱いについて（その12）

■掲載アドレスは次の通り
https://www.mhlw.go.jp/content/10200000/000572639.pdf

各都道府県に対し、住宅全半壊・床上浸水等の要件に合致している被保険者については、介護サービス事業所等の窓口で申し立てれば利用料を猶予する取扱いを定め、周知するとともに、介護サービス事業所等向けリーフレットを作成・送付し、広く広報するよう依頼したものです。

令和元年台風第19号による被災者に係る利用料等の介護サービス事業所等における取扱いについて（その12）（令和元年11月28日事務連絡　厚生労働省老健局総務課認知症施策推進室、介護保険計画課、高齢者支援課、振興課、老人保健課通知）

令和元年台風第19号による災害発生に関し、介護サービスに係る利用料の支払いが困難な者の取扱いについて、下記のとおりとしますので、管内市町村、介護サービス事業所等に周知を図るようよろしくお願いします。

（令和元年11月19日付け事務連絡から、下線部及び別紙を更新）

記

1に掲げる者については、指定居宅サービス等の事業の人員、設備及び運営に関する基準（平成11年厚生省令第37号）第20条第１項、第48条第１項、第66条第１項、第78条第１項、第87条第１項、第96条第１項、第127条第１項、第140条の６第１項、第145条第１項、第155条の５第１項、第182条第１項、第197条第１項及び第212条第１項、指定介護予防サー

ビス等の事業の人員、設備及び運営並びに指定介護予防サービス等に係る介護予防のための効果的な支援の方法に関する基準（平成18年厚生労働省令第35号）第50条第1項、第69条第1項、第81条第1項、第90条第1項、第118条の2第1項、第135条第1項、第155条第1項、第190条第1項、第206条第1項、第238条第1項、第269条第1項並びに第286条第1項、指定地域密着型サービスの事業の人員、設備及び運営に関する基準（平成18年厚生労働省令第34号）第3条の19第1項、第24条第1項、第71条第1項、第96条第1項、第117条第1項、第136条第1項及び第161条第1項、指定地域密着型介護予防サービスの事業の人員、設備及び運営並びに指定地域密着型介護予防サービスに係る介護予防のための効果的な支援の方法に関する基準（平成18年厚生労働省令第36号）第22条第1項、第52条第1項及び第76条第1項、指定介護老人福祉施設の人員、設備及び運営に関する基準（平成11年厚生省令第39号）第9条第1項及び第41条第1項、介護老人保健施設の人員、施設及び設備並びに運営に関する基準（平成11年厚生省令第40号）第11条第1項及び第42条第1項、健康保険法等の一部を改正する法律（平成18年法律第83号）附則第130条の2第1項の規定によりなおその効力を有するものとされた指定介護療養型医療施設の人員、設備及び運営に関する基準（平成11年厚生省令第41号）第12条第1項及び第42条第1項、介護医療院の人員、施設及び設備並びに運営に関する基準（平成30年厚生労働省令第5号）第14条第1項及び第46条第1項並びに介護保険法施行規則（平成11年厚生省令第36号）第140条の63の6の規定に基づき市町村が定める基準の規定により利用料の支払いを受けることを、2に掲げる期間猶予することができるものとする。

また、介護保険法（平成9年法律第123号）第115条の45第5項及び第115条の47第8項に規定する利用料については、その具体的事項を市町村において要綱等により定めることとしているが、これらについても、市町村において要綱等を改正することで、1に掲げる者について2に掲げる期間猶予することができるものとする。

なお、介護保険施設等における食費・居住費については、自己負担分の支払いを受ける必要がある。

1　対象者の要件
　(1)及び(2)のいずれにも該当する者であること。
　　(1)令和元年台風第19号に係る災害救助法（昭和22年法律第118号）の適用市町村のうち、令和元年11月28日午後0時時点で当該保険者の被保険者について、保険医療機関・介護サービス事業所等における一部負担金・利用料の支払いを猶予する意向を表明した市町村（別紙）の介護保険法第9条の被保険者であること。

　　(2)令和元年台風第19号により、次のいずれかの

申し立てをした者であること。
　　①　住家の全半壊、全半焼、床上浸水又はこれに準ずる被災をした旨
　　②　主たる生計維持者が死亡し又は重篤な傷病を負った旨
　　③　主たる生計維持者の行方が不明である旨
　　④　主たる生計維持者が業務を廃止し、又は休止した旨
　　⑤　主たる生計維持者が失職し、現在収入がない旨

2　取扱いの期間
　令和2年1月末までの介護サービス分

3　介護サービス事業所等における確認及び介護報酬の請求等について
　(1)上記　1(2)の申し立てを行った者については、被保険者証等により、保険者が1(1)の市町村であることを確認するとともに、当該者の1(2)の申し立ての内容を利用者に関する書類に簡潔に記録しておくこと。

　　ただし、被保険者証等が提示できない場合には、氏名、住所、生年月日等を利用者に関する書類に記載しておくこと。

　(2)本事務連絡に基づき猶予した場合は、利用料を含めて10割を審査支払機関等へ請求すること。
　　また、請求の具体的な手続きについては、追って連絡する予定であること。

　別紙猶予実施区市町村（災害救助法対象の市町村を列記）（略）

(6)高齢者、障害者等の災害時要配慮者への緊急的対応及び職員の応援確保について

■掲載アドレスは次の通り
https://www.mhlw.go.jp/content/10200000/000558257.pdf
各都道府県等に対して、避難生活が必要となった高齢者等について、社会福祉施設等での緊急受入れや職員の応援確保を要請したものです。

高齢者、障害者等の災害時要配慮者への緊急的対応及び職員の応援確保について（令和元年10月15日事務連絡　厚生労働省子ども家庭局子育て支援課、社会・援護局福祉基盤課、社会・援護局障害保健福祉部障害福祉課、老健局総務課通知）

1　令和元年台風第19号に伴う災害の発生に伴い、避難生活が必要となった高齢者、障害者、子ども等の災害時要配慮者については、市町村とも連携の上、緊急的措置として社会福祉施設等（介護老人保健施設を含む。）への受入れを行って差し支えあり

ませんので、避難者の積極的な受入れを行うととも
に、避難者の対応に万全を期していただきますよう
お願いいたします。
2　被災地域における社会福祉施設等の入所者へのサ
ービス提供の維持及び避難者への適切な対応を確保
するため、職員の確保が困難な施設がある場合に
は、法人間の連携や、都道府県における社会福祉施
設等関係団体への協力要請などを通じて、他施設か
らの職員の応援が確保されるよう、必要な対応をお
願いいたします。
　また、従来より、災害福祉支援ネットワークの整
備の推進をお願いしているところですが、当該ネッ
トワークも有効に活用した取組をお願いいたします。
　厚生労働省としても、全国団体に対して必要な協
力要請を行ってまいります。

⑺災害により被災した要援護障害者等への対応について
■掲載アドレスは次の通り
https://www.mhlw.go.jp/content/10200000/
000557992.pdf
災害救助法が適用された自治体（岩手県等12都県）
に対して、被災した要援護障害者等について、市区町
村より特段の配慮（被災し、利用者負担をすることが
困難な者について、利用者負担の減免ができるなど）
を依頼するとともに、被災した視聴覚障害者等への避
難所等における情報・コミュニケーション支援につい
て、具体的な方法や配慮等の例を周知したものです。

災害により被災した要援護障害者等への対応について
（令和元年10月15日事務連絡　厚生労働省社会・援護
局障害保健福祉部企画課通知　岩手県、宮城県、福島
県、茨城県、栃木県、群馬県、埼玉県、東京都、神奈
川県、新潟県、山梨県及び長野県障害保健福祉部
（局）宛）

　令和元年台風第19号による災害に伴い、貴管内の
一部地域において、災害救助法（昭和22年法律第
118号）が適用されました。別添1及び別添2の事務
連絡の内容について改めて御了知いただくとともに、
管内市区町村に対して周知を行う等、特段の御配慮を
お願いいたします。

別添1「災害により被災した要援護障害者等への対応
について」（平成27年1月15日事務連絡　厚生労働省
社会・援護局障害保健福祉部企画課、障害福祉課、精
神・傷害保健課通知）

　標記について、災害により被災した世帯の要援護障
害者については、適切に御対応いただいているところ
ですが、下記内容について改めて御了知いただくとと
もに、災害の発生により貴管内の市区町村が災害救助
法（昭和22年法律第118号）の適用を受けた場合等

にあっては、同内容について管内市区町村に対して周
知を行う等、特段の配慮をお願いします。

１．状況・実態の把握と対応について

　災害により被災した市区町村においては、避難所で
の避難生活が必要となった要援護障害者、避難所に避
難していない要援護障害者に対して、その状況や実態
の把握に努めていただくとともに、避難対策及び障害
福祉サービス等の円滑な提供について、柔軟な対応を
お願いします。

２．障害者支援施設等における要援護障害者等及び避
難者の受入れ

⑴障害者支援施設等においては、空きスペースの活用
を図るとともに、日常のサービス提供に著しい支障
が生じない範囲で、定員を超過して要援護障害者等
を受け入れて差し支えありません。
　また、障害者支援施設等については、「障害者の
日常生活及び社会生活を総合的に支援するための法
律に基づく指定障害者支援施設等の人員、設備及び
運営に関する基準」（平成18年厚生労働省令第172
号）等により災害等による定員超過が認められてい
るところですが、その際の介護給付費については、
利用定員を超過した場合でも、特例的に所要単位数
の減算は行わないこととしており、この場合におい
て、職員の配置基準にかかわらず所定の介護給付費
の対象とします。
　なお、障害者支援施設等において、一般の避難者
を受け入れる場合も、できる限り要援護障害者等の
処遇に支障が生ずることのないよう御留意下さい。

⑵なお、避難先施設は、職員配置、設備等について、
できる限り避難者及び避難先施設の入所者の支援に
支障を来さないよう御留意下さい。
　特に、やむを得ない事情により避難が長期化する
場合、又は避難先施設が被災施設と種別が異なって
おり、かつ、指定基準を満たすことができない場合
は、避難者及び避難先施設の入所者への適切な支援
の確保を図るという観点から、避難者本人の意向等
を勘案し、被災施設と同種別の他施設への再避難や
地域生活への移行等を進めるよう配慮をお願いし
ます。

３．障害福祉サービス（施設入所支援を除く。）の利
用者に係る取扱い

⑴居宅介護及び重度訪問介護については、避難所等の
避難先を居宅とみなしてサービス提供して差し支え
ありません。
　また、屋外の移動が困難な障害者に対する移動支
援についても同様に避難所を居宅とみなすなど、被

災地における地域生活支援事業の実施に当たっては、当該市区町村の判断で柔軟なサービス提供をお願いします。

(2)生活介護等日中活動サービス又は宿泊型自立訓練若しくは共同生活援助については、「障害者の日常生活及び社会生活を総合的に支援するための法律に基づく指定障害福祉サービスの事業等の人員、設備及び運営に関する基準」（平成18年厚生労働省令第171号）等により災害等による定員超過が認められているところですが、その際の介護給付費等については、利用定員を超過した場合でも、特例的に所要単位数の減算は行わないこととしており、この場合において、職員の配置基準にかかわらず所定の介護給付費等の対象とします。

　また、利用者の利便性を考慮し、開所日・開所時間については、柔軟な対応をお願いします。

(3)被災時に短期入所を利用していた者に係る取扱いについては、避難が必要となった者の避難先及び利用定員を超過した場合の受入れなど、前記2の入所施設の取扱いと同様として差し支えありません。

　なお、計画していた利用期間の終了に伴い、居宅に戻ることが原則ですが、戻るべき居宅も被災しており、引き続き入所をする必要がある場合には、障害者支援施設等による受入れを基本とし、必要に応じて引き続き短期入所の利用も可能とします。

４．被災された障害者等に対する補装具費支給及び日常生活用具給付等事業の弾力的な運用について

　避難所等に避難している障害者等の中には、補装具や日常生活用具が必要となる方も生じると考えられますので、必要な場合には耐用年数等の如何にかかわらず支給・給付して差し支えありません。

５．被災された視聴覚障害者等に対する情報・意思疎通支援について

　被災された視覚障害者や聴覚障害者等に対しては、特に情報・意思疎通支援が何より重要となります。管内被災市区町村における避難状況等を踏まえ、点字や音声、文字等による災害情報等の提供、手話通訳者等の派遣などの情報・意思疎通支援について、視聴覚障害者情報提供施設等と連携し、万全の対応を期すようお願いします。

６．利用者負担の減免について

(1)被災のため障害福祉サービス、障害児通所支援、障害児入所支援に必要な利用者負担をすることが困難な者については、障害者の日常生活及び社会生活を総合的に支援するための法律（平成17年法律第123号）第31条又は児童福祉法（昭和22年法律第164号）第21条の５の11若しくは同法第24条の５に基づき、市区町村又は都道府県の判断により、介護給付費等の支給割合を引き上げ、利用者負担を減免することができます。

(2)自立支援医療については、平成18年３月31日付け障害保健福祉部長通知（障発0331006号）に基づき、被災した世帯所得勘案対象者の所得状況に応じた所得区分を適用することなど、適宜の方法により世帯所得勘案対象者の負担を軽減することができます。

(3)補装具費については、平成19年３月27日付け障害保健福祉部長通知（障発第0327004号）に基づき、被災した補装具費支給対象障害者等又はその属する世帯の生計を主として維持する者の所得状況の変化等に応じて補装具費の支給対象とすることや負担上限月額を適用することなど、適宜の方法により補装具費支給対象障害者等の負担を軽減することができます。

(4)肢体不自由児通所医療又は障害児入所医療については、平成19年４月４日付け障害保健福祉部長通知（障発0404002号）に基づき、被災した給付決定保護者又はその属する世帯の生計を主として維持する者の所得状況等に応じて、適宜の方法により給付決定保護者の負担を軽減することができます。

(5)療養介護医療については、平成19年４月４日付け障害保健福祉部長通知（障発0404003号）に基づき、被災した療養介護医療費支給対象障害者の所得状況等に応じて、適宜の方法により療養介護医療費支給対象障害者の負担を軽減することができます。

７．その他本件に関する疑義照会等については、担当課室まで御連絡をお願いします。

別添２「災害により被災した視聴覚障害等への避難所等における情報・コミュニケーション支援について」（平成28年10月24日事務連絡　厚生労働省社会・援護局障害保健福祉部企画課自立支援振興室通知）

　被災した視聴覚障害者等については、その障害特性から情報取得や他者とのコミュニケーションが特に困難な状況となることから、ボランティア等による支援やホワイトボード等の機材を使用した有効な支援の必要性が高くなります。
　つきましては、避難所等における視聴覚障害者等に対する情報・コミュニケーション支援について、具体的な方法や配慮等の例を別添のとおり情報提供致しますので、避難所等への周知等をお願い致します。
　なお、避難所の設置期間の長期化が見込まれる場合には、特に視聴覚障害者等の状況・ニーズの把握に努

めるとともに、ボランティアや関係団体等と連携を密
にし、特段の御配慮をお願い致します。

避難所等における視聴覚障害者等に対する情報・コミュニケーション支援について（例）

・避難所等において、視聴覚障
害者への理解を求める。
・視聴覚障害者に対する情報・コ
ミュニケーション支援への協力を
呼びかける。

	視覚障害	聴覚障害
安否の確認 被災地域の要援護者を確認	・放送やハンドマイク等を使用し、避難所及び周辺地区で、声をかけて確認。	・プラカードを使用し、避難所及び周辺地区で確認。（「聞こえない人はいませんか？」など） ・手話通訳者、要約筆記者などは腕章等を着用。（「手話できます」「『耳マーク』の活用」など）
ニーズの把握 障害特性に応じた支援内容	・障害の程度（全盲・弱視など）や情報取得方法（点字・音声・拡大文字など）等を確認し、必要な支援を把握する。	・障害の程度（聞こえの状態など）や情報取得方法（手話・文字・補聴器など）等を確認し、必要な支援を把握する。
関係者との連携 避難所等における活動	・行政、視覚障害者協会、視覚障害者情報提供施設、保健師等が連携し、ボランティアを効果的に活用する。	・行政、聴覚障害者協会、聴覚障害者情報提供施設、手話通訳者、要約筆記者、保健師等が連携し、ボランティアを効果的に活用する。
避難所の説明 トイレや風呂、配給場所など	・ボランティア等を活用し、場所や使用方法、状況の変化などを適切に伝える。	・ボランティアやホワイトボード等を活用し、場所や使用方法、状況の変化などを適切に伝える。
情報の共有 食料・救援物資の配給など	・放送やハンドマイク等を使用し、必要に応じて個別に対応する等、最新の情報を確実に伝える。（悪い例：「張り紙を見て下さい。」など）	・プラカードやホワイトボード等を使用し、必要に応じて個別に対応する等、最新の情報を確実に伝える。（悪い例：「1時の放送を聞いて下さい。」など）
機材・物品 共用品・消耗品の手配など	・ラジオ ・テレビ（解説放送） ・乾電池（ラジオなど）　等	・テレビ（字幕・手話放送） ・ホワイトボード（設置型、携帯型） ・補聴器用電池　　　　　　　等

第1章

第2章

第3章

第4章

第5章

参考資料 1 BCP文書の例

　特別養護老人ホームのBCPガイドライン（以下、「ガイドライン」という）＊の内容に沿って作成した、高齢者福祉施設におけるBCP文書（基本文書）の例を示します。

　【基本文書】ガイドラインに沿って以下の文書を作成します。
　　① 　BCPの基本方針
　　② 　被害想定
　　③ 　災害時対応業務
　　④ 　介護における優先業務
　　⑤ 　課題と対策

　【関係文書の一覧】対策実施のために必要な文書を作成します。

関　係　文　書	作　成　元
上位者及び代行者	施設職員組織図など
上位者の役割	ガイドラインを参考
介護優先業務チェックリスト	ガイドラインを参考
災害対応業務チェックリスト	消防計画及びガイドラインを参考
夜間・休日対応	消防計画及びガイドラインを参考
職員の災害時の行動基準書	ガイドラインを参考
職員の緊急連絡網	消防計画及びガイドラインを参考
職員の参集方法、参集見込数	消防計画及びガイドラインを参考
バックアップ施設	ガイドラインを参考
施設・設備担当事業者の連絡先	担当者からの情報
施設・設備の点検手順書	事業者と協力
関係団体との協定書	関係団体と協議
災害時優先電話の確保、明示	担当職員
ケアポイント票、プレトリアージタッグ	ベテラン職員が中心
看護職確保手順書	ガイドラインを参考
医師確保手順書	ガイドラインを参考
法人、医療機関、関係団体、自治会、行政、ボランティア連絡先、連携手順書	ガイドラインを参考
転倒防止対策点検書	ガイドラインを参考
非常用自家発電装置点検手順書	点検事業者と連携
空調対策	点検事業者と連携
上下水道確保対策	ガイドラインを参考
ガス設備点検手順書	点検事業者と連携
備蓄品リスト	消防計画及びガイドラインを参考
献立表	消防計画及びガイドラインを参考
重要文書リスト	ガイドラインを参考
教育・訓練計画書、実施報告書	消防計画及びガイドラインを参考

　＊ 鍵屋一、池田真紀「特別養護老人ホームのBCP」2010（平成22）年

参考資料2　BCPチェックシート

※評価の方法　4～1までの4段階で評価する。
- **4**　検討、文書化、訓練などが十分にできている。
- **3**　検討、文書化、訓練などが一部不完全だが、大体できている。
- **2**　検討、文書化、訓練などが一部できている。
- **1**　全くできていない。

分　　類	項　　　　　　目	評価
方針検討	施設の経営理念や施設所在地の地域特性、利用者の医療ニーズ等を踏まえて、不測の事態が発生した際の事業継続の方針が検討されているか。	
対象リスクと被害の想定	ハザードマップ等により施設所在地で特に懸念されるリスクを把握しているか。	
	職員が通常より少ない状況での事業継続を想定しているか。	
	ライフライン（電力・ガス・水道・電話・通信など）の停止を想定しているか。	
災害時対応業務の選定	不測の事態が発生した際の緊急対応、あるいは復旧対応のために実施しなければならない業務が選定されているか。	
	また上記の業務について、どのタイミングで実施すべきか（【発生直後】【発生当日】【発生翌日以降】など）検討され、整理がなされているか。	
介護における優先業務の選定とボトルネックの抽出	社会的要請や経営的観点等に基づき、組織として優先的に継続すべき業務を選定しているか。	
	不測の事態が発生した際の上記の業務に関する継続・縮小の考え方（サービスレベルの低下も含む）が検討されているか。	
	上記の業務の遂行のために必要となる経営資源の洗い出しがなされているか。	
	不測の事態が発生した際の上記の経営資源の被害の想定を実施し、業務遂行上のボトルネックが抽出されているか。	
対策の検討	事業継続の前提となる対応体制（指揮系統、上位者の代行体制、職員との連絡体制など）は構築されているか。	
	介護における優先業務の遂行に必要な職員（介護職・看護職・嘱託医など）を確保するための対策（外部との応援体制の確立など）はなされているか。	
	什器、家具、機器等の転倒防止対策はなされているか。	
	ライフラインの停止への対策はなされているか（水の備蓄、自家発電装置の設置、カセットコンロ等の準備）。	
	介護における優先業務の遂行上のボトルネックに対して、必要な事前対策や代替手段を検討しているか。	
	必要な品目を選定し、十分な量の備蓄を実施しているか。	
基本文書作成	検討の結果をとりまとめ、文書及びチェックリスト類として整備しているか。	
	上記の文書は不測の事態が発生した際にも即時に使用できるような形で保管しているか。	
対策の実施、定着（教育・訓練）、見直し	定期的に不測の事態が発生した場合を想定した訓練を行っているか。	
	対策の実施状況について定期的に確認を行っているか。	
	文書・チェックリスト類は定期的に見直し・更新を行っているか。	
	対策の実施・定着・見直しに際して経営陣が積極的に関与・指示を行っているか。	

参考資料3　災害時対応業務チェックシート

※施設の特性（地域特性・経営理念・利用者の医療ニーズ等）に合わせて変更して下さい。

時期	実　施　す　る　業　務	チェック
発災直後	職員に落ち着いて行動するよう指示を出す。	
	火災対応	
	避難誘導	
	閉じ込め者の救出	
	施設利用者の安否確認、声かけ、不安解消	
	施設利用者の安否確認の報告、集約	
	館内放送により連絡、情報提供	
	応急救護	
	通信手段の確保	
	医療機関への連絡、搬送	
	施設・設備被害状況確認（応急点検）	
発災当日	災害対策本部の設置	
	職員の安否確認	
	職員の安否確認の報告、集約	
	職員拠点確保	
	職員の招集、確保	
	短期入所、通所利用者の安否確認、声かけ、不安解消	
	短期入所、通所利用者の安否確認の報告、集約	
	利用者家族、行政、法人本部等への連絡	
	施設・設備被害状況確認（写真撮影、応急復旧）	
	自家発電、トイレ対策、防寒・避暑対策	
	食事の手配	
	一時入所及び利用者増員の対応	
	要配慮者の受入れ	
	地域ニーズへの対応	
	情報発信	
翌日～3日後	職員の健康管理	
	ボランティアの受入れ	
	問合せ対応	
	衛生管理	
	警備	
	業界団体・他施設等との協力	
4日後～	職員の健康管理、ローテーション管理	
	情報システムの復旧	
	必要物資の調達、支援物資の受入れ	
	被害か所の復旧	
	行政、関係団体、法人本部などとの情報共有、調整	

参考資料 4 　介護における優先業務チェックシート

※施設の特性（地域特性・経営理念・利用者の医療ニーズ等）に合わせて変更して下さい。

部門	分類	業　　　　　務	実施必要性（例）
事業部門	直接生活介助	モーニングケア（バイタルチェック、洗顔、整髪、髭剃り、口腔ケア）	◎
		排泄	◎
		離床	○
		食事・補水	◎
		更衣	○
		移動	◎
		体位変換	◎
		入浴	×
		保清	○
		ナイトケア（バイタルチェック、口腔ケア）	○
		送迎	○
		巡回	◎
	間接生活介助	調理	◎
		洗濯	×
		シーツ交換	○
		相談・助言	○
		栄養管理	◎
		健康管理	◎
		温度管理	◎
		清掃	○
	機能訓練関連行為	訓練・リハビリ	×
		マッサージ	×
	医療関連行為	与薬	◎
		診察	◎
		呼吸管理	◎
		じょくそう処置	◎
		体温測定	◎
		血圧測定	◎
		吸引・吸痰	◎
		導尿	◎
		経管栄養	◎

第1章

第2章

第3章

第4章

第5章

部門	分類	業　　　　　務	実施必要性(例)
事業部門	その他	レクリエーション	×
		感染症対策	◎
		心のケア	○
管理部門	管理業務	ケアプラン作成	×
		重要書類管理	◎
		情報システム管理	×
		問合せ対応	◎
	経理業務	介護保険請求	×
		給与計算	×
		納入業者支払い	×
	施設管理業務	電気設備	◎
		上下水設備	○
		ガス設備	○
		ボイラー運転	×
		医療機器	◎
		消耗品・燃料等の在庫管理・発注	◎
		改修・修繕業務	×

参考資料 5 　備蓄物資例

災害対策本部用

品　　名	有無	数　量	保　管　場　所
災害時優先電話			
災害時優先FAX			
災害時優先携帯電話			
模造紙			
マジック			
ホワイトボード			
ホワイトボード用マーカー			
パソコン			
プリンター			
メガホン			
拡声器			
トランシーバー			
防災ラジオ			
懐中電灯			

救助活動用品、道具

品　　名	有無	数　量	保　管　場　所
ヘルメット			
スコップ			
シャベル			
金槌			
のこぎり			
つるはし			
リヤカー（災害用）			
自転車			
オートバイ			

第1章
第2章
第3章
第4章
第5章

薬、応急手当用品

品　　名	有無	数　量	保　管　場　所
体温計			
胃腸薬			
鎮痛剤			
目薬			
消毒薬			
脱脂綿			
滅菌ガーゼ			
絆創膏			
綿棒			
包帯			
三角巾			

水、食料、調理用品

品　　名	有無	数　量	保　管　場　所
飲料水			
給水用タンク			
無洗米			
アルファ化米			
インスタント食品			
レトルト食品			
缶詰			
経管栄養食			
高血圧対応食			
糖尿病対応食			
アレルギー対応食			
使い捨て容器			
食品包装フィルム			
アルミホイル			
カセットコンロ			
ガスボンベ			
ライター			
マッチ			
固形燃料			

生活用品等

品　　名	有無	数　量	保　管　場　所
ウェットティッシュ			
生理用品			
下着			
おむつ			
マスク			
タオル			
バスタオル			
毛布			
トイレットペーパー			
仮設トイレ			
猫砂（トイレ用）			
雑巾			
プロパンガス			
消臭剤			
軍手			
ビニール手袋			
懐中電灯			
電池（単1、2、3、4）			
ローソク			
ロープ			
ラジオ			
防寒具			
使い捨てカイロ			
非常用発電機			
携帯電話用充電器			
手動発電機			
現金			
ガムテープ			
ポリ袋			
ポリバケツ			
ブルーシート			
消毒液			
歯ブラシ			
洗口液			
ドライシャンプー			

第1章

第2章

第3章

第4章

第5章

緊急時・関係連絡先一覧（例）

関係機関		連　　絡　　先			
		住　　　所	電　話 ＦＡＸ	携帯電話 携帯メールアドレス	ＰＣ メールアドレス
【防災関係機関】	市区町村役所 （防災部局、福祉部局）				
	警察署				
	消防署				
	電力営業所				
	ガス営業所				
	NTT営業所				
	水道営業所				
	下水道営業所				
	最寄り駅				
【医療・福祉機関】	法人本部				
	全国組織本部				
	都道府県・ 市区町村組織本部				
	最寄り医院				
	災害時拠点病院				
	地域包括支援センター				
	近隣高齢者 （障害者、児童）施設				
	友好施設				
	社会福祉協議会				
	NPO・ボランティア・ 市民活動センター				
	関係ボランティア団体				
【関係事業者】	納入事業者				
	設備関係事業者				
	工務店				
	商店				
【近隣】	民生委員				
	町内会・自治会長				
	近隣企業				

2 家族の備え

1 重要情報（家族編）

家族の必要情報

1 全員の写真

各自の写真

2 住所：

地図（帰宅支援マップ）

3 名前： ニックネーム：

4 性別： **5** 年齢： **6** 誕生日： **7** 血液型： Rh＋－

8 所属： 職場情報：

学校情報： 施設情報：

9 身長： **10** 体重：

11 障害名： 薬名：

主治医情報： 補装具名：

担当者名：

12 病気名： 薬名：

主治医情報：

13 特別な配慮事項： アレルギー：

副作用（吐きやすいなど）：

14 病歴：

15 補装具： 福祉用具：

連絡先

1 家
　電話番号 : .... メールアドレス : ....

2 職場
　電話番号 : .... メールアドレス : ....
　電話番号 : .... メールアドレス : ....

3 携帯
　電話番号 : .... メールアドレス : ....
　電話番号 : .... メールアドレス : ....

4 親族
　氏名 : .... 住所 : ....
　電話番号 : .... メールアドレス : ....
　職場情報 : ....
　氏名 : .... 住所 : ....
　電話番号 : .... メールアドレス : ....
　職場情報 : ....

5 友人
　氏名 : .... 住所 : ....
　電話番号 : .... メールアドレス : ....
　職場情報 : ....
　氏名 : .... 住所 : ....
　電話番号 : .... メールアドレス : ....
　職場情報 : ....

6 保険証コピー　**7** 医療証コピー　**8** 母子手帳コピー　など

9 避難場所
　家の近く : .... 職場の近く : ....

10 連絡方法（NTT災害用伝言ダイヤル（171）・災害用伝言板（web171）など、遠い親族、遠い友人など）: ....

11 市区町村役所 : ....

12 警察署 : ....

13 消防署 : ....

2 持出品（例）

> **情報系グッズ**
> ・携帯電話（ネット接続／ワンセグ／FM：自治体災害情報に登録）
> ・スマートフォン
> ・PC
> ・乾電池式充電器（予備電池）
> ・手帳
> ・筆記用具
> ・家族情報シート

一次持出品 ▶ 基本品目32点

チェック		基本品目32点	大人2人分	最　初　の　1　日　用
	1	非常用持ち出し袋	1個	取り出しやすい場所に置く。両手があくのでリュックが望ましい。非常用持ち出し袋の表示を好まない人は表示を工夫する。家族が多い場合はキャリーケース、スーツケースでもよい。
	2	缶入り乾パン	2個	氷砂糖入り。乾パンが食べられない人は缶入りの柔らかいパン、ビスケット、チョコレート、飴などでもよい。
	3	ペットボトル飲料水（500ml）	6本	持ち運びやすいように1人3本とした。
	4	懐中電灯	2個	LEDが望ましい。100円ショップ等で入手可能
	5	ローソク等	2本	LEDが望ましい。100円ショップ等で入手可能
	6	着火ライター	2個	100円ショップ等で入手可能
	7	携帯ラジオ	1台	被災時の情報収集用。予備電池が必要
	8	万能はさみ	1セット	はさみ、ナイフ、缶切り、栓抜きなどの機能があるものあまり安いと使いにくい。
	9	軍手、手袋	2対	軍手は熱にも強い綿100%で滑り止めのついたもの皮手袋はガラスの破片の片付けなどに役立つ。
	10	ロープ7m以上	1本	救助用。人の体重が支えられる強度のもの
	11	救急袋	1枚	12〜20のアイテムをまとめて袋に入れる。袋には入れたものを表示する。
	12	毛抜き	1本	ピンセット、とげ抜きの代用になる。
	13	消毒薬	1本	
	14	脱脂綿	適宜	
	15	ガーゼ（滅菌）	2枚	
	16	絆創膏	10枚〜	
	17	包帯	2巻	
	18	三角巾	2枚	大判の手ぬぐい、ハンカチでも可
	19	マスク	4枚以上	防寒用としても重要
	20	常備薬、持病薬など	適宜	処方箋のコピーも入れる。

チェック	基本品目32点	大人2人分	最初の1日用
	21 レジャーシート　2畳	1枚	避難先のスペース確保に。1人1畳
	22 サバイバルブランケット	2枚	非常時の軽量防寒ブランケット
	23 簡易トイレ	2枚〜	非常時におけるトイレ問題は深刻。猫砂とポリ袋でもよい。
	24 タオル	4枚〜	汚れのふき取り、けがの手当て、下着の代用など用途は広い。汎用性が高いので多めに用意する。
	25 ポリ袋	10枚〜	モノ入れ、雨具の代用、防寒、トイレ用など用途は広い。多めに用意する。
	26 トイレットペーパー	2ロール	トイレの他、ティッシュの代用、汚れのふき取りなど用途は広い。
	27 ウェットティッシュ	2個〜	水がないときに役立つ。
	28 現金（10円玉）	約50枚	公衆電話用。100円玉でもよい。
	29 ガムテープ（布製）	1巻	伝言メモを貼るなど
	30 油性マジック（大）	1本	伝言を書く、情報を伝える。
	31 メモ帳とペンセット	1セット	
	32 使い捨てカイロ	4個〜	冬季だけでなく夜も使える。

一次持出品 ▶ 個別品目

チェック	必需品・貴重品	数量	備考
	1 現金		
	2 車や家の予備鍵		
	3 予備メガネ、コンタクトレンズ		
	4 預金通帳		コピーや番号の控えでも可
	5 健康保険証		コピーや番号の控えでも可、身分証明書になる。
	6 運転免許証		コピーや番号の控えでも可、身分証明書になる。
	7 パスポート		コピーや番号の控えでも可、身分証明書になる。
	8 印鑑		
	9 証書類		

チェック	女性用品	数量	備考
	1 生理用品		傷の手当て等ガーゼの代用にもなる。
	2 ホイッスル付きライト		LEDが望ましい。防犯用にもなる。
	3 鏡		
	4 ブラシ		
	5 化粧品		
	6 おりものシート		下着の代用になる。

チェック		高齢者用品	数　量	備　　　　考
	1	高齢者手帳		
	2	おむつ		
	3	着替え		
	4	看護用品		

チェック		赤ちゃん用品	数　量	備　　　　考
	1	粉ミルク		
	2	哺乳瓶		
	3	離乳食		
	4	スプーン		
	5	洗浄綿		
	6	バスタオル		
	7	ガーゼ		
	8	紙おむつ		
	9	母子手帳		
	10	玩具		
	11	着替え		
	12	ベビーカー		荷物運搬用にもなる。

二次持出品

▶ 安全を確保し落ち着いてから、自宅に戻って避難所や自宅外で必要となるもの。
3日分以上を用意する。

チェック	飲　料	数　量	備　　　　考
	飲料水		
	非常用給水袋		ポリ袋を重ねて代用も可

チェック	食　料	数　量	備　　　　考
	アルファ化米		
	乾パン		
	缶詰パン		
	インスタントラーメン		
	レトルト食品		
	缶詰類		
	切り餅		
	スープ		
	味噌汁		

第1章

第2章

第3章

第4章

第5章

チェック	食　料	数　量	備　　　考
	ビスケット		
	キャンディ		
	チョコレート		
	塩		

チェック	衣　類	数　量	備　　　考
	上着		
	下着		
	靴下		

チェック	生活用品	数　量	備　　　考
	タオル		
	バスタオル		
	毛布		
	寝袋		
	雨具		
	予備電池		
	卓上コンロ		
	ガスボンベ		
	固形燃料		
	鍋		
	ラップ		
	アルミホイル		
	やかん		
	皿		
	コップ		
	割り箸		
	スプーン		
	フォーク		
	歯ブラシ		
	石鹸		
	ドライシャンプー		
	新聞紙		
	安全ピン		

阪神・淡路大震災記念 人と防災未来センター「非常持ち出し品チェックリスト」を参考に作成

3　地震発生対応策

① その時編

⚠1　地震発生! どうする!?

絶対の正解はなく、その場で正しい判断ができるように訓練することが重要

- **室内では**
  机の下に隠れる、安全な場所へ移動、身をかがめるなど←日頃から家のなかで安全な場所を確保し、確認する。

- **エレベーターでは**
  全ての階の停止ボタンを押す。←ふだんから笛やLEDライト、ポリ袋を持っておく。

- **スーパー、コンビニなど**
  落下物から身を守るためカバンなどで頭を保護する。商品棚から離れ壁際に身を寄せる。

- **道路上**
  落下物から身を守るためカバンなどで頭を保護する。空き地など安全そうな場所に移動する。

- **電車内**
  つり革や手すりに両手でしっかりつかまる。乗務員の指示に従って冷静に行動する。

- **海岸**
  直ちに高台に避難する。警報・注意報が解除されるまで海岸に近付かない。

- **運転中**
  ハンドルをしっかり握り、徐々にスピードを落とす。道路の左側に車を止めエンジンを切る。鍵はかけたままでドアロックをせず徒歩で避難する。

注意：以上は一般的なルールであるが、緊急時にはこれにとらわれず最適な判断を自ら行う。

⚠2　揺れがおさまったら、出火防止、出口確保、二次災害防止

- 必ず大きな余震があるので、できるだけ安全な場所に移動する。
- 火が出たら落ち着いて消火する。小さい火は毛布をかけるなどで消す。ある程度大きくなったら消火器を使う。
- もっと火災が強くなったら、恐いのは火よりも煙。呼吸を止めて駆け抜けるか、低い体勢で避難する。
- 外出するときは、電気のブレーカーを落とし、ガスの元栓を閉める。
- ドアや窓をあけて脱出口を確保する。

⚠3　家族の安全を確認し、隣近所の初期消火、救助活動

- 災害用伝言ダイヤル、災害用伝言板、遠くの親族などを活用して家族の安否確認をする。
- 隣近所で協力して消火活動、救助活動を行う。

⚠4　テレビ、ラジオ、携帯電話、公的機関などから信頼できる情報を収集する

- 流言が必ず発生する。真偽を確認して行動する。

⚠5　支援をする、必要な支援を求める

- 自分より厳しい状況にある被災者を支援する（支援力）。
- 困っている状況、必要なものを信頼できる人、公的機関に伝える（受援力）。

第1章 第2章 第3章 第4章 第5章

② 減災編

★ 建物の耐震化と命を守る工夫

1981（昭和56）年6月に耐震基準が強化。それ以前の建物は耐震診断・補強工事が望ましい。
古い木造の建物は1階が潰れる危険性が高いので、できるだけ2階で過ごす。
緊急地震速報や初期微動があったら、念のため外に避難する。

⚠1 室内の安全化
- 寝室や子ども部屋にはできるだけ家具を置かないか、低い家具だけにして安全度を高める。
- 家具の倒れる方向には寝ないようにする。

⚠2 家具転倒防止
- 突っ張り棒、L字金具等は正しい付け方をする。天井との隙間を段ボール等で埋めるのも有効
- 高層の建物ほど揺れが大きくなる可能性が高いので、低い家具にするかつくり付けが望ましい。
- 古い木造建物は揺れが大きくなる可能性が高いので、低い家具にするかつくり付けが望ましい。
- マンション等のキッチンは逃げ場が少ないので、転倒防止をしっかり行う。
- 最低でも家具の下に重いものを置き、手前に木片などをはさみ、壁に立てかける。壁から離すのも有効

⚠3 落下防止
- 家具等の上に重いもの、危険なものを置かない。
- 額や時計は要注意。掛けたい場合は壁にしっかり固定する。

⚠4 ガラスの飛散防止
- 窓ガラス、食器棚のガラス等には飛散防止フィルムを貼る。
- できるだけカーテンをひいておく。

⚠5 テレビ、パソコン等の飛び出し防止
- 耐震（粘着）マットを下に敷く。

⚠6 食器棚
- 食器の下に滑り止めシートを敷く。
- 開き戸の場合はフックや扉開き防止ストッパーをつける。

⚠7 洗濯機、冷蔵庫
- 壁に転倒防止ベルトをつけるか耐震マットを活用する。

⚠8 照明器具
- つり下げ式の照明器具は危険性が高い。使いたい場合はチェーンで補強する。

東京都は、東日本大震災を踏まえ、2012（平成24）年4月にこれまでの「首都直下型地震等」による被害想定を全面的に見直すとともに、2013（平成25）年5月には「南海トラフ巨大地震等」による東京の被害想定を行っています。

1 首都直下型地震等による被害想定[*1][*2]の見直し

被害想定の概要

〈設定の条件〉冬の夕方18時、風速8m／秒

想定地震			首都直下地震		海溝型地震	活断層で発生する地震
			東京湾北部地震	多摩直下地震	元禄型関東地震	立川断層帯地震
マグニチュード			M7.3	M7.3	M8.2	M7.4
人的被害	死　者		約9,700人	約4,700人	約5,900人	約2,600人
	原因別	揺れ	約5,600人	約3,400人	約3,500人	約1,500人
		火災	約4,100人	約1,300人	約2,400人	約1,100人
	負傷者		約147,600人	約101,100人	約108,300人	約31,700人
	原因別	揺れ	約129,900人	約96,500人	約98,500人	約27,800人
		火災	約17,700人	約4,600人	約9,800人	約3,900人
物的被害	建物被害		約304,300棟	約139,500棟	約184,600棟	約85,700棟
	原因別	揺れ	約116,200棟	約75,700棟	約76,500棟	約35,400棟
		火災	約188,100棟	約63,800棟	約108,100棟	約50,300棟
避難者の発生（ピーク：1日後）			約339万人	約276万人	約320万人	約101万人

帰宅困難者	約517万人

*1 上記の被害想定は、冬、夕方18時を想定したものです。他に冬、朝5時及び冬、昼12時の被害想定があります（詳細は「首都直下地震等による東京の被害想定」（2012（平成24）年4月18日公表）参照）。
*2 想定結果は一定の条件を設定したシミュレーション結果であり、条件の設定内容を変更することで結果が大きく異なることに留意が必要です。

出典：東京都総務局「首都直下地震等による東京の被害想定（平成24年4月18日公表）」2012

2 南海トラフ巨大地震等による東京の被害想定

　東京都では、2012（平成24）年8月に内閣府が公表した南海トラフ巨大地震の被害想定（第一次報告）を踏まえ、都における詳細な被害を明らかにするため、東京都防災会議地震部会で検討を行い、2013（平成25）年5月に被害想定について公表しています。

◎津波高・浸水域、人的・建物被害等について、国の南海トラフ巨大地震モデル（M9クラス）を使用し検証

地震 ▶ 国が示した複数の震源モデルのうちから、都にとって最もゆれが大きくなるモデルを用いて、都内の震度分布を想定

津波 ▶ 国が示した複数の波源モデルのうちから、東京湾沿岸部及び伊豆諸島・小笠原諸島の島ごとに最大の津波高となるモデルを採用
特に、島しょ部では、港ごとの最大津波高、浸水域について詳細に想定

○被害想定結果の特徴等

＜島しょの被害＞

◆ゆれや液状化などによる被害は小さい
◆津波高が高く、津波浸水域における建物被害や人的被害が想定される
◆ただし、島の急峻な地形により浸水しない地域も多い

◎迅速に避難することができれば、津波による死者ゼロの可能性がある

○ほとんどの地域が震度5強以下
○最大津波高はT.P. 30.16m、到達時間は15分程度（新島）
○建物の全壊棟数は、最大で約1300棟
　うち津波による全壊棟数は約1200棟
○深夜の人的被害は、最大で1800人（早期避難率が低い場合）

＜区部・多摩におけるゆれ・津波＞

◆最大震度、液状化危険度、津波高などは、首都直下地震等の想定結果より低い

◎これまでの対策を推進することが、南海トラフ巨大地震への備えとなる

○ごく一部で震度6弱が出るが、ほとんどの地域が震度5強以下
　（参考）東京湾北部地震：震度7を含む6強以上の範囲が区部の約7割
○最大津波高はT.P. 2.48m（江東区）で、元禄型関東地震のT.P. 2.61m（品川区）より低い

※T.P.＝東京湾平均海面、津波高はすべて地殻変動量を含む

注）被害想定は、過去の災害時のデータや仮定した条件をもとに算出された一つの推計結果のため、必ずしも現実の被害事象がこの通りに生じるということを示すものではないことに留意が必要です。

出典：東京都総務局「南海トラフ巨大地震等による東京の被害想定（平成25年5月14日公表）」2013

4 福祉避難所設置状況

内閣府政策統括官（防災担当）の調査（2017（平成30）年10月1日現在）によると、全国1020の自治体で福祉避難所を指定しており、1600の自治体で福祉避難所を確保しています。

都道府県別の指定避難所数等

（2017（平成30）年10月1日現在）

No.	都道府県名	指　定 避難所数	うち福祉 避難所数	確保している 福祉避難所数	No.	都道府県名	指　定 避難所数	うち福祉 避難所数	確保している 福祉避難所数
1	北 海 道	5,202	558	1,195	25	滋 賀 県	912	183	428
2	青 森 県	1,775	308	719	26	京 都 府	1,132	93	532
3	岩 手 県	1,617	88	382	27	大 阪 府	2,795	548	999
4	宮 城 県	1,477	8	614	28	兵 庫 県	2,402	200	980
5	秋 田 県	1,257	92	302	29	奈 良 県	1,068	76	245
6	山 形 県	1,069	151	278	30	和歌山県	1,526	147	256
7	福 島 県	2,438	422	374	31	鳥 取 県	502	33	146
8	茨 城 県	1,509	168	436	32	島 根 県	1,292	94	180
9	栃 木 県	980	256	539	33	岡 山 県	1,620	53	297
10	群 馬 県	1,469	300	310	34	広 島 県	2,160	17	373
11	埼 玉 県	2,264	292	711	35	山 口 県	1,192	50	200
12	千 葉 県	1,743	219	1,005	36	徳 島 県	1,080	41	167
13	東 京 都	2,498	476	1,429	37	香 川 県	677	28	196
14	神奈川県	1,105	117	1,324	38	愛 媛 県	2,002	290	283
15	新 潟 県	1,745	235	553	39	高 知 県	1,802	153	204
16	富 山 県	1,078	54	194	40	福 岡 県	2,793	176	549
17	石 川 県	932	47	340	41	佐 賀 県	595	73	144
18	福 井 県	820	188	238	42	長 崎 県	1,591	52	323
19	山 梨 県	857	167	321	43	熊 本 県	1,294	115	489
20	長 野 県	2,948	230	565	44	大 分 県	1,172	125	335
21	岐 阜 県	1,981	275	503	45	宮 崎 県	1,273	68	224
22	静 岡 県	1,478	225	773	46	鹿児島県	1,921	89	557
23	愛 知 県	2,906	301	815	47	沖 縄 県	514	52	163
24	三 重 県	1,432	131	389		全国合計	75,895	8,064	22,579

※指定避難所を指定している自治体数：1,622自治体
　福祉避難所を指定している自治体数：1,020自治体
　福祉避難所を確保している自治体数：1,600自治体
※確保している福祉避難所数については、協定を締結するなどして発災時に開設できる状態の福祉避難所を含む。
出典：内閣府政策統括官（防災担当）「都道府県別の指定避難所数等」

5 参考文献等 （防災関係参考資料・ホームページ等）

1 内閣府「防災情報のページ」
http://www.bousai.go.jp/
災害状況、地震・津波対策、防災対策制度、災害応急対策等

2 国土交通省「防災情報提供センター」
https://www.mlit.go.jp/saigai/bosaijoho/
リアルタイム情報（雨量）、気象情報、地震・津波・地殻変動・火山情報等

3 国土交通省「ハザードマップポータルサイト」
https://disaportal.gsi.go.jp/
全国の地方公共団体ハザードマップ（リンク集）

4 東京都防災ホームページ
https://www.bousai.metro.tokyo.lg.jp/
東京都防災マップ、地震の被害想定、災害時の各種情報等

5 内閣府（防災担当）「特定分野における事業継続に関する実態調査」について
＜参考＞医療施設・福祉施設（2013（平成25）年8月）
http://www.bousai.go.jp/kyoiku/kigyou/topics/pdf/jigyou_keizoku_01.pdf

6 東京都福祉保健局「災害時要援護者への災害対策推進のための指針（区市町村向け）」
（2013（平成25）年改訂版）
https://www.fukushihoken.metro.tokyo.lg.jp/joho/soshiki/soumu/soumu/oshirase/saigai_youengosya.files/suishin-shishin_2.pdf

7 東京都福祉保健局「災害時要援護者防災行動マニュアル作成のための指針（区市町村向け）」
（2013（平成25）年改訂版）
https://www.fukushihoken.metro.tokyo.lg.jp/joho/soshiki/soumu/soumu/oshirase/saigai_youengosya.files/manual-shishin_2.pdf

8 東京都福祉保健局「避難所管理運営の指針（区市町村向け）」（2018（平成30）年版）
https://www.fukushihoken.metro.tokyo.lg.jp/joho/soshiki/syoushi/syoushi/hinanjo-shishin/index.html

9 スフィアハンドブック2018日本語版
https://jqan.info/sphere_handbook_2018/

10 主な災害対策関係法律の類型別整理表
http://www.bousai.go.jp/kaigirep/kenkyu/saigaitaisakuhousei/1/pdf/1_sanko2.pdf

11 災害対策基本法（昭和36年法律第223号）
https://elaws.e-gov.go.jp/search/elawsSearch/elaws_search/lsg0500/detail?lawId=336AC0000000223

12 災害救助法（昭和22年法律第118号）
http://www.bousai.go.jp/taisaku/kyuujo/pdf/siryo2-1.pdf

13 激甚災害法（激甚災害に対処するための特別の財政援助等に関する法律）（昭和37年法律第150号）
https://elaws.e-gov.go.jp/search/elawsSearch/elaws_search/lsg0500/detail?lawId=337AC0000000150

14 被災者生活再建支援法（平成10年法律第66号）
https://elaws.e-gov.go.jp/search/elawsSearch/elaws_search/lsg0500/detail?lawId=410AC1000000066

15 避難所運営ガイドライン
http://www.bousai.go.jp/taisaku/hinanjo/pdf/1605hinanjo_guideline.pdf

16 福祉避難所の確保・運営ガイドライン
http://www.bousai.go.jp/taisaku/hinanjo/pdf/1604hinanjo_hukushi_guideline.pdf

17 惨事ストレスマニュアル（東日本大震災時作成）
http://www.human.tsukuba.ac.jp/~ymatsui/disaster_manual2.html

18 災害ボランティア活動　目からウロコ？の安全衛生プチガイド
http://www.fukushizaidan.jp/202book/data/04etc_001.html

本書に掲載のURLは、2020（令和2）年5月1日のものです。変更になっている場合があります。

【著者紹介】

鍵屋　一（かぎや　はじめ）　［監修／第1章・第5章執筆］

1983年4月　板橋区役所入区、防災課長、板橋福祉事務所長、福祉部長、板橋区議会事務局長を経て、2015年4月から跡見学園女子大学観光コミュニティ学部教授
法政大学大学院・名古屋大学大学院兼任講師
内閣府「災害時要援護者の避難支援における福祉と防災との連携に関する検討会」委員など
（一社）福祉防災コミュニティ協会代表理事、NPO法人東京いのちのポータルサイト副理事長、（一社）防災教育普及協会理事、認定NPO法人災害福祉広域支援ネットワーク・サンダーバード理事など
著書に「図解よくわかる 自治体の地域防災・危機管理のしくみ」2019年8月改訂など

岡野谷　純（おかのや　じゅん）　［第2章執筆］

NPO法人日本ファーストエイドソサエティ代表理事／医学博士
スフィア基準国際トレーナー、アメリカ心臓協会蘇生法研修トレーニングセンターファカルティ
1995年（阪神淡路大震災）：災害ボランティアの安全衛生を提唱、冊子制作
2011年（東日本大震災）：「赤ちゃん一時避難プロジェクト」開設・運営
2018年以降、アジア・中南米諸国にて救命蘇生法の普及活動に取り組む
内閣府「防災ボランティア活動検討会」委員、「大雪方策検討会」委員など
著書に「ストレス百科事典」（分担執筆）「震災から身を守る52の方法」（分担執筆）「目からウロコ？の安全衛生プチガイド」（監著）他

岡橋　生幸（おかはし　おさち）　［第3章執筆・第4章「福祉避難所のふわふわことば」監修］

（株）クオリティサポート　代表
社会福祉士・産業カウンセラー・ポジティブ心理学プラクティショナー
2002年～2012年　　（公財）東京都福祉保健財団アドバイザー
　　　　　　　　　　（第三者評価・福祉経営塾・経営相談・BCP）
2007年～2018年　　東京都児童相談センター　児童福祉専門員（人材育成など）
2016年～　　　　　（一社）福祉防災コミュニティ協会　理事

高橋　洋（たかはし　ひろし）　［第4章執筆］

1976年4月　練馬区役所入区　　1997年4月～2006年3月防災課係長
内閣府検討会委員　2回、総務省消防庁検討会委員　1回
2018年3月　練馬区役所再任用退職
現職：認定NPO法人災害福祉広域支援ネットワーク・サンダーバード　副代表理事
　　　（一社）福祉防災コミュニティ協会　副理事長
　　　2018年～　（株）防災都市計画研究所　シニアコンサルタント
　　　2019年～　行政書士高橋洋事務所　所長
資格：福祉住環境コーディネーター（一級）、福祉防災上級コーチ
著書：「防災　実務のガイド」、「防災　訓練のガイド」（共著）、「防災　協働のガイド」（共著）他

ひな型でつくる福祉防災計画
～避難確保計画からBCP、福祉避難所～

2012年11月22日	第1版「福祉施設の防災マニュアル作成ガイド」発行
2014年 9月26日	増補改訂・改題第2版「福祉施設の事業継続計画（BCP）作成ガイド」発行
2020年 6月 4日	増補改訂・改題第3版発行
2024年 3月29日	増補改訂・改題第4版発行

発行　公益財団法人 東京都福祉保健財団
〒163-0713 東京都新宿区西新宿 2-7-1　新宿第一生命ビルディング13階
ＴＥＬ：03-3344-8632　ＦＡＸ：03-3344-8594
ＵＲＬ：https://www.fukushizaidan.jp/

印刷・製本　大東印刷工業株式会社

ISBN978-4-902042-59-7
Printed in Japan ©東京都福祉保健財団